扬州大学·大运河文库

中国大运河漕运

姜师立◎编著

扬州大学中国大运河研究院科研项目

中国建设科技出版社有限责任公司
北京

图书在版编目（CIP）数据

中国大运河漕运 / 姜师立编著. -- 北京 : 中国建设科技出版社有限责任公司，2025. 8. -- ISBN 978-7-5160-4490-2

Ⅰ. F552.9

中国国家版本馆 CIP 数据核字第 2025FR9613 号

中国大运河漕运

ZHONGGUO DAYUNHE CAOYUN

姜师立　编著

出版发行：中国建设科技出版社有限责任公司
地　　址：北京市西城区白纸坊东街2号院6号楼
邮　　编：100054
经　　销：全国各地新华书店
印　　刷：万卷书坊印刷（天津）有限公司
开　　本：787mm×1092mm　1/16
印　　张：19.75
字　　数：360千字
版　　次：2025年8月第1版
印　　次：2025年8月第1次
定　　价：128.00元

本社网址：www.jskjcbs.com，微信公众号：zgjskjcbs

序

2024年是大运河申遗成功十周年，对大运河文化的研究也掀起了热潮。漕运文化是大运河文化中最基础的文化，大运河最原始的功能就是漕运。漕运是以农业立国的中央集权国家最为有效的政治与经济制度。它在广大的国土范围内进行资源的调度、控制和再分配，满足国家战略储备、应急救灾需求，调整社会结构，推动经济发展，维系了稳定的中央集权，是人类在农业文明时代重要的制度文明成果之一，也是中国大运河符合世界遗产的价值之一。漕运对古代中国的意义非常重大，可以说，正是漕船运来了伟大的中华大一统国家。

一、漕运产生的历史条件

漕运贯穿中国整个封建社会乃至半殖民地半封建社会，始于秦汉而终于晚清，是以中央集权政治为母体、以封建自然经济为土壤的产物。中央集权封建国家的建立，使一个广大的地区开始以统一的新姿态出现，它拥有庞大的官僚机构和军事组织，官员加上驻扎在首都附近的军队，有上百万的人员不生产粮食。为采取行政手段来解决粮食运输的问题，古代中国的统治者开凿了一条沟通南北的水运干线，使得封建国家可以借助中央集权，在全国范围内征收粮赋，并加以转运，这就是大运河。大运河和漕运线路都经历了一个由短到长，由局部到整体，不断完善、不断扩大的过程，时间持续上千年之久。

二、漕运的价值

《中国大运河申遗文本》总结了中国大运河的价值，其中一条是：能为现存的或已消逝的文明或文化传统提供独特的或至少是特殊的见证。这个传统就是漕运。有两条河流在中国的历史上一直得到历代统治者的高度重视，一条是黄河，一条是运河。

由大运河承载的漕运，是中国古代最重要的经济制度之一，也是中央集权政权治理国家最重要的政治措施之一，对中国的政治、经济、社会、文化都产生了深远的影响。漕运是重大的国家事务，“今日之势，国依兵而立，兵以食为命，食以漕运为本”（张方平，《乐全集》卷23《论京师储军事》,《四库全书珍本初集》，商务印书馆），“国之大事，惟兵与漕”（林起龙，《请宽粮船盘诘疏》；贺长龄，《皇朝经世文编》卷46《户政》），以至在清代，漕运的政治意义被提升到无以复加的程度，漕粮被称为“天庾正供”“朝廷血脉”。

漕运是中国历史特有的一种现象，它是由国家政府组织和管理，利用水路（河道或海路）调运专门物资（主要是粮食）到首都（或其他由政府指定的重要军事政治目的地）的专门运输体系，它有着严密的制度保障，并始终以高成本运行，体现出高度的政治性。漕运是集权政治和农耕经济结合的产物。全国性统治中心的确立、中央到地方官僚体系的形成、庞大军事体系及全国性社会秩序的建立，促使王朝必须建立一个有序的、有保障的、以粮食为主体的物资供应体系。然而，以农立国的经济特性，使统一的集权王朝在建立物资供应体系时，不得不面对广泛而分散的农耕经济。这是漕运形成和发展的历史动因。

随着制度的完善和规模的扩大，漕运逐渐突破其早期以政治功能为主体的窠臼，发挥着越来越广泛的社会功能，成为维护王朝稳定和制衡社会的重要手段，消弭诸如重赋、灾祸及物价波动等造成的社会不安定因素。同时，漕运在促进南北文化交流和区域社会开发等方面也有着不可忽视的作用。从公元7世纪初隋朝政府建立纵贯中国南北的漕运体系以来，一直到19世纪漕运终止的一千多年的时间里，沟通中国政治中心与经济中心的大运河一直是漕运首要的运输通道。以至于在很长的时间里，大运河被称作“漕河”。中国历代政府通过修建维护运河河道、水工设施、运输储存设施，并制定与之配套的相应管理体系，确保了通过大运河进行持续、畅通的粮食、物资运输，实现全国资源的调配，保证了北方政治、军事中心的供给。在这个过程中，漕运逐渐形成了超越时代的并延续一千多年的国家传统。

三、漕运与大运河的关系

大运河见证了中国历史上已消逝的一个特殊的制度体系和文化传统——漕运的形成、发展、衰落的过程及由此产生的深远影响。漕运是大运河修建和维护的动因，大运河是漕运的载体。大运河线路的改变明显地受到政治因素的牵动与影响，见证了随着中国政治中心和经济中心改变而带来的不同的漕运要求。

自公元 7 世纪至今的漫长时间里，漕运都作为重大的国家事务受到历代政府的高度重视。与漕运相关的一切制度颁布、设施建设、人员配备、物资投入等都体现了高度的国家意志。专门的、严密的漕运体系在国家行政体系中的级别非常高，充分体现了国家对漕运的高度重视。为了维持大运河的持续畅通、保障政治军事中心的长期稳定，中国历代政府均不遗余力地对大运河进行持续维护，耗费了巨大的财力、物力与人力，清代甚至国家财政有 10%～20%的经费用于徐州治黄与防洪，以维系运河的运行，充分反映出大运河作为漕运首要运输通道的政治意义。

隋唐宋“Y”字形大运河的格局，适应了当时以洛阳为中心、从南方重要农业产区直达中原地区政治中心和华北地区军事中心的政治经济需求。元明清大运河改为南北直达的“I”字形更是基于连接政治中心——北京与经济中心——江南地区的最根本的漕运需求。

大运河线路随着政治中心的改变而不断进行调整，明显受到了政治和地缘因素的影响，证明了大运河的首要动因是沟通政治中心与经济中心的漕运需求。

四、漕运留下的历史遗迹

大运河沿线现存的河道、水工设施、配套设施是漕运这一已消逝的文化传统的最有力见证。此外，与之相关的大量历史文献和出土文物进一步佐证了大运河与漕运的密切关系。

20 世纪初以来，漕运已经淡出历史，但大运河现存的大量遗产，例如河道、水工遗存、码头、仓窖遗址、官署等，都是运行了一千多年的漕运制度的直接载体，见证了一个以农业立国的封建帝国的制度文明成果。大运河河道遗产见证了漕运线路的走向，各类水工设施的工艺、技术、规模、变迁体现出历朝历代政府对漕运的精心维护。淮安总督漕运公署是漕运管理行政系统中最重要、具有代表性的遗产。龙王庙行宫、天宁寺行宫等为清朝多位皇帝沿运河巡视和考察漕运设施的行宫和遗迹，见证了清代中央政府对大运河的维护和对漕运运行与管理方面的重视，佐证了大运河与漕运的紧密关系。含嘉仓、回洛仓、黎阳仓等大型国家性质的漕运粮仓，规模与储量巨大，展现了当时国家对粮食运输与储备的重视和依赖，证明了大运河在古代作为国家战略物资——粮食的交通大动脉的航运功能，是大运河作为漕运首要交通线的直接见证。

此外，还有大量的历史文献和出土文物，从另一方面证明了大运河在一千多年的时间内是漕运的主要通道，与漕运、漕运制度和漕运文化都存在着密切的联系。其中，含嘉仓遗址中出土的大量炭化的谷物和记有粮食来源的铭文砖，说明这处唐代的皇家粮仓中，储存了大量来自中国南方长江下游几个省区的粮食，进一步佐证了运河与漕运的密切关系。在中国历代的历史文献中，都有关于漕运运行和管理的详细记录，其中记载的历代漕运粮食的总量，反映了大运河漕运随着政治、经济背景不断变化而产生的波动。这些关于大运河运输情况的记录只是中国历代文献中关于大运河水工、运输方面记录的一小部分，这些详细的记录体现了中国历代政府对漕运的重视和依赖，反映了大运河与漕运之间紧密的联系。这些都成为我们今天保护传承利用运河文化的重要资源。

本书全面系统地梳理了大运河漕运的动因、条件、方法、制度、成就、影响及漕运人物、文化遗产等方方面面，主要围绕漕运产生的历史条件、漕运的发展历程，漕运的线路、方法、仓储、职官、主体等漕运制度，漕运与城镇发展的关系、历史上与漕运相关的人物故事、漕运留下的众多历史遗迹、漕运带来的科学技术和非物质文化遗产等几个方面来展开。当下，大运河沿线各地正在全力开展大运河文化带建设和大运河国家文化公园建设，充分挖掘大运河丰富的历史文化资源，保护好、传承好、利用好大运河这一祖先留给我们的宝贵遗产。随着研究的深入，大运河漕运文化无疑将受到越来越多的人关注。希望以这本书来对中国大运河漕运文化进行通俗化的解读，为您了解漕运文化提供帮助，助推漕运文化的普及，让大运河在中华民族的伟大复兴进程中发挥越来越重要的作用。

姜师立

2024 年 9 月

目录

第一章 中国大运河漕运概述

《说文解字》诠释："漕，水转谷也。"追溯本义，漕运即通过水路运转谷物的一种形式。但是，中国封建社会中的漕运有其特定的历史含义。很早以前，我国民间便已利用沟渠和自然水道转运百物，但都不能称之为漕运。漕运是一个历史概念，专指历代封建王朝将征自田赋的部分粮食通过水路运往京师或其他指定地点，供宫廷消费、百官俸禄、军饷支付和民食调配，是我国历史上一项重要的经济制度（吴琦，《漕运的历史演进与阶段特征》）。本章重点介绍漕运的概念、产生原因，以及漕运实现的历史条件：船的发明与发展使漕运有了载体，大运河的贯通使漕运有了通道。

北宋画家张择端绘制的《清明上河图》描述了宋代汴河沿线的繁荣景象

第一节　漕运的概念及产生原因

漕运贯穿整个封建社会乃至半殖民地半封建社会，始于秦汉而终于晚清，是以中央集权政治为母体、以封建自然经济为土壤的产物。中央集权封建国家的建立，使中国广大的地区开始以统一的新姿态出现，它拥有庞大的官僚机构和军事组织，这些机构与组织作为消费集团不劳而食。然而，封建社会的经济是自给自足的自然经济，生产者的劳动产品主要用于自己消费，而不是用以交换和售卖。因此，全国性的商品尤其是粮食商品市场难以形成，封建王朝大量的粮食消费无法通过市场以交换和购买的方式得到满足，只有采取行政手段来解决这一棘手的问题。

另外，中国的自然河流黄河、长江、淮河、海河、钱塘江等都为东西走向，没有一条南北走向的大河，这种地理上的缺陷，造成了我国经济文化发展的不平衡。在水路运输占主导地位的时代，十分需要一条沟通南北的水运干线，使封建国家可以借助中央集权，在全国范围内征收粮赋，并加以转运。中国大运河的开凿和漕运的组织便

大运河沟通五大流域图

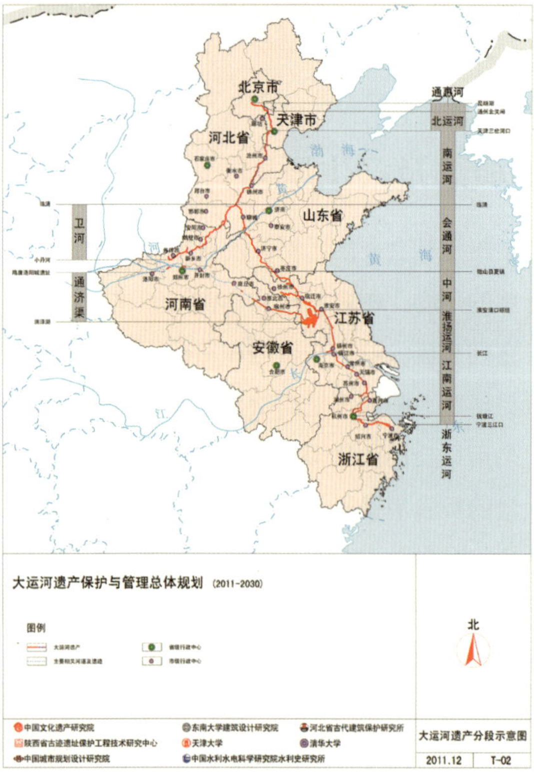

大运河联通经济中心与政治中心

在这样的背景下产生。

古代中国的政治中心和军事中心大多坐落在北方，而中国的经济中心自南北朝后（5 世纪至 6 世纪末）逐渐由北方地区转向南方地区，因此在从 5 世纪到 20 世纪初的一千多年里，中国都处于经济中心与政治军事中心分离的局面。为了紧密联系南方地区的经济中心与北方地区的政治军事中心，保证南方的赋税和物资能够源源不断运往北方，满足政治军事中心的需求，开辟并维持一条纵贯南北的运输干线，就成为极具战略重要性的政治举措和统治需要。

为了实现这一目的，封建王朝大多选择内陆水运的方式，以大运河作为比较安全、快捷的运输通道，不惜投入巨大的人力物力，克服各种困难，不断修建维护运河河道、水工设施、运输储存设施，制定与之配套的相应管理体系，逐渐建立起一套完善的政治与经济管理制度，专门负责调运国家战略物资，保证通过大运河进行持续、畅通的运输。

这种由国家政府组织和管理，利用水路（主要是大运河水运，偶尔也采用海运）调运专门物资（主要是粮食，也有其他物品）到首都（或其他由政府指定的重要军事政治目的地）的专门运输体系被称作“漕运”，它是古代中国这一庞大的农业帝国最根本的需求之一，也是最重要的赋税征收方式和最重要的统治手段。

第二节 船舶：漕运的重要载体

水上交通离不开船，早在远古时代，我们的祖先就已懂得使用水上交通工具。古籍中就有黄帝作舟车的传说。商代甲骨文中的“舟”字，是用多块木板拼成的船。目前发现的最原始的水上交通工具是桴和舟。在新石器时代的许多文化遗址中，都发现了陶制的船模型。在浙江余姚的河姆渡遗址中发现了船桨，在浙江萧山的跨湖桥遗址中发现了堪称“中华第一舟”的独木舟，距今已有7000多年。

《左传》记载的秦晋“泛舟之役”，是中国历史上第一次有明确记载的长里程内陆河道水上运输。春秋时，吴国是中国历史上第一支职业水军的诞生地，当时的水师已拥有艅艎、大翼、小翼、突冒、楼船、桥船等多种战船，艅艎为史上著名的舟师旗舰，“艅艎鹢首，涉川之良器也”。战国时，水军作战的楼船分两层，下层为水手在划桨，上层为战士在击鼓、放箭。汉朝的造船技术又有了进步，在湖北江陵出土的西汉木制船模上，其船尾已有类似于舵的长桨，用来稳定船的方向。东汉刘熙所著的《释名·释船》一书，已对舵、橹进行了阐述：“其尾曰柁。柁，拖也。”在安徽淮北柳孜通济渠遗址发现的沉船上，也出现了尾柁。

当大运河成为漕运的载体后，运河上的船以运送粮食的漕船为主，那是要长时间航行在运河上的。船为漕运提供了载体，而漕运的需求又促进了造船水平的不断提高。

浙江跨湖桥遗址博物馆

柳孜遗址沉船被命名为“淮北舵”

1. 春秋战国时期运河沿线的战船最出名

随着区间运河的建造，春秋战国时期运河区域的造船业发展较为出色。吴王夫差讨伐齐国以水军为主，主要交通工具是水上战船。他兵分两路，一支从由他组织开凿的邗沟入淮河北上，直逼齐国南部边境；另一支由大将徐承率主力舰队从海路绕道齐国后方，实行远航奔袭进攻山东半岛。一下子可以派出两支舰队，可见当时吴国的造船实力之强。据记载，吴国当时广泛使用的战船包括楼船、突冒船和桥船等。桥船是一种体积小、质量轻、速度快、机动性强的小型舰船，主要用于高速冲阵，以掩护大型战舰。由于长期在内河和湖泊作战，吴国主要是以内河船只为主。齐国作为滨海国家，积累了数百年的航海和造船经验，因此战船主要以大型海船为主，如大翼船。大翼船长约 23 米、宽约 3.5 米，可装载士兵、船工等共约 91 人，船身狭长，分为两层，上层是作战的士兵，下层是库房和船工划桨的地方，可以运载相当数量的给养物资和武器装备，具有速度快、机动性好的优点，是当时水战的主力舰只。从吴国和齐国的这场海战，我们可以想见春秋晚期我国的造船业已经到了一个相当发达的程度。战国时水军作战也以楼船为主，1955 年在河南省辉县赵固镇出土的战国墓中的铜鉴上就刻有楼船的图像。楼船分两层，上层战士在击鼓、持枪、放箭，下层水手在划桨。

2. 曹操和孙权谁造的船更强

秦汉时期，漕运和战争的需要促进了造船业的发展。自秦始皇统一六国后，水上交通更加便利，大规模的漕运才成为可能。这也极大地促进了造船技术的进步。当时，船已分成官船、民船、战船、渔船等。例如，供民间运输用的有扁舟、轻舟、舲船，作战用的有戈船、楼船、桥舡等。

淮安漕运博物馆展出的大翼船模型

到了三国时期，由于水战频繁，造船业更加发达。曹操进攻袁绍时，就组织了强大的水军。在后来的南征北战中，也多次利用水军，“建安十四年，王师东征，泛舟万艘”（《三国志·魏书·武帝纪》）。当然，他的舰队还不是最强的，在进攻孙权的赤壁之战中就因指挥水军不力，被孙刘联军所败。而孙权所在的江东河道纵横，以水军为主，造船业在三国中最为发达，所谓“吴王浮江万艘，带甲百万”（《三国志·吴书·孙权传》）。吴国的造船技术也更加先进，最大的楼船上下共5层，可载3000人，这样大体积的船，放在今天也是航空母舰了。除楼船外，还有蒙冲（亦作艨艟）舰、斗舰，专作进攻用，船体狭长，速度快。可以说，吴国能够偏安江南，主要靠的是强大的水军。除战船外，吴国还生产大量的客船、货船、官船，也包括漕船，可见吴国的造船业更为发达。

楼船模型

东晋、南朝曾多次北伐，为适应经济、军事的需要，造船业更加发达。当时既能制造载重2万斛（约2000吨）的大货船，又能制造出航行速度很快的船只。刘裕灭后秦时，大将军王镇恶所率水师曾引起北军惊畏，王镇恶所乘的是蒙冲小舰，士兵都坐在舰内，北方人一直没有看到舟楫，看到船后没有不震惊的，都说是神兵天降。刘宋孝武帝在六合渡江时，龙舟翔凤等大船就有3045艘，船队的盛况，连秦汉时代的二京长安、洛阳都没法相比。这说明南朝的造船业大大超过了前代的水平。

3. 隋代的龙舟与唐代的车轮战船

隋代南北大运河沟通之后，由于漕运的需要，水上交通运输业快速发展，造船业进入一个新的发展时期，造船的规模、数量、种类都有很大的创新。隋大业元年（605年），隋炀帝要下江都，于三月遣黄门侍郎王弘等“往江南造龙舟及杂船数万艘”。这年八月，隋炀帝正式巡幸江都，王弘便“遣龙舟奉迎”（《资治通鉴》卷18）。五个月时间就造好了上万艘船，可见造船的速度之快。随着造船业的发展，造船技术也得到很大提高。隋代的龙舟规模很大，但船体结构的强度是一个问题。当时造船工匠采用在船底铺龙骨、

扬州工匠建造的《大隋龙舟》工艺品

沿船舷纵向铺设大板、并用多根大木相连的办法，形成了船体的受力结构。

唐初，为了进攻辽东，唐太宗李世民于唐贞观十八年（644 年）七月，“敕将作太监阎立德等诣洪、饶、江三州，造船四百艘以载军粮。”（《资治通鉴·贞观十八年七月》）。唐贞观二十一年（647 年）八月，“敕宋州刺史王波利等发江南十二州工人造大船数百艘，欲以征高丽。”这说明，唐代江南地区已成为造船业的重要基地。扬州是唐代造船业的重要基地之一，唐代宗宝应年间，刘晏在扬子（今江苏仪征东南）置十个造船场，制造大小不同、能适应各种水势、具有特殊结构的各类运粮漕船。例如：能适应于汴河航行者，称为“歇艎支江船”，共 2000 艘，每艘载重千斛；能适应于上三门险滩（即砥柱）的又是另一种船，称为“上门填阙胎船”（《新唐书·食货志》）。可见当时运送漕粮的船队是相当壮观的。

唐代的车轮战船在中国造船史上也是值得一提的，唐德宗时制造出的脚踏木轮推进船，船身小，不用风帆，用人力踏动转轮，由轮带动桨叶拨水，推进船前行。直到 15 世纪，欧洲才出现这类船，可见中国的造船技术要领先欧洲 700 多年。

4. 宋元时期的商船很发达

漕船制造业经秦汉历隋唐至宋元日渐发达，工艺不断进步，制度也不断完备。宋元时期是中国古代造船业发展的第二个高峰期，宋代的造船业得到了较大的发展，在多个方面有重大突破。官营的造船业主要满足漕运、战争及海外交流需要。民营造船业不仅能打造内河航船、湖中画舫，且能制作远洋航行的大型巨舰等。1960 年在江苏省扬州市施桥镇运河故道中发现宋代内河木船和独木舟各一只。木船用楠木制，船长 24 米、中宽 4.3 米、深 1.3 米，两舷各有大木四根，榫头与铁钉衔接并用，舱缝用油灰。在安徽柳孜运河遗址发现压覆着八艘唐代沉船，其中的一艘独木舟和一艘货船已在淮北市博物馆展厅里陈列。尤其是那艘唐代货船，虽然出土时船头缺损，只留下部分船身，但是船体结构严密、工艺精良、用材合理，反映了当时的运河漕船造船工艺的特点。

宋代的造船业比较发达，在北方的相州（今河南省安阳市）等地都设有官办的造船厂——船坞、船坊；在南方的杭州、明州（今浙江省宁波市）、温州、广州等地，也都设有这类官营船厂。南宋的造船业比北宋时更为发达。造船中心是临安、建康（今江苏省南京市）和平江（今江苏省苏州市）三个地方。其他如扬州、明州、温州、潭州（今湖南省长沙市）、衡州（今湖南省衡阳市）、赣州等地也都设有造船场，所造的车船有的长达二三十丈（1 丈约等于 3.33 米）。南宋时湖船、画舫十分兴盛，西湖的御舟是皇帝乘坐的游船，打造精巧，装修富丽。宋孝宗常陪太上皇游幸西湖用的是“御大龙舟”，文武百官侍从者各乘“大舫”，无虑数百，而“御舟四垂珠帘锦幕，悬挂七宝珠翠”。宋理宗时还特制龙舟一艘，“悉用香楠木抢金为之，亦极华侈”。

宋代，随着运河地区经济的繁荣，民间造船业十分发达。民营的造船业以制造商船和作为交通工具的客船为主，当时有数以万计的商船行驶在运河上，甚至在官船不够用时，也征用民间的船只。宋代运河上的船只形制多样，五光十色，粗分有客船、货船、客货两用船等。从《清明上河图》看，汴河上货船的大多形制为圆短船形、平底、首尾稍狭，中部宽。甲板上建有屋棚，船舷用木板交织钉成，整个船体遍及排钉，桅、篷、舵、橹、锚、帆、篙及索具等行船设备一应齐全。宋代的商船最为发达，造船作坊主要分布在运河沿线的江、淮、浙等地，临安、平江、镇江、楚州、泗州、秀州（今嘉兴市）等都是当时的造船中心。1987 年在广东省阳江市海域发现了一艘宋代沉船，后被命名为“南海一号”，这是一艘南宋初期由海上丝绸之路向外运送瓷器时失事沉没的木质古沉船，船上发现了众多陶瓷制品，出水文物共 8 万件，且有不少是价值连城的国宝级文物。当时这艘船由中国驶出，赴今天的新加坡、印度等东南亚地区或中东地区进行海外贸易，充分说明了宋代的造船水平之高。

宋代的商船

元代，随着大运河的再次贯通，漕运的需求更加旺盛，同时，元代致力于发展海、河运输和扩建水军，造船的能力和技术均较前代有所提高。元朝初期仅水师战舰就有 17900 艘，往往为一个战役就能一举建造几千艘战船。当时，在印度洋一带航行的几乎都是中国的四桅远洋海船，它的性能远远优于阿拉伯船。元至正二年（1342 年），摩洛哥人伊本·白图泰来到泉州。他在后来的《伊本·白图泰游记》中说，在印度洋

西湖画舫船

曾目击很多中国商船，“每一大船役使千人……此种巨船只在中国的刺桐城制造，或在广州制造”。

元朝造船业的发达，促进了漕运的大发展。元代水军使用的战船，由官府招募军民、工匠制造，在武备寺监督下进行劳作。元至元二十二年（1285 年）时曾设立江西、江淮、湖广三个造船提举司。元代在南方征收的粮食数量巨大，朝廷对于江浙地区粮食的漕运极为重视。根据史料统计，元朝初年的粮食征收额为 1201 万石，除去今河北等所谓腹里地区的 227 万石以外，各行省共征收粮食 974 万石。据《济宁直隶州志》记载，元至元二十三年（1286 年），通过济宁运往京都的“漕运三千艘，役夫万二千人，初江淮岁转漕米百万石于京师”。

从南方运输数量庞大的粮食去大都，需要大量的船只。据不完全统计，从元至元七年（1270 年）到元至元二十九年（1292 年）的 22 年间，共造江船 8000 艘、海船 9800 艘，合计 17800 艘。关于船只的制造，《大元海运记》等史料有如下一些记载：元至元十六年（1279 年），在隆兴（今江西南昌）、泉州等地共造大小船只 3000 艘，其中有一部分投入漕运。元至元二十年（1283 年），在山东等三省共造船 1000 艘，投入漕粮运输。元至元二十二年（1285 年）二月，为了在济州河上运粮，一次就增加济州（今山东济宁）漕船3000艘，并增加漕丁、漕夫12000人。据马可•波罗在游记中记载，他当时亲眼看到，在今江苏省宿迁市以南的运河上停泊着约1500艘船只。

元代的漕船分为内河漕运的船和海上漕运的船。参加海上漕运的官造海船，也由1283年的60艘，增加到1329年的900多艘，并且船的大小和性能都有了很大的提高，有的大船可载重9000石。按市制算，最大的船可装900立方米的粮食。在聊城的中国运河文化博物馆，展示有一艘元代漕船，这艘从800年前“驶来”的木制大船，扬起的船帆好像正准备启航。经过修复，船身复原后恢复到了17.5米。据推测，漕船的载重量可达6吨，而在满载情况下，船体的吃水只有80厘米，足以适应运河不同河段深浅的变化。

5. 明代中国造船业领先世界

明代的造船业发展达到中国古代造船业的顶峰。永乐年间，迁都北京，漕运粮食的漕船用量大增。郑和下西洋也促进了造船业的发展。造船工厂遍布于运河沿线和滨江沿海各地，尤以江苏、福建、湖广、浙江等地最为发达。民间造船业主要生产小型的民运船只，除民办的以外，各地出现了一大批官办船厂，其中最大的有南京的龙江船厂、淮安的清江船厂、山东的清河船厂。《明史•工部职官志》则按用途，把船分为江海转运的漕船、江河交通的杂用船和海防备倭的江海兵船三大类。这些分类说明明代船型已越来越多，到了非分类不可的时候了。这些船厂规模大，组织严密，工种齐全。如龙江船厂，占地8100亩，仿照明代城市居民的坊厢组织，按专业性质分为四厢：一厢制木梭橹，二厢制造船木、铁件及缆，三厢修补旧船，四厢制造棕篷等物。

明初的造船能力是惊人的。据《成祖实录》所作的不完全统计，明永乐时期的12年间，造了2735艘海船。明代造的船一是船体增大，二是船型名目繁多。明代船舶最大的要算郑和下西洋的大型宝船，“长肆拾肆丈肆尺，阔壹拾捌丈”。根据明朝规定

明代造船厂模型

郑和纪念馆陈列的明代船模型

的斛斗称尺制度，当时的1尺相当于31厘米。换算下来，大宝船的长与宽约为138米和56米。据英国学者米尔斯推算，郑和大宝船的载重量约为2500吨，排水量为3100吨。这样的巨船“盖古所未有”。

运送漕粮的舟船，明代史籍中称为漕船、粮船或运船，也有与民船相对的称为军船；又把运粮北上的称为重船，归返的称为回空船，或简称回空；或因其船式称为浅船、遮洋船。漕船由漕运衙门统一管理，有专门的规章制度。明代有专门建造漕船的工厂，而且国家统一了漕船尺寸。明初曾设“龙江提举司”修造运船。明永乐十二年（1414年）则在淮安和临清分别“设清江、卫河两提举司”负责“督造运船”，始罢龙江提举司修造。清江厂主要承造南京、江西、湖广和浙江各总运船，每年“额造”运船650余只；卫河厂则承造遮洋海船并山东、北直隶三总运船，每年“额造”运船150余只。

明代的漕船大体上可分为河运和海运两类。河运的漕船一般称为“浅船”，即“转漕于河”的运船，通常多为“四百料”的浅船，额定“每只该运正粮三百三十石，耗米一百三十二石”；也有“五百料”或“二百料”的浅船。海运的漕船称为“遮洋船”，即“转漕于海”的运船，通常多为“一千料”，载运量千石以上。明代对浅船、遮洋船的尺寸式样、用料和料价规定得很详细，而且当时政府对漕船修造非常重视，在中央由工部总辖全国各船厂，在地方由分派的工部郎中或主事具体负责。因造船主体不同，为明确责任，按照造船地点和方式确定不同漕船的名称及船号，其中卫所军所造称为“军字号”，民间所造称为“民字号”，提举司所造称为“运字号”；后又有旗造与厂造之分，各省所造则以省命名，如造于湖广者称“湖字×号”，造于江西者为“江字×号”。

太湖七扇子

明代在积累历代漕运经验基础上统一了漕船的类型，从而为大批量地建造漕船提供了十分有利的条件。据记载，船式样至明初始定，规定浅船“底长五丈二尺，头长九尺五寸，梢（艄）长九尺五寸，底阔九尺五寸，底头阔六尺，底梢（艄）阔五尺。头伏狮阔八尺，梢（艄）

伏狮阔七尺。梁头一十四座，底板厚二寸，栈板厚一寸七分，钉一尺三钉。龙口梁阔一丈，深四尺；使风梁阔一丈四尺，深三尺八寸，后断水梁阔九尺，深四尺五寸，两共阔七尺六寸”；遮洋船“底长六丈，头长一丈一尺，艄长一丈一尺，底阔一丈一尺，底艄阔六尺，底头阔七尺五寸。头伏狮阔一丈，艄伏狮阔七尺五寸。梁头十六座，底板厚二寸，栈板厚一寸七分，钉一尺四钉。龙头梁阔一丈二尺，深四尺八寸。使风梁阔一丈五尺，深四尺八寸。后断水梁阔六尺，深六尺。两廒各阔四尺五寸，共九尺”。

明朝造船业的制造技术和船只生产量，都居于当时世界各国的前列，英国著名的科学史家李约瑟指出：“在造船方面，中国曾远远走在欧洲的前面。”这里当然也包括漕船。

6. 清代的漕船

清代既是中国漕运船只发展最辉煌的时期之一，也是漕船没落前最后的余晖。（江西历史地理研究专栏，《清代江西漕船研究》）清代的漕船建造技术和船型是漕船业发展的重要部分。清代造出的平底船和尖底船分别以大面梁、龙骨为基数，各类船舶的构件尺度存在相应的比例关系。漕粮运送河段地形环境不同，所运用的船只也不一样。

清入关后，漕船数量较少，而且管理程度也不如明代严格，但仍然有江宁、山东、凤阳、直隶四厂，分别由淮安府同知与扬州府同知管辖，每年造船上千只，其造船工艺也多沿袭明代。清代初年，常常发生“运河水浅，漕船难行”的情况，清政府只好对漕船尺寸进行明确的要求：“康熙六年，题准浙江、江西、湖广等省，悉照淮式，一律承造。康熙十七年，题准漕船载米不得过四百石，入水不得过六捺，空船以四捺为度。”总体来说，在清代漕船的尺寸是逐步缩减的。但经过漕船工匠的技术修改后，船舶载重量大大提高了，由原来的装载 400 多石提高到 1200 多石。装载量提升三倍，吃水线也仅仅提升了一尺。这对当时的漕船数量不足与漕运量不变产生的矛盾起到相应的缓解作用。

据记载，在清代，漕船有四桅二篷、五桅五篷，也有二桅三篷，篷多用布为之，航行在大运河上的漕船风篷较狭长。清乾隆年间（1736—1795 年），桅的用料创造了以松接杉的方法。清代中期的漕运船已完全利用风力，无橹。清代的漕船还有一个重要特点，就是能较完好地贮存货物，“沙船舱有夹底，去船底甚高，船之两旁皆有水槽，下有水眼，水从槽入，即从眼出，舱中从不沾潮”“米色干洁”，不再有漕粮“霉变之虞”。同时所有的船舱都间隔而成，不同的货物可以分别装在不同的船舱，即使船只受损，一个船舱进水，也能保证其他船舱货物无损。中国国家博物馆所藏画作《潞河督运图》中的漕船“潞河漕船”反映了当时的漕船形制。

清代沙船

潞河漕船

清代漕船数量为 6000 到 10000 只，这些船只每年都进行一定数量的更换，破损但尚未到使用年限的则需要在造船工厂进行维修。漕船发生较大数量的损失则有两种情况，分别为江河漂流与战争破坏。在一般情况下，为保障漕运，政府会及时有效地修造损失漕船，但随着漕船缺额数目越来越大，加之运河淤塞、战乱频繁、管理失控，漕船修造制度也逐渐陷入崩溃的边缘，最终在清末被轮船、火车等先进交通工具所取代。大运河上的木船则成为游船。

清代造船工厂场景

第三节　大运河：漕运的黄金水道

远古时期，人们水上行船都是选用自然河流作为交通运输的通道。直到春秋战国时期，为了弥补天然河流的限制，才开始有了人工开挖的运河。从现有的史料分析，春秋战国时期是中国早期运河开凿的高潮期，中国大运河早期的主要段落古邗沟、鸿沟、山阴水道都是这一阶段开凿的。

一、春秋战国时期区间运河的开凿

公元前 5—前 6 世纪是中国早期运河开凿的高潮期，当时的生产力发展到了一定阶段，同时正值春秋战国时代，诸侯国林立，诸侯之间战争不断，军事征伐和政治、经济交流带来了运输的需要，为了弥补天然河流的限制，服务于粮食运输和兵力运送，就出现了人工开凿的运河。这一阶段的运河主要表现为区间运河，如徐国开凿的陈蔡运河、楚国开凿的江汉运河、魏国开凿的鸿沟、秦国开凿的郑国渠，还有齐国在山东淄、济之间开凿的运河。西周时徐偃王开凿的陈蔡运河，传说是最早的人工运河。陈蔡运河沟通了陈国和蔡国在淮水的两条支流——沙河（又名蔡水、蔡河）与汝水。这条陈蔡运河比较小，且不久即被荒废，因而在历史上无迹可寻。稍后，楚国也在江汉平原上开凿了一条从都城郢（今湖北荆州）到汉水沙洋一带的水道，称为江汉运河，又称扬水、子胥渎，这才是有确切记载的中国最早的运河工程。当时，楚国的政治中心在郢都，而粮草却要依赖襄阳到沙洋一带的富裕地区。为了方便位于都城的军队获得粮食，需要便捷的水上运输通道，于是楚国令尹（当时楚国的最高官衔）孙叔敖主持修建了江汉运河。孙叔敖通过反复勘察地形，决定从今天的沙洋一带到长湖开一条水路，直通郢都，沟通长江与汉水。江汉运河通航后，舟船可由汉水中游经这条运河到达今天的荆州市沙市

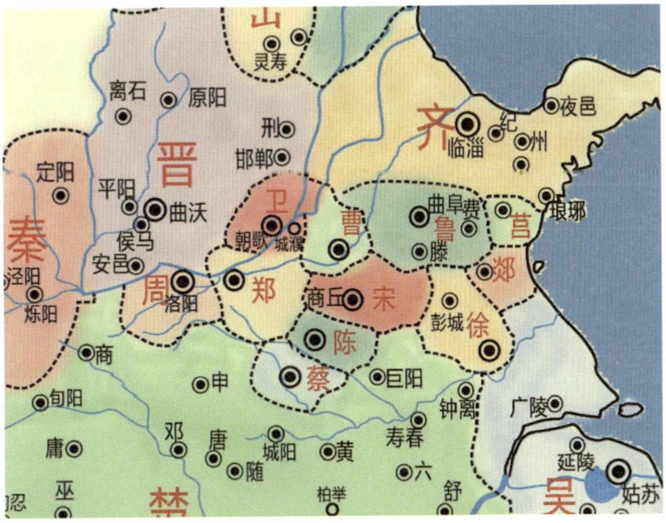

春秋时徐国与陈、蔡两国的位置

区附近入长江。楚国因这条“水上捷径”占尽舟楫之利，国运兴盛一时。

春秋战国时期（前5世纪—前3世纪），各诸侯国出于战争和运输的需要竞相开凿区间运河，但都各自为政，规模不大，时兴时废，没有形成统一体系。在中国大运河系统中，这一时期最著名的事件是邗沟和鸿沟的开挖。

1. 邗沟沟通长江与淮河

春秋时期，扬州附近是长江的入海口，扬州以西才具江形，扬州以东是开阔的海湾，当时的江岸就在蜀冈南边。吴国地处水乡泽国，“以船为车、以楫为马”（《吴越春秋》卷6），北上与齐国争霸，靠车马运输军事物资比较困难，而水路运输是最经济和可行的方案。而当时吴国北上中原有两条水路：一条是由长江入海，北上后再入淮河向西，但海上风浪大，行船没有保障；另一条是开凿自长江到淮河的人工水道。公元前486年，吴王夫差在今扬州市西北的蜀岗尾闾修建邗城，引江水入淮，因名邗沟。春秋时期左丘明所著的《春秋·左传注》曾记载：“哀公九年，吴城邗，沟通江淮。”古邗沟作为大运河最早的一段，沟通了淮河与长江，成为大运河河道成形最早的一段。作为重要的区域性交通要道，古邗沟得到不断的维护与经营。古邗沟不是中国最早开凿的人工运河，但却是这些区间运河中沿用时间最长、发挥作用最为明显的一段运河。

2. 菏水沟通泗水与济水

征服了齐国后，北方还有一个强国晋国，晋国成为夫差争霸中原的障碍。于是夫差便借鲁、宋等国的力量，胁迫晋国接受吴王之命，尊其为霸主。从齐地西进会见晋侯，路途遥远，陆路运送军队和给养都十分困难。当时的泗水与济水之间是一片沼泽地，除了水面广泛的大野泽之外，还有雷泽、菏泽等。于是夫差利用开凿邗沟的成功

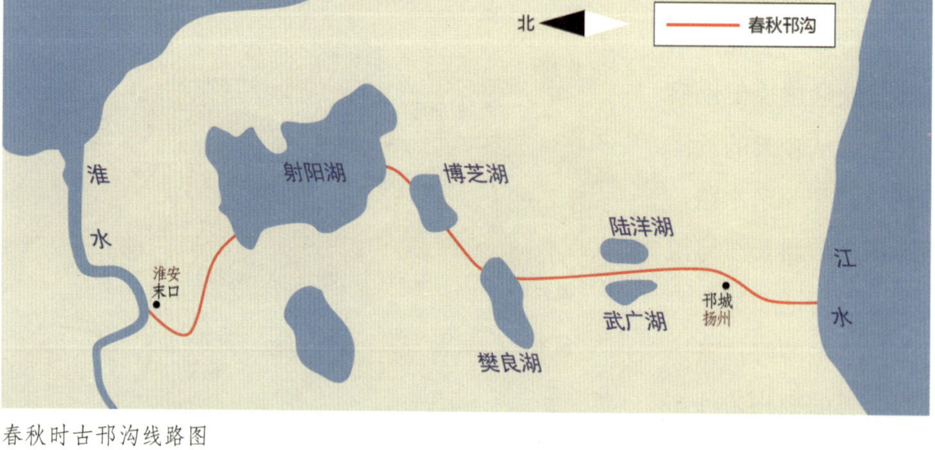

春秋时古邗沟线路图

经验，又开凿了一条沟通泗水和济水的水道，后人称为菏水。菏水的开凿，开辟了夫差西进与晋侯争雄的水上通道。公元前 482 年，夫差倾全国之兵，北上会盟于晋侯。他的舟师顺利地由淮水入泗水、再由泗水入菏水，再入济水，最后到达他和晋侯会盟的济水岸边的黄池（今河南封丘南）。

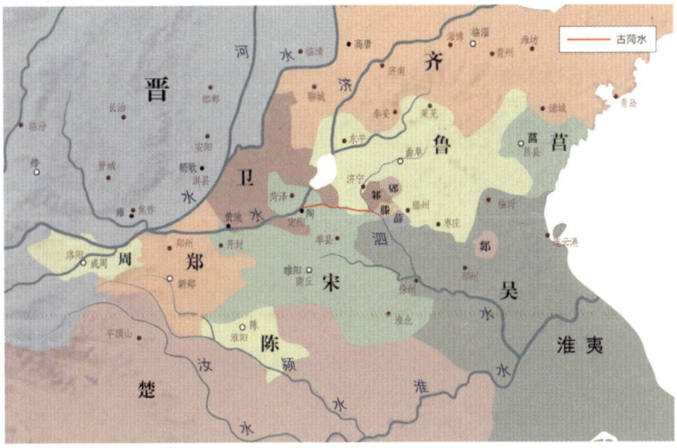

古菏水示意图

3. 鸿沟沟通黄河与淮河

鸿沟始凿于战国中期。魏惠王六年（前 364 年）四月，魏国把国都从安邑东迁到梁（今开封一带，又称为大梁）。为争雄称霸，便于统治东部广大地区，加强对东方诸侯的控制，以抵消齐国在淮水、泗水流域诸侯中的影响，魏惠王在公元前 361 年前后开始挖掘改造鸿沟。鸿沟北接黄河，南边沟通了淮河北岸的几条主要支流，构成了黄、淮之间的水路交通网络。鸿沟不是一条单一的水道，而是由几条运河共同组成一个水系，人们习惯上把这个水系称为鸿沟。鸿沟大体流向是自今河南荥阳市北引黄河水南流入圃田泽，经魏国都城大梁，在大梁之东转而流向东南，到陈国都城陈（今河南淮阳），又折向南，最终入颍水。后人将从大梁南流的这段水道称为狼汤渠，这就是项羽与刘邦楚汉分界的鸿沟。

鸿沟的开凿连接了黄河和淮河之间的许多天然河流，如颍、涡、濉、获、浍、泗等。司马迁在《史记·河渠书》写道："自是之后，荥阳下引河东南为鸿沟，以通宋、郑、陈、蔡、曹、卫，与济、汝、淮、泗会。"从此，中原地区形成了以鸿沟为干渠的水运交通网。鸿沟水系的形成改变了黄淮平原的水系面貌，同时也改变了中原地区的水运和灌溉条件。公元前 221 年秦始皇统一六国后，为了建

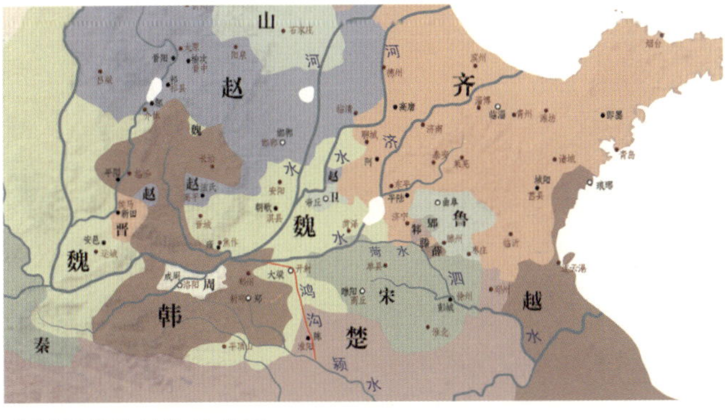

魏国开凿的鸿沟示意图

立和巩固庞大的秦帝国，更充分利用了鸿沟水系，从各地漕运大批粮食，源源不断地运往关中和京师咸阳。后来，鸿沟的一部分河道成为汴河，即隋代通济渠的组成部分。

秦统一六国前，覆盖全国的水运网络已经基本形成。这一网络，不仅推进了秦国的统一大业，客观上促进了农业、交通和经济的发展，而且对秦代之后各个朝代巩固南北的统一，加强和发展南北的政治、经济、文化联系，密切各民族的团结，都起到了积极的作用。这些运河的开凿为秦汉帝国及三国两晋时期政权的漕运奠定了基础，也为后来中国大运河的两次大沟通奠定了坚实的基础。

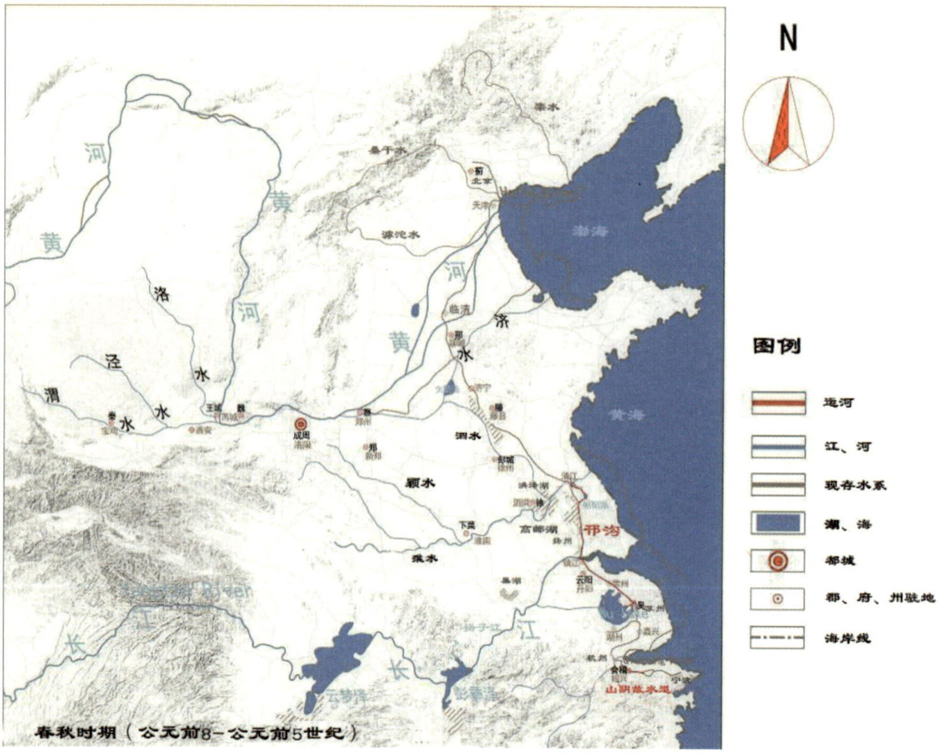

春秋战国时期全国区间运河图

二、秦汉时期漕运之河的开凿

从秦代开始，中国由分封制国家走向中央集权的大一统帝国。而帝国的心脏首都附近集聚的大量官僚阶层和军队，成为最庞大的消费人口，这需要大批的粮食物资来养活这一群体。秦和西汉皆定都关中地区。为了养活首都人口，秦朝从黄河下游及淮河流域征集粮食，由济水、鸿沟，再通过黄河水运至关中。为了方便转运，秦朝在黄河边建立了敖仓。西汉开挖了漕渠，使山东（崤山以东）各地的粮食可以通过运河及自然河道源源不断地运至关中。东汉开挖了阳渠，保证了首都洛阳的粮食供给。秦汉两代的运河是大一统帝国漕运的伟大实践和探索，形成了以洛阳为中心的运河格局。

1. 秦代运河

秦王朝虽然十分短暂，但是其出于军事目的而开凿的河渠，在中国运河航运历史上发挥了十分重大的作用。为了向前线运输军粮，秦始皇命令监御史史禄开凿了灵渠。灵渠在今广西壮族自治区兴安县境内，也叫兴安运河或湘桂运河。灵渠连通了南北流向的湘江和漓江，沟通了长江和珠江两大水系，全长 30 多千米。

秦始皇多次全国巡游。这不仅促进了陆上驰道的修筑，也促进了运河及其航运的发展。秦始皇三十七年（前 210 年），秦始皇遣刑徒 3000 人从今天的镇江至丹阳，开凿一条弯曲的河道（丹徒运河），东南连接吴王夫差所开的古江南河，而至会稽郡（今江苏苏州）；又自今浙江崇德向西南开凿新水道抵钱塘（今杭州）。这奠定了隋代江南运河的基本走向。

2. 西汉漕渠

汉朝建都长安（今陕西西安）。通漕运以供京师，是开凿运河的重要原因。汉朝以江淮作为发家地，鱼、盐、谷、帛等多从东南漕运而来。汉武帝时期，汉朝的统治者已十分重视漕运、灌溉等水利工程了。

西汉时期，政府为了向京城长安运送漕粮，将运河向西延伸到达关中地区。据汉《沟洫志》记载："汉都关中，漕从山东西，岁百余万石，更砥柱之艰，败亡甚多而烦费。穿渠引汾溉皮氏，溉河壖弃地，度可得田五千顷，岁得谷二百万石以上。而砥柱之东可毋复漕，盖惩其险也。卒以渠废罢业。"黄河三门峡的砥柱之险，极大地妨碍了漕运。公元前 129 年，汉武帝听从大臣郑当时的建议，命令著名水工徐伯，率领民工数万人，开凿了与渭河平行的漕渠（《史记·河渠书》）。漕渠位于渭水南岸，傍渭东行，流经今临潼、渭南、华县、华阴，至潼关附近注入黄河，全长 100 多千米。漕渠是人工开凿的渠道，渠直水深，便于行船。漕渠凿通后，关东地区的粮食和物资可以从水道直接运到长安，大大缩短了运输时间。潼关到长安的水路大大缩短，从而减少了漕运的运输费用。以前关东漕船沿渭水而上需要 6 个月，如今只需 3 个月时间就能到长安了。这样山东和江淮地区的粮食通过运河及自然河道就可以源源不断地运至关中地区，保证了京师的粮食供给。

汉武帝又下令修筑龙首渠，开发洛河的水利，前后费时十多年。西汉时期，由于皇帝热衷于开挖运河，兴修水利，而且成效显著，各诸侯国和地方官吏也竞相效仿。

如汉初吴国国王刘濞在今扬州至南通如皋之间开凿的运盐河（通扬运河的前身），在河北中部开挖的大白渠等。这些纵横交错的河流水渠，构成了一个个四通八达的水路交通网，几乎全国各地都普及了水运。

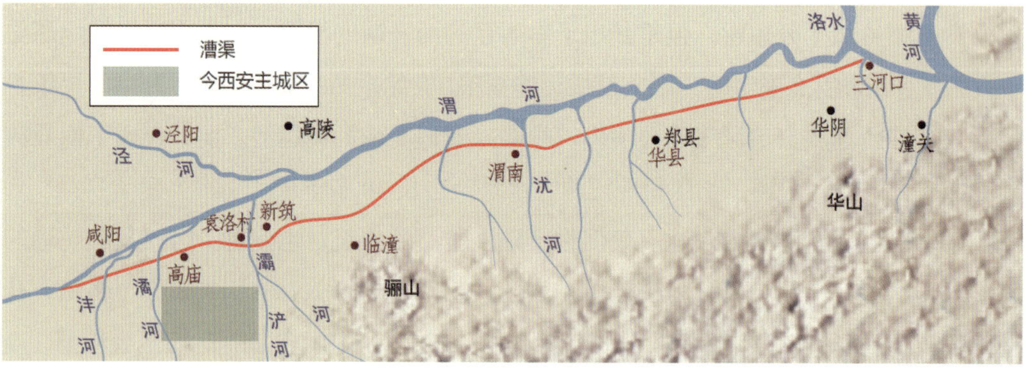

西汉漕渠示意图

3. 东汉阳渠和汴渠

东汉定都洛阳，使洛阳成为全国政治中心和最大的漕粮集散地。当时，黄河流域仍是经济中心，粮食产区主要在黄河流域。东汉时期最主要的运河工程是在洛阳附近开凿的阳渠。洛阳在洛水北岸，漕船必须从黄河入洛水，然后抵达洛阳。当时洛水较浅，漕船不能通行。到了东汉建武二十三年（47 年），张纯任大司空，他在洛阳城西南新开了一条渠道，将洛水引入，东流穿越谷水，到偃师一带，再回到洛水中。这条运河就是阳渠。《水经·谷水注》记载："又北迳东阳门东，故中东门也。又北迳故太仓西。"阳渠的水源主要依赖洛水，又纳入了谷水，所以水量很足，漕船畅通无阻，使山东漕船由黄河入济水，经阳渠直抵都下。这是东汉在漕运事业上取得的最大成就。当时漕运到首都洛阳的粮食数量已相当可观，充分满足了东汉政府的漕运需求。

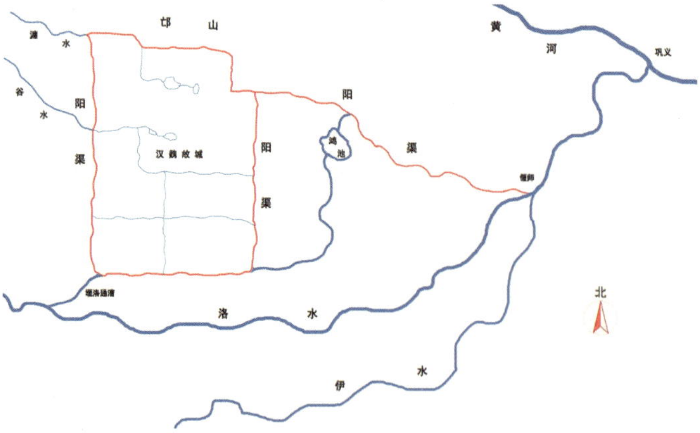

汉魏时期阳渠路线示意图

东汉永平十二年（69 年），王景治河，自荥阳（今河南荥阳东北）到千乘（今山东高青高苑镇北）海口，筑堤修渠，使新莽始建国三年（11年）黄河徙道后混流的黄河、汴河分流。从江淮而来的漕船自淮河进入汴河，从北边来的漕船沿着黄河、洛河向西。之后，又修筑汴渠，自浚仪（今河南开封）分蒗荡水东流至徐州，汇入泗水，时称浚仪渠。阳渠和汴渠，使黄河与淮河之间的人工运河又向西扩展，形成了西起洛阳，经阳渠，连接黄河、汴渠的新水运航线，把洛阳与中原和江淮等区域密切联系起来，为后来以洛阳为中心的隋唐大运河的开凿贯通奠定了基础。

三、三国、两晋、南北朝时期运河的发展

1. 曹魏时区间运河的开凿

东汉末期，为征战北方，曹操利用黄河故道，开挖了白沟等运河，使运河向黄河以北延伸，抵达今河北省东部地区。白沟的开凿，使华北平原的运河水系确定了一个中心位置。此后，在白沟的基础上，曹操又陆续向东北方向开挖了平虏渠、泉州渠、新河和利漕渠，形成了以白沟为主干的运河漕运网，沟通了南起黄河，北到海河，中间包括清水、漳水、淇水、洹水、滹沱河等各大水系，大大便利了曹操对华北平原的控制，也有利于这一地区社会经济的发展。曹操之后，曹魏集团的统治者还先后多次于淮河上游偏西之地，利用汝、颍、洧、蒗四水，开凿了贾侯渠、广漕渠、淮阳渠、百尺渠、成国渠，这一运河网向东南沟通江淮，便于运兵运粮、屯田积谷，为后来的大运河全线贯通奠定了基础。

陈登开凿的邗沟西道就是后来的淮扬运河

2. 浙东运河的开凿

东汉时，会稽（今绍兴）的水运主要靠鉴湖与山阴水道。西晋永康元年，会稽内史贺循主持开凿了一条与鉴湖湖堤平行、由西陵钱塘江边（今钱塘江东岸西兴）向东，经萧山、钱清、柯桥至会稽郡城的漕渠。漕渠东出郡城，又可沿着鉴湖直到曹娥江边。今天曹娥江以东梁湖江坎向东至姚江通明坝的四十里河，据说也是贺循所开。这就形成了沟通钱塘江与曹娥江及浙东地区的浙东运河［（宋）李昉等：《太平御览》］。此后的东晋南北朝时期，南方政权着力开凿修治浙东运河，从杭州东渡钱塘江到萧山县（今杭州市萧山区）的西兴镇，再由西兴镇东通到宁波，逐渐形成了以渠化天然河道为主的运河体系，沟通了姚江、甬江、钱塘江、曹娥江等自然河流。

浙东运河鉴湖边的漕渠旧址

3. 邗沟、汴水的进一步修浚

东晋时，为改善江淮间的运输条件，曾对邗沟进行多次整治。晋穆帝永和年间（345—361 年），长江主河道南移。江都（今江苏扬州）水断，向西开渠 60 里置欧阳埭，引江水至广陵城下，与中渎水相连，此渠为今仪（今江苏仪征）扬（今江苏扬州）运河前身。陈敏在原运河的西边，从射阳到末口开凿了另一条路程较短且较直的新运河，取名山阳运道，亦称山阳水道。据晋书记载，东晋太元十年（385 年）谢安镇守广陵，于城北 40 里的邗沟上修筑了邵伯埭。

邗沟与鸿沟、汴水等运河开通以来，淮北地区的泗水成了南方沟通中原和黄河下游的主干。谢玄北上伐前秦至彭城（今江苏徐州）时，遇泗水洪流，军粮运输受阻，便建造七座堰埭，分段控制彭城东南六十里的吕梁河等泗水支流。东晋时还于彭城之北开人工渠，使汶、济、泗诸水相通，泗水过彭城西，入汴通黄河。北魏经略江淮，于水道之沿立仓十二处，储漕粮以供军需。

4. 江南运河的开凿

淮河、长江流域是南北对峙政权的前沿，各方均以通漕积谷为要务。为了运输军队和物资，吴国也疏浚了几条运河。孙吴都京口（今江苏镇江），曾疏凿杜野（今镇江市东十五里）至小辛（今江苏丹阳市北十余里）的徒阳运河。迁都建业（今江苏南京）后，为加强都城建业与太湖流域的联系，吴赤乌八年（245年）发屯田将士3万人开凿小其（今江苏句容东南17里）至云阳西城（今江苏句容县南唐庄）间15千米的破岗渎，立仓储粮。破岗渎这条运河与原丹徒水道相衔接，西连淮水（今南京秦淮河），直抵建业城下，沿途修建十四埭用以蓄水。于是，吴（今江苏苏州）、会（今浙江绍兴）等地区的粮船可以直达京城的粮仓。孙权开凿的东渠，宽五丈，深八尺，把玄武湖的水引入淮水。西晋末，鉴于徒阳运河位于地势高的镇江丘陵地段，为避免出现河水南倾北泻的状况，于京口之南修建了江南运河上的第一座堰埭（丁卯埭），节制了河水的流失。

魏晋南北朝时期开凿和修筑的运河加上前代开凿的淮扬运河、鸿沟水系，形成了一个基本完整的大运河网络。经过从春秋以来1000多年的陆续营建，到隋统一中国之前，以中原地区为中心，贯通东西南北的中国大运河雏形已经初步形成，为隋唐时期对运河大规模开挖整治、全线大贯通，以及漕运的大繁荣奠定了基础。

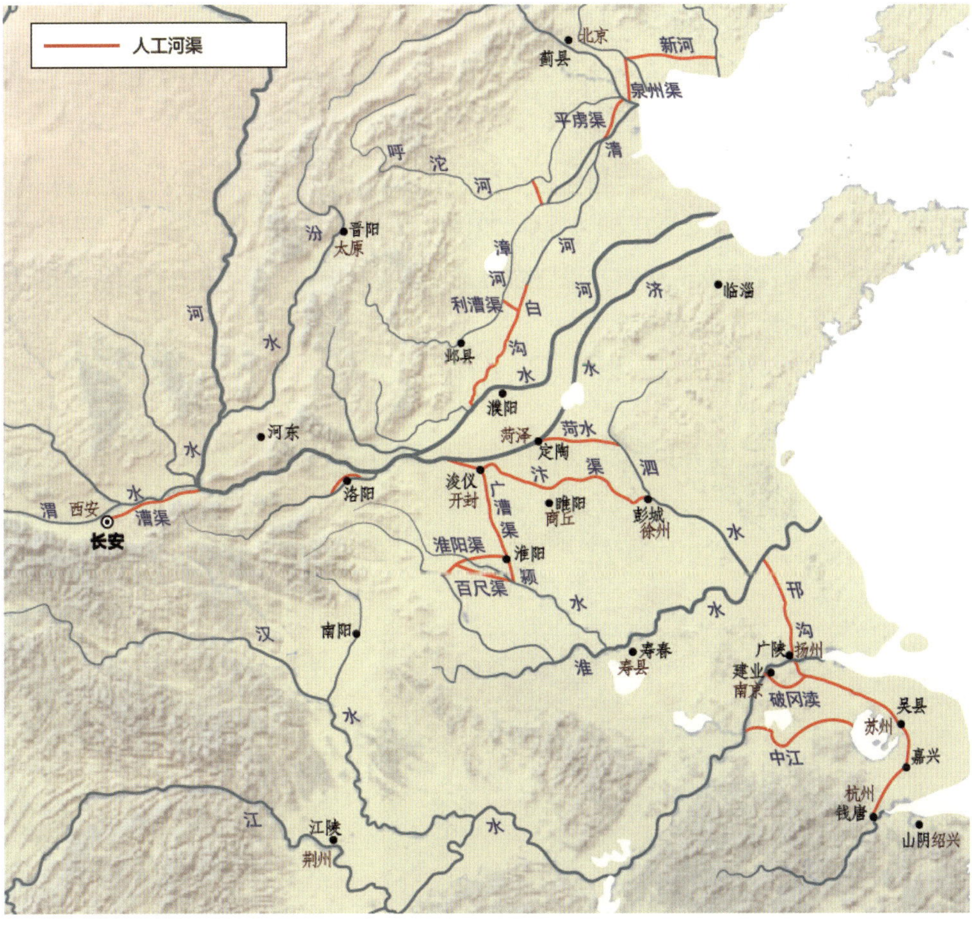

魏晋南北朝时的全国运河图

四、大运河的第一次大贯通与隋唐宋漕运

隋朝（7世纪初），为了连通南方经济中心和满足对北方的军事需要，在隋帝国政府的统一规划、建设和管理下，先后开凿了永通渠、通济渠、永济渠，并重修邗沟、江南运河，疏通浙东航道，从而将前一时期的各条地方性运河连接起来，形成了以洛阳为中心，北抵涿郡、南达会稽的大运河体系，完成了大运河的第一次全线贯通，并在唐代和宋代得到维系和发展。

第一次大沟通主要发生在7—12世纪。隋唐时期，中国的经济重心已经逐渐转移到长江流域等南方地区，而国家政治中心仍处于北方的关中地区和中原地区。605年，为了加强东都洛阳与南方经济发达地区的联系，保证南方的赋税和物资能够源源不断地运往北方，隋炀帝在前代汴渠的基础上下令开凿通济渠，沟通黄河与淮河。（隋大业元年三月）“辛亥，发河南诸郡男女百余万，开通济渠。自西苑引谷、洛水达于河。自板渚引河通于淮”。同时，隋炀帝下令重新疏浚邗沟，疏凿长江以南的江南运河，整治前代开凿的浙东运河航道，使大运河越过钱塘江，从而沟通宁绍平原。此后，为了开展对北方的军事行动，隋炀帝又于608年，在黄河以北曹操时期开凿的原有运河河道的基础上，开凿永济渠，直抵涿郡（今北京南郊和河北涿州一带）。609年，“春正月乙巳，诏发河北诸郡男女百余万开永济渠，引沁水南达于河，北通涿郡”。从而完成了以洛阳为中心，东北方向到达涿郡，东南方向延伸至江南的一条“Y”字形运河，在中国历史上第一次建成了从南方重要农业产区直达中原地区政治中心和华北地区军事重镇的内陆水运交通动脉。

1. 通济渠的开凿

隋大业元年（605年），隋朝政府在地方性运河的基础上，统一勘察设计，统一施工，修建了通济渠，并于一年之内完成全线建设施工。通济渠东段可上溯至战国时期开凿的鸿沟水系，西段始于东汉时期开凿的阳渠。全渠分为三段：西段起洛阳西苑，引谷水、洛水，向东注入黄河；中段从洛口到板渚，是利用黄河的自然河流；东

通济渠今河南郑州段

段起自板渚，引黄河水向东注入淮水。通济渠沟通了黄河与淮河两大水系。史籍记载，通济渠宽约 60 ～ 80 米，可容纳规模很大的船只通航。隋代开凿的通济渠，在后来的唐宋时期继续发挥着重要的漕运功能，成为支撑国家经济的交通动脉。

2. 改造邗沟

同年，隋炀帝征召淮南的 10 多万民众开邗沟，从山阳到扬子入江，邗沟宽约 70 米，渠旁都筑了御道，并栽上柳树。据传说，当时隋炀帝为了鼓励人们在河道两侧种植柳树，规定每种活一棵柳树者，赏细绢一匹，甚至还搞了一个植柳仪式，并且给柳树一个极高的政治荣誉——赐姓杨。从此，杨柳作为大运河沿线栽植的标准树种流传下来，至今大运河堤上也多栽植杨柳作为景观树。隋朝时，扬州附近的江岸已向南延伸到今扬子津一带，隋炀帝开凿的邗沟“自山阳至扬子入江”，并在大运河入江口的扬子津修筑临江宫以临江赏景。这条邗沟取代了隋文帝所开凿的山阳河，又回到邗沟西道。

3. 开永济渠

为了东征高句丽，也为了北部边境的安宁，隋炀帝决定开凿一条从洛阳到涿郡的运河，以运输粮草、军队到前线。这条运河就是永济渠。隋大业四年（608 年），隋炀帝在黄河以北曹操时期开凿的原有运道的基础上，开凿了南到黄河、北到涿郡的永济渠，从而完成了洛阳以北大运河的开通。永济渠在隋炀帝发动的征辽东战争中，成为一条繁忙的运输线，军粮、士兵、武器等都通过永济渠，源源不断地运往前线。

4. 修浚江南河

隋大业六年（610 年），隋政府又重新疏凿和拓宽长江以南区间的运河古道，重新开通镇江至杭州段的江南运河，形成从京口到余杭长 400 多千米、宽 10 多丈（1 丈约等于 3.33 米）的河道。隋炀帝为了东巡会稽，让江南运河可通龙舟，也为了漕运粮

邗沟故道

今天河南的卫运河就是当年的永济渠

大运河杭州段的前身就是江南运河

隋代大运河全图

隋代的船

食物资，在沿途设置了行宫和驿站。同时，对前代开凿的浙东运河航道加以整治，使大运河越过钱塘江，沟通宁绍平原。

经过第一次大沟通，大运河成为沟通中国经济中心与政治中心的大动脉，确保了繁忙的物资与人员交通，弥补了中国南北自然及经济资源的不平衡，不仅为维持中国大一统的政治局面作出了重要贡献，也促进了运河沿线地区的经济和社会的发展繁荣。

5. 唐代运河的治理

唐代仍定都长安，但南方经济蓬勃发展。唐代的漕运主要是把江淮诸道的财赋运往长安。唐代国土辽阔，财政上更加依赖南北大运河上的漕运，这大大地推动了运河航运的发展，唐太宗李世民把疏通运河、保证漕运畅通当成兴邦治国的基本国策。除了以前的运河，唐朝又陆续在各地开凿了近30条运河漕渠，其中比较重要的是：涑水渠、永济支渠、湛渠、升原渠、直河、伊娄河、孟渎、平虏渠、元和塘等。

唐宋时期，运河各段的名称多有变化，但大运河的主要河段、格局和走向基本没有变化，中央政府对运河的主要任务在于维护航道、大规模疏浚与改建部分航段，同时

唐代运河图

建立粮食仓储、转运等运河配套设施，并逐步完善了统一进行运河维护和运输管理的漕运行政体系，保障当时政府的政治与军事需求。为了使除关中经济区外的其他经济区的粮食能够顺利地运到京城和其他军事要地，唐朝对大运河的重要段落进行了维护与整修，并建立了仓储转运系统，使运河的漕运网络更加健全，运河的作用发挥得更加完善。唐代的运河工程主要有开关中漕渠、治理汴河、开三门峡水道、开伊娄河、治理永济渠等。永济渠是黄河以北地区的运输要道。朝廷讨伐北方少数民族的战争，以永济渠上的清河为唐军后勤物资基地。为了加强北方运河的运输能力，武则天时又开凿南连淮水、北通密州（今山东诸城）的新漕渠。唐玄宗时则开凿了引永济渠水至魏州（今河北大名）的西集，或称永济支渠。

6. 宋代运河的治理

北宋对运河进行一系列整治，恢复与完善坝闸制，并创建复式船闸。加之北宋漕线较隋唐缩短近半，故运输能力大增。据《宋会要》记载："东京以惠民、金水、五丈、汴为四渠，而汴、黄、惠民、五丈亦曰四河。"广济渠即五丈河，导菏水。宋朝很重视对汴渠、惠民河、广济河、金水河及江淮运河、河北运河、江南运河等主要河道的治理，把江浙、两淮、荆湖等南方地区与河北、东京（今开封）、京西及京畿一带等北方地区连接起来。漕运畅通，国力大大增强。

北宋朝廷最重视汴渠的整治和管理，设主监官，每年春征集三十余县的民夫，疏浚汴渠口及淤浅的河道。为保漕运，枯水期的全部及丰水期的大部分黄河之水，被引入汴渠航运。汴渠尽归提举汴渠排岸司管理，北宋朝廷把派遣军士日夜巡护汴堤定为常制。宋太祖曾专诏疏浚菏水，继续整治齐鲁水道，北宋建隆二年（961 年），开渠引导荥阳由京、索二水向东过中牟，行百余里，抵达京城西边，架槽越过汴渠，进入京城东边的五丈河，命名为金水河。每年征调夫役疏浚河道，沿流置坝以助运，北宋开宝六年（973 年），把金水河改名为广济河。惠民河是对京帅西南闵水、蔡河等运河的统称，北宋开宝六年（973 年）改闵水为惠民河，其后又作为闵、蔡二水的统称。惠民河是北宋维系京师与西南地区的重要运河，岁输陈、颍、许、蔡、光、寿诸州漕粮 60 万石，兼钱帛盐茶杂物，尤以京师薪炭多取此路。

北宋首都汴梁的水运交通条件十分优越，除以汴河（宋朝对通济渠的称呼）外，还有向南经陈、蔡地区通往淮河流域的惠民河，向东经曹州通往齐鲁地区的五丈河，以及向西经中牟通往荥阳的金水河。这一以汴河为主的运河系统构成以汴梁为中心的放射状运河网，为北宋漕运的发达和京师汴梁的繁荣，提供了良好条件。北宋最早制定了完备的漕运制度，建立了独立完备的运河管理机构和全国性的漕运专门机构。宋朝的漕运改革与完善，创立了中国历史上独具特色的漕运文化。

唐宋时期是漕运的大发展时期，由于运河的开通以及经济重心的南移，漕运方向由东西向转为东南西北向。漕运渐趋稳定，有相应的成法、固定的职官和额定的年漕量，漕运成为一个较完整的经济体系。

7. 南宋运河的治理

南宋时期，为了保证首都临安和前线的粮食供给，对东南地区的运河也进行了治理，在维护使用淮南、浙西运河的同时，全力整治浙东运河（西起今浙江萧山西兴镇，东至今浙江上虞通明坝）。在唐代原有纤路、斗门基础之上加以疏浚、开挖新河、增

北宋四大漕渠示意图

设闸堰。浙东的盐米、帝后的梓宫、高丽和日本的使臣、东南亚的香药珠犀，都通过浙东运河到达临安。浙东运河变成支撑南宋政权的生命线。南宋时期对江南地区运河的治理，不仅保证了漕运的畅通，为京城和军事前线运输粮食提供了便利，而且促进了江南地区经济的发展。尤其是把陆上主要贸易线路延伸到东海岸，促进了海上贸易的繁荣，而且还刺激了运河流经地区商业的发展，催生了当时全球最大的都市临安。

南宋时的运河图

五、第二次大贯通与元明清漕运

元朝，中国的政治中心迁移到北京，忽必烈组织开凿了会通河、通惠河等河道，从而将大运河改造为直接沟通北京与江南地区的内陆运输水道，形成大运河的第二次南北大沟通。明清两朝维系了大运河的这一基本格局，并进行了多次大规模的维护与修缮，特别是修建了南旺枢纽和清口枢纽等工程，使大运河一直发挥着漕粮北运、维系国家稳定繁荣等重要功能。

1. 元代大运河的修建

大运河的第二次大沟通在13世纪至20世纪上半叶。两宋时期，大运河作为政府连接海外的重要通道凸显其重要的战略地位。北宋晚期以后，宋、金对峙，战乱不断，运河航道维护逐渐松弛，航道不断淤积，航运逐渐中断。其间黄河数次泛滥，淮河以北的大运河河道大多被黄河堵塞，以洛阳为中心的大运河体系逐渐宣告终结。

在元朝完成对中国的统一并在大都（今北京）建立政治中心后，从南方经济中心供给北方政治中心的需求再一次被提上议事日程。1289年，元朝政府组织开凿了会通河，北通卫河，南接泗水、黄河，从根本上改变了淮河以北大运河的格局与走向。元至元三十年（1293年），沟通大都城内与城东通州的通惠河建成，来自南方的漕粮可直接抵达城内的积水潭，实现了大运河的第二次大沟通。

元代的大运河

经过一系列的开凿和治理，终于形成了从杭州经江苏、山东，到大都的元代大运河，实现了中国大运河的第二次大沟通。元代开通的大运河，在隋唐大运河的基础上裁弯取直，弃弓走弦，形成了南北直行的走向，比隋唐大运河减少行程 500 多千米。这段运河分为六段，自大都到通州为通惠河，自通州至直沽为北运河，自直沽至临清为南运河，自临清至济州为会通河，济州至淮安利用了泗水等自然河道，淮安至扬州为淮扬运河，过长江后自镇江到杭州为江南运河。重新开通的元大运河以大都为中心，直穿山东、江苏全境，径抵江南，沟通了河、海、江、淮、钱塘五大水系，把南北方各大经济区更直接地联系起来，由此奠定了此后大运河的基本走向和规模，这就是后来的京杭大运河。当然，在元代，漕粮运输是河运和海运并用，主要采用海运的形式运输漕粮，所以这是漕运发展中的一个特殊时期。

2. 明代大运河的治理

自明成祖朱棣再次定都北京直至清朝灭亡的 500 年间，北京一直是全国的政治经济中心。为了保障漕运的持续畅通，明清政府投入了巨大的人力和物力，在元代大运河的基础上不断进行整治修葺，陆续新建、改建多处河道和水工设施，并不断完善漕运管理制度和机构。

明代修建的南旺分水枢纽遗址

明代的运河工程主要是南旺枢纽工程，明永乐九年（1411 年），工部尚书宋礼为了解决会通河缺水的问题，遍访名家，终于在济宁南旺附近找到了民间水利专家白英。白英向他提出改变元代“遏汶入洸”的做法，而用“引汶济运”的建议。宋礼和白英经过实地勘察，决定修筑堽城、戴村两坝，同时建分水工程，使汶水西行，从南旺进入运河，七分向北流，进入漳河、卫河，三分向南流，进入黄河、淮河。这样，运河的全线都能有水，漕船可以顺利通过运河最高点南旺。因此，民间形容南旺枢纽为“七分朝天子，三分下江南”，指的就是南旺枢纽对运河水的三七分流。南旺枢纽因具有与都江堰一样的分水功能，被称为“北方的都江堰”。

明代大运河图

3. 清代大运河的治理

中河宿迁段

清代对大运河的治理主要是淮安的清口枢纽，这一浩大工程从明代到清代，延续了数百年。为了减少清口以北借黄河行船所带来的危险，清政府于1686—1688年在宿迁与淮安间于黄河故道平行的东侧组织开凿了中河。中河的建成标志着大运河彻底脱离了借自然河道行运的状况，实现了完全的人工控制。此外，随着社会经济的进一步发展，大运河成为联系全国经济的交通大动脉，在运河沿岸形成了一批转口贸易城市和商业城市，促进了运河沿岸城市商业的繁荣。

到了清代后期，特别是太平天国起义后，江南、江淮一带农村遭受严重战乱，民户无力缴纳漕粮。1855年6月，黄河在兰考铜瓦厢决口，于阳谷张秋镇穿过运河夺大清河入海，不仅影响航道，还造成了运道补水不足，通航困难。清政府虽采取了许多措施，但仍未能从根本上解决问题。到了清末，由于内忧外患，清政权岌岌可危，无力顾及运河之事，因此逐渐放弃了修复运河的计划，宣布各省漕粮全部改折银两缴纳，运河及漕运管理机构也陆续裁撤。漕运改折后，承载了两千多年的以漕运为主要职能的

清代运河图

运河历史任务已经完成，沟通南北的大运河逐渐中断，变为多条局部通航的地区性运河，除江南、淮扬、浙东运河和会通河、中河等河段外，其他河段渐渐淤废。民国时期虽然曾有过重开运河的计划，但仅限于一纸空文而已。而大运河的再次复兴是在 1949 年以后。

漕运带来的繁华（张美强　摄）

第二章 中国大运河漕运的辉煌岁月

中国大运河漕运起源于秦汉，兴盛于隋唐，完善于宋代，到了明清两朝发展到顶峰；清末，随着现代化运输工具的出现，大运河漕运被铁路和海轮所代替，走向终结。作为伴随中央集权统治而产生的重要经济现象，中国大运河漕运前后存在了两千余年，对封建统治的生存及延续发挥了不可估量的作用，并逐渐形成一套完整的制度。从纵向上看，中国大运河漕运的发展轨迹与整个封建社会政治经济的动向密切相关，大运河漕运的各个历史发展阶段各有其特征。

第一节　秦汉魏晋南北朝时的漕运

清人谷应泰这样评价大运河漕运："尧都冀方，九州通贡，水陆分道，舟车递兴。然皆方物筐篚，非秸秷粟米，负重致远也。秦人输粟入边，十钟而致一石，盖难之矣。汉兴，海陵之粟，号甲天下，而分封列侯，天子仰食，不过中原三辅。唐郡县天下，关中运道，龙门险峻，舟桴罕入，岁值霖潦，车牛不给，天子至率百官就食东京。奉天告围，蔓菁采食，韩滉粟至，脱巾撤呼。宋都汴京，运道四达，路置兑仓，号为转运。此刘晏遗规，非丰、熙创法也。"

一、秦朝的漕运

先秦时期，就已经有了类似后来漕运的水上运输，当时的漕运还没有成为必需，尚未占据左右国家经济、政治的地位。政治和经济上的统一是漕运形成发展的一个重要前提。秦统一中国后，帝国首都仍旧放在了咸阳。关中地区的八百里秦川在全国统一前只需要养活作为诸侯国的秦国人口，粮食尚能自给有余。但随着大一统国家的出现，咸阳及关中地区人口快速增长，对粮食的需求大大增加，关中地区所产粮食已不能满足需求。

秦代全国主要有三大粮食生产基地，分别是关中、巴蜀和关东（函谷关、潼关以东）。其中，关中地区是秦国传统的粮食供应地。当时的关中尽管是最大的"粮仓"，但随着官僚和军队人口的增长，"关中粮仓"已经不能满足需求。秦二世时"尽征其材士五万人为屯卫咸阳"，但由于关中粮食不足，于是下令"郡县转输菽粟刍藁"（《史记·秦始皇本纪》）。巴蜀地区也是秦国的重要产粮区，都江堰工程的修建，使成都平原成为天府之国。从巴蜀地区通过水路向长江下游运送粮食，支撑了秦国征服楚国的战争，但由于巴蜀与咸阳之间隔着秦岭和巴山，通过陆路向咸阳运粮在生产力不发达的秦代还是比较困难的。关东地区过去属于齐、魏、赵、韩、燕等国，处于黄河下

函谷关遗址

游，不仅土地肥沃，物产丰富，而且有天然的水道黄河及春秋战国时开凿的人工运河与关中地区相连通，这无疑是首都咸阳最佳的粮食供应地。因此，秦朝对全国，特别是关东地区，进行了大规模的粮食征调。经过春秋战国时期大规模的区间运河开凿，到秦朝时已经基本形成了覆盖全国的水运交通网络，其中鸿沟沟通了淮河与黄河，邗沟沟通了长江与淮河，灵渠沟通了珠江与长江。从理论上讲，南方的物资也可以由珠江转入漓江，经过灵渠转入湘江，过了洞庭进入长江，经由长江沿邗沟入淮河到济水，再沿鸿沟转入黄河，然后沿渭水北上，到达关中。因此，通过水路运输粮食成为首选，也就有了最早的漕运。

秦朝的粮食主要征集自鸿沟流域、济水与泗水之间、临潼附近及黄淮下游一带，这一带有成熟的水路运输体系，方便运输。具体运输路线是从济水上溯入黄河，再由黄河上溯入渭水，最后到达位于渭水之滨的咸阳。这样，远至黄海之滨的关东地区的粮食，就可以源源不断地运到关中地区，从而解决了关中的粮食短缺问题。秦始皇北征匈奴，也曾自山东沿海一带运军粮抵于北河（今内蒙古乌加河一带）。

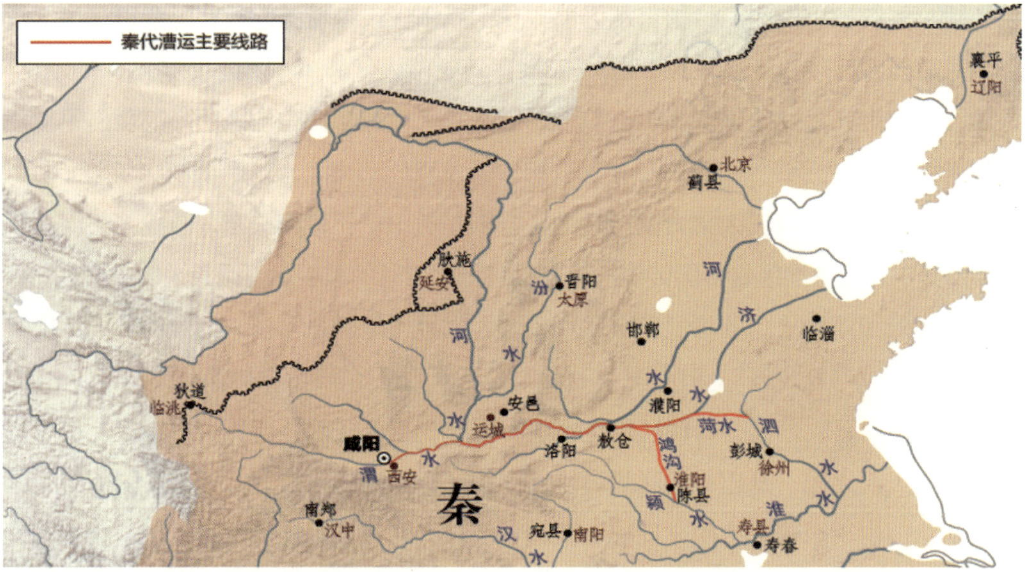

秦朝漕运线路图

为了储存和转运粮食，秦国在济水和鸿沟从黄河分流出来的地方建立了一座巨大的粮仓，即敖仓。敖仓设在荥阳县（今荥阳市）北部、下临济水、西距黄河不足 20 里的敖山，地理位置相当优越。中原运来的粮食无论是西输关中，还是北运边塞，都可以在这里储存和转运。敖仓是秦朝首个用于漕运的粮仓，也是中国历史上第一个用于漕运的粮仓。

秦帝国借助运河和自然河道，完成了向首都咸阳及关中地区的大规模漕运，进行了漕运的伟大实践和探索，奠定了中国之后两千多年以内河运输为主的漕运基础。

二、汉代的漕运

汉建都长安（今陕西西安），每年都将黄河流域所征粮食运往关中地区，形成联结黄河、淮河、长江三大水系，沟通南北的新的漕运通道，奠定了后世中国大运河漕运的基础。

1. 用兵西北与输粟于边

西汉初期，边疆地带频繁经受匈奴的袭扰，为了应对来自北方的威胁，西汉朝廷不得不在边疆倾注大量军事力量。之后在取得大片疆土的同时，为防范边疆的威胁，也需要在边疆长期驻守大量的军队，这就要解决军队的军粮问题。频繁的军事行动对于军粮的需求更是与日俱增。据历史学家推测，西汉到新莽时代，边境驻军通常保持在 30 万人左右，其一年所需粮食达 800 万石，可谓巨量。与此同时，西北边境因为环境及气候的影响，粮食生产能力非常有限。如此庞大的军粮需求必须借助于内地军粮输送体系，这就形成了西汉“输粟于边”的军粮体系雏形。

特别是汉武帝时期，频繁展开对匈奴的大规模军事行动，为了继续向西北开拓疆土，对军粮的需求更加旺盛。据《汉书·食货志》记载：“中国缮道馈粮，远者三千，近者千余里，皆仰给大农。”这就是对当时“输粟于边”的准确描述。这些军粮需要从山东和江淮地区调集，然后通过漕运抵达长安，再运送到前线。这时，大运河的作用就十分明显了。

西汉建立之初，在农业生产上主要是兴修水利，开挖运河，扩大灌溉面积，提高农作物的产量。汉初以关中经济区为经济支柱，但因其面积狭小，粮食的单位面积产量虽高，总产量却有限。随着大一统的西汉帝国定都长安，关中地区人口剧增，粮食短缺问题日益显现。同时随着黄河中下游地区和淮河流域的开发，京师对粮食和手工业品的需求越来越依赖于河南崤山以东的山东地区。汉代山东地区有“膏壤千里”的美誉，农业与手工业发达，逐步成为全国的经济中心。

2. 漕运需求的增长

西汉建立后，政府提倡黄老哲学，无为而治，实行与民休息政策，一切设施因陋就简，不求铺张，所以政府的物质消费不大。汉高祖将田租由秦代的十而税一减为十五税一，文帝时减为三十税一，后来又曾在十年中蠲免了天下全部田租，景帝将三十税一作为定制。税收的减少，是因为政府的消费少，不需要过多的财政收入。当时，从关东地区调运的粮食也少。汉初，“漕转山东粟，以给中都官，岁不过数十万石”（《史记·平准书》）。一年漕运的粮食也不过几十万石。

到了西汉中期，国家的繁荣昌盛带来了城市的繁荣、人口的膨胀。关中地区人口大量增加，非生产性人员所占的比重越来越多。因此，从关东地区运至京城长安的粮食逐年增多。汉武帝时，为了供应长安的刑徒、奴婢，每年就要从山东运输粮食 400 万石。据《史记·平准书》记载，汉武帝元狩四年（前 119 年），河漕已达 400 万石；元封元年（前 110 年），山东地区运往关中的粮食一度高达 600 万石。这个数字甚至超过了后来明清两代的漕运量。

为了向首都和边疆地区源源不断地供应粮食物资，西汉继承并完善了秦代开始建立的漕运体系。汉武帝时，国势强盛、经济繁荣，汉武帝听从董仲舒“罢黜百家，独尊儒术”的建议，在政治、经济和思想文化方面加强了中央集权。政府也有力量兴修更多规模更大的水利工程。为了解决漕运问题，向京城长安运送更多的漕粮，西汉政府组织开挖了漕渠，将运河向西延伸到达关中地区。汉代漕运已达到较大的规模和发展程度，“一岁之中，太仓、甘泉仓满”“而天下用饶”（《史记·平准书》）。

东汉建都洛阳，从山东、河北、江淮等地转漕粮食到京师，路程较近，又不需经过砥柱之险，改善了漕运困难的局面。因此，东汉光武帝初年省罢了护漕都尉。但此时漕运事业仍有一定的发展，东

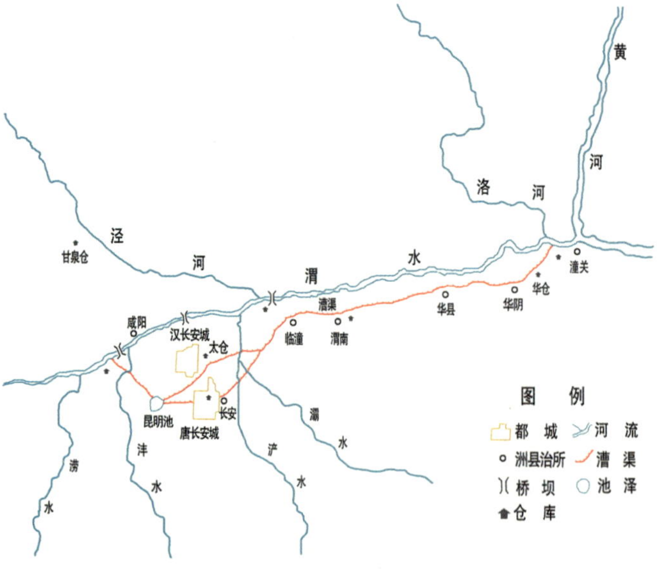

汉代水利工程及仓库分布示意图

汉建武二十四年（48 年）在洛阳南修阳渠引洛水以为漕；东汉永平十二年（69 年），王景治河，便利了南来的漕粮自淮河入汴，北来的漕粮循河、洛而西，使京师粮食供应不忧匮乏。这是东汉漕运事业的最大成就。除了京师附近的漕运外，如光武帝时王霸击匈奴，曾从温水（即漯余水，流经今北京北）漕运军粮，安帝时虞诩为武都太守，在沮（今陕西略阳东）、下辩（今甘肃成县西）间数十里烧石剪木开漕船道等，滨水县的粮食通过这条水道运输到敖仓，改善了粮食运输紧张的状况。

东汉时全国运河示意图

三、三国、两晋、南北朝时的漕运

东汉末年，群雄并起，曹操挟天子以令诸侯，取得了政治上的优势；同时，通过屯兵、开运河、兴水利，取得了经济上的优势。在魏晋南北朝的统治者中，曹操是最善于利用运河的。在东征西讨的同时，曹操同步进行大规模水利建设，有计划地开凿了几条运河，以利于进兵征讨和军粮运输。东汉建安七年（202 年），在进军黎阳前，曹操首先在睢水基础上开凿睢阳渠，使睢阳、下邳的粮食能够顺利西运。接着又开了平虏渠，这样，曹操北伐乌桓所需军粮可由许昌或邺城经漳水、白沟、滹沱河、平虏渠、泒水进入泉州城（位于今天津市武清区），北达塞上。通过开凿泉州渠等运河，曹操还能把海盐运出来，再通过运河运往各地。在曹芳统治时期（240—254 年），辅政的司马懿对发展农业生产和漕运作出了一定的贡献。他支持邓艾在淮河南北大搞军屯，积累军粮军力。曹魏正始二年（241 年），曹爽、司马懿又奏请开凿广漕渠，引黄河水入汴，灌入东南诸坡，灌溉东南，以备进攻吴国时通漕船。曹魏正始四年（243 年），魏国又在黄河南边开凿沟通颍水和汝水的淮阳、百尺二渠，并修复一些陂塘。这一运

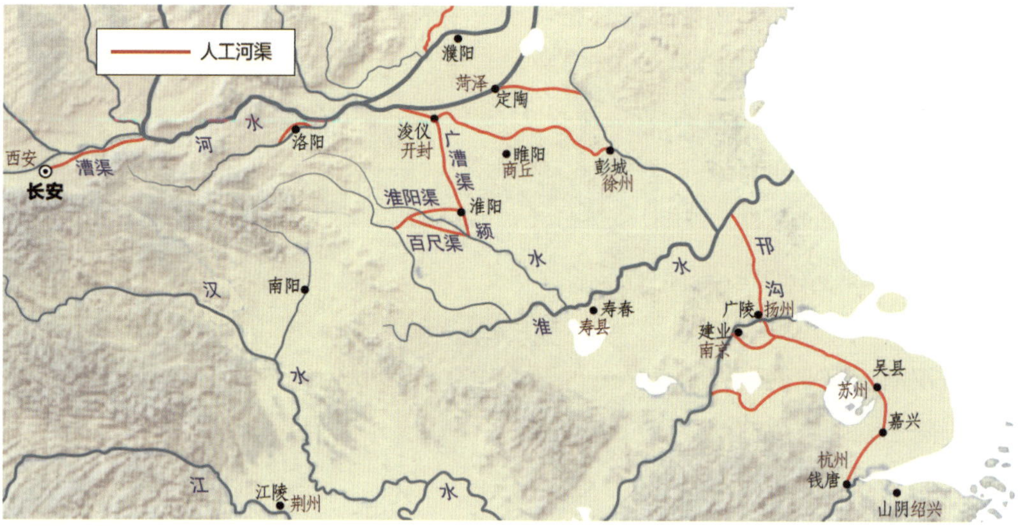

魏国开凿的广漕渠、淮阳渠、百尺渠

河向往东南沟通江淮，便于运兵运粮、屯田积谷。

孙权在京口（今江苏镇江）建都时，为了运输军队和物资，也疏浚了几条运河，如疏凿了从杜野（镇江东）到小辛（丹阳）的徒阳运河。迁都建业（南京）后，开凿了破冈渎，立仓储粮。孙吴立国江东后，为了富国强兵，开始兴建屯田，重点区域是长江下游沿岸和山越人集中居住的地区。东吴的大规模屯田对江南运河区域的农业生产发展起到了重要促进作用，也为后来东晋南朝时期经济中心的逐渐南移创造了有利条件。

孙权开凿的破冈渎遗址

两晋时期，经济中心已出现南移的端倪。但就漕运制度而言，这个时期发展甚微。不过随着南方经济地位的提高，江南已引起了统治者的关注，并进而认识到这一地区的经济作用。如西晋时，陈敏上奏：“南方米谷皆积数十年，时将欲腐败，而不漕运以济中州，非所以救患周急也”（《晋书·陈敏传》）。因此，一些统治者开始注意沟通南北水路交通并漕运南方粮食。曹魏正始二年（241 年），开广漕渠，“又通漕运，每东南有事，大军泛舟而下，达于江淮”（《三国志·魏志》）。广漕渠的开发，沟通了北方与江淮地区的水路联系，江淮地区日益受到重视。北方政权对两湖一带漕粮的运输途径有两条，一条是通过江淮达汴（河）、黄（河），另一条是经由“沔、汉达江陵”（《晋书·杜预传》），溯汉水，运抵北方。西晋时，杜预开杨口，起夏水，达巴陵，千余里水道，“内泻长江之险，外通零桂之漕”（《晋书·杜预传》）。南方政权则就地取材，对本地的漕运极为重视。南齐时，萧衍令郑绍叔督江湘粮运，以“汉口路通荆雍，控引秦梁，粮运资储听此气息”（《梁书·武帝本纪》），说明江南地区的经济地位日益提高。

晋室南迁，中原地区的汉人和汉文化向江南迁移，推动了江南和东南沿海地区的经济繁荣、文化昌盛，使南方的社会政治和经济文化地位迅速上升，超过甚至替代了北方中原地区的传统地位。这为隋唐时期中国封建社会的经济重心南移，以及南北两大地域经济文化的交流奠定了基础。

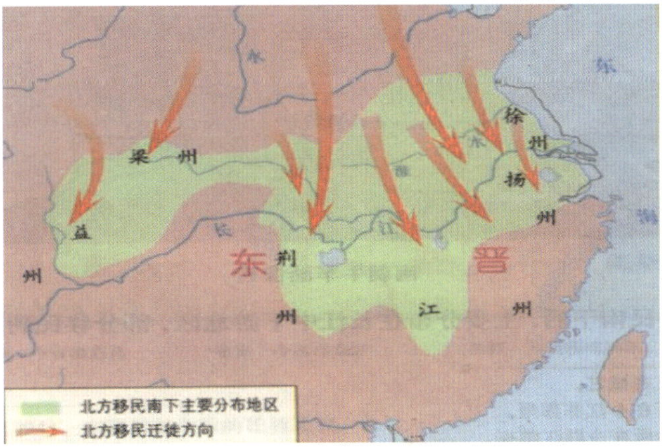

东晋南迁移民分布图

东晋以后，北方人口的大规模南下，促进了南方农业生产的发展，表现在大批农田的开垦、先进农业技术的输入及水利灌溉工程的发展，为后代从南方往北方漕运粮食奠定了基础。这些南下的人口中，大多是北方的农民，他们有的成为侨置郡县的自耕农，有的沦为士族地主的依附人口，极大增加了江南地区的劳动力。同时江南原有的耕地不足以养活大批新增加的人口，于是人们纷纷开垦农田，原来无人问津的丘陵、缓坡、沼泽等也都被不断地开辟为耕地。刘宋元嘉时，曾经开发“湖熟废田千顷”。刘宋王朝还曾“徙无资之家于余姚、鄞、鄮三县界，垦起湖田”（《宋书·文帝纪》），这一举措促进了浙东地区农业生产的发展。到陈朝时，朝廷还通过免税鼓励开垦，“有能垦起荒田，不问顷亩多少，依旧蠲税”（《宋书·宣帝纪》）。齐朝萧子良在京南四县所作调查结果表明：“堪垦之田，合计荒熟有八千五百五十四顷”（《南齐书·竟陵文宣王子良传》）。

牛耕技术的推广

随着北方农民的大量南迁，还带来了北方精耕细作的技术，如推广牛耕加快耕田速度，以及粪肥的使用，南方农业的单位面积产量在增加。由于战争频繁，兵器制作数量大，使冶炼技术进步，铁制农具也大量使用。与此同时，两汉时中原地区流行的“区田法”也因北方人的南下而普及于江南地区，使原来只栽种稻谷的单一种植发展为菽、麦皆可种，“山陵近邑高危倾阪及丘城上，皆可为区田”（《齐民要术•区种》），大大提高了土地利用率。

东晋时期，着力开凿浙东运河，浙东运河自杭州东渡钱塘至萧山县（今杭州市萧山区）的西兴镇，再由西兴镇东至宁波，沟通了姚江、甬江、钱塘江、曹娥江等 12 条自然河流，全长 200 千米。会稽郡（今浙江绍兴）内史贺循主持疏浚了山阴故水道，此正为浙东运河的前身。无数的货物往来于浙东运河上。东晋数次北伐，漕运条件决定了军资的供应，也影响着北伐能否成功。根据《晋书》记载，东晋几次北伐都是兵分东西两路，西路从寿春往北进攻，利用巢肥运河的航运；东路是沿着邗沟从京口、广陵、淮阴往北进攻。这些北伐也促进了运河的开凿和漕运的发展，水军和运河航运在几次北伐中发挥了巨大作用。

魏晋南北朝时期，分裂割据的局面不仅延缓了统一进程，也使漕运的发展处于停滞状态。但因战事需求，各地割据政权开渠灌溉田地，运输粮食，间接地促进了漕运的发展，故此时期漕运呈现出地域性、局部性的特点。东晋、南朝还重视兴修水利，三吴地区的农业尤其发达，很重视水利工程的兴修。人们在河道建立堰闸以控制水位，旱时开启，引江水灌溉；涝时则关闭，避免泛滥成灾。水利工程的实施，使筑堰围湖成为可能，这些新开垦出的“湖田”土壤肥沃、产量很高。南方的水田普遍开发，带来了农作物品种的增加和生产量的提高。据记载，南朝时，南方地区粮食产量大幅度提升，旱地亩产通常在数石至十石之间，水田亩产则可达到六石至三十石不等。长久下来，中国的经济中心南移，三吴成了江南粮食的主要产区，其农业生产水平已经超过了北方，这是古代中国经济重心南移的一个标志性转变。后来的“苏湖熟、天下足”就来源于这一时期江南的农业开发。江南地区经济的发展，使南方经济区逐步上升为与关中经济区、山东经济区并列的经济区，并在隋唐之后超过北方的两个经济区，成为最重要的漕运物资和税赋来源，为后来江淮之漕、江南之漕成为漕运的主流奠定了基础。也为隋代开通贯通全国的南北大运河提供了必要条件。

第二节　隋唐时期的大运河漕运

一、隋代漕运

隋统一中国后，建都关中，通往首都的漕运最受重视，隋朝政府先后开凿广通渠、通济渠、山阳渎、永济渠、江南河，将海河、黄河、淮河、长江和钱塘江五大水系连接成为庞大的运河水运网。隋代大运河的贯通，使大量物资可由扬州装船启航，经由邗沟、通济渠运到洛阳、长安，或经永济渠，在如今天津的西南独流口折向西北，并通过永定河故道运抵涿郡（北京）　　当时征伐高句丽的前线，从而形成了贯通中国东部地区的内河漕运航线。

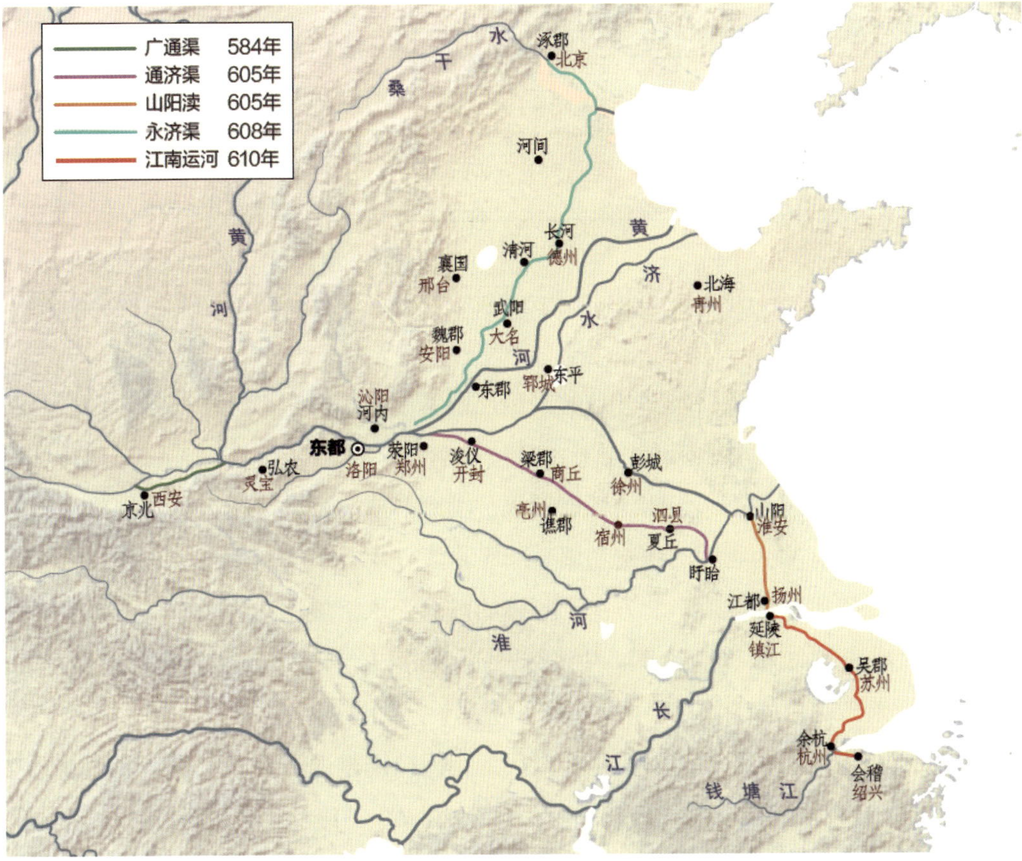

大运河第一次大贯通图

隋代虽没有留下漕运量的明确记录，但从唐人杜佑的《通典》中可以了解到隋代诸仓积储，“多者千万石，少者不减数百万石。”根据文献记载，唐贞观十一年（637年），监察御史马周向唐太宗李世民汇报：“隋家贮洛口仓，而李密因之；东都积布帛，而世充据之；西京府库，亦为国家之用，至今未尽”（《旧唐书·马周传》）。隋朝已灭亡20年，隋文帝已去世33年，可那时的粮食布帛还未用完。以黎阳仓为例，据考古发掘资料推测，以仓窖容量最小的口径8米、底径6.5米、深2.5米计算，仓窖容积104立方米，可储粟10万斤；以最大的口径14米、底径12.5米、深6米计算，仓窖容积856立方米，可储粟80万斤。以目前已勘探确认的84个仓窖平均计算，黎阳仓可同时储粟3360万斤，以每人每天食粟1.5市斤计算，这些粮食可供6万多成年人吃一年。这只是目前已探明的仓窖，实际的仓窖还不止这84个，由于居民房屋的叠压，尚未勘探的区域还有不少。

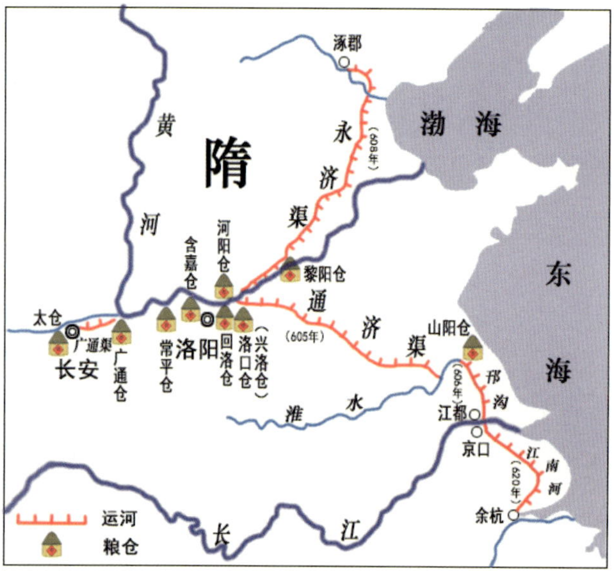

隋代运河与粮仓示意图

二、唐代漕运

唐代是漕运发展的重要时期，这时漕运已基本形成了一套制度，并作为封建国家经济部门中的一支，逐渐形成体系。

隋代大运河开凿后不久，隋王朝即覆灭。刚刚形成的南北水运大动脉，在隋代虽未得到充分利用，却为唐朝的统一和繁盛起了巨大作用。“安史之乱”是唐代由盛至衰的转折点，安史之乱以后，北方由于藩镇的盘踞，永济渠逐渐失去作用，通往南方的漕路，关乎唐朝命运，成为唐朝的生命线。到了唐朝末年，汴河溃决，漕运陷入停滞，唐朝也随之衰败灭亡了。从某种意义上讲，漕运关系到唐朝国运。

唐代以洛阳为中心的漕运网，是在隋代大运河特别是通济渠、永济渠这两大干道的基础上形成、发展起来的。《新唐书·食货志》记载：“唐都长安，而关中号称沃野，然其土地狭，所出不足以给京师，备水旱，故常转漕东南之粟。高祖、太宗之时，用物有节而易赡，水陆漕运，岁不过二十万石，故漕事简。”自高宗以后，皇朝官僚机构日趋扩大，军需剧增，导致漕运数量“岁益增多”。特别是开元、天宝年间，是唐代经济高度发展的时期，当时“耕者益力，四海之内，高山绝壑，耒耜亦满，人家粮储，皆及数岁，太仓委积，陈腐不可较量”（《元次山集》卷 7）。随着社会经济的发展，为了收储更多的粮食，于是在运河沿线广建仓库。

唐高宗以后，洛阳以东改为“直运”，规定江南漕船于每年二月到扬州集中，四月经由淮河进入汴河，六、七月到达河口（黄河通汴河的进口），这时正逢黄河涨水季节，需等到八、九月黄河水落后，船只才能转入洛水，将漕粮运达洛阳的含嘉仓。洛阳以西，因有三门峡的险要地形，船只上驶困难，则改用陆运。

唐开元年间，裴耀卿出任江淮转运使，对漕运进行了一系列的改革，提出“分段转运”的方法，分别由各个河系的船只分段接运。“河口元置武牢仓，江南船不入黄河，即于仓内便贮。巩县置洛口仓，从黄河不入漕洛，即于仓内安置，爰及河阳仓、柏崖仓、太原仓、永丰仓、渭南仓，节级取便，例皆如此。”（《旧唐书·食货志》）以江、淮、汴水为一段，江淮漕船运到河汴相交的河口，便可建仓贮纳。河口至洛口为一段，运往东都的物资，在洛口建仓贮纳，河船不入洛水，由黄河运往长安的物资，也根据水情，利用沿河仓库节级取便。

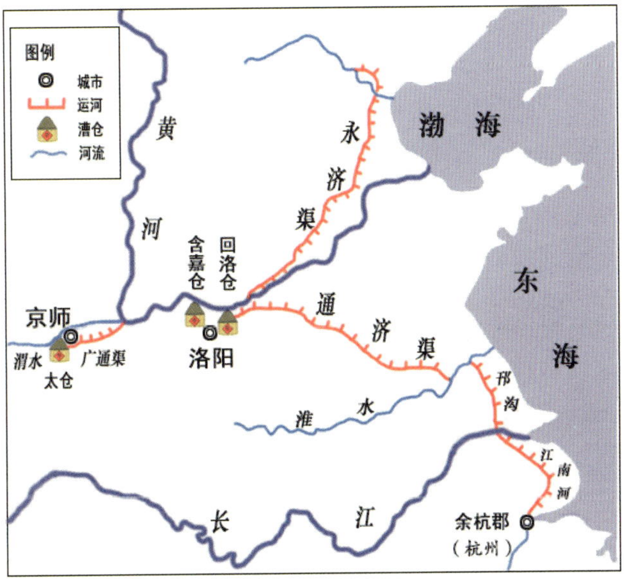

唐代运河与粮仓示意图

唐天宝二年（743 年），韦坚为水陆运使，“是岁，漕山东粟四百万石”。当时，漕粮主要来源仍是山东，即指黄河下游各地，并非江淮地区。自隋以来，黄河流域是全国经济的重心，关中、关东地区的漕运可以满足唐朝廷的需要，尽管此时江淮地区经济迅速发展，但也不必远取于江淮。

唐天宝末年，安禄山叛乱爆发，黄河流域绝大部分地区受到战争的骚扰和破坏，人口锐减，田园荒芜。繁荣的洛阳城，已经是“宫室焚烧，十不存一”“中间畿内，不满千户”（《旧唐书·郭子仪传》）。八年的安史之乱被平定后，北方农业经济一蹶不振，之后又是藩镇割据，贡赋不入于朝廷，府库耗竭，江淮地区的经济对唐政权来说，是越来越重要了。在这种情况下，唐王朝的漕粮及其他方面的经济来源，就不得不依靠长江下游区域这个富庶之区了。从此之后，“军国费用，取资江淮”（《全唐文》卷63），通济渠、邗沟、江南河的漕路，成为唐政权存亡的命脉。而刘晏的漕运改革，大大增加了江淮地区漕运京城的粮食数量，大运河成为给唐王朝续命的生命线。

第三节　宋元时期的大运河漕运

一、宋代漕运

北宋在分段转运的运输方法上，又进一步丰富了“转般法”的各项内容。在统一南方后，提出和籴补阙的措施，即在丰稔地区籴米，增加运量，以补充歉收地区的不足，并在此基础上逐渐形成“代发”制度。北宋前期仍采用分段转运的漕运方式。分段转运路线是将东南漕运物资分别由各路运送到淮南，汇集于真州（今江苏仪征）、扬州（今江苏扬州）、楚州（今江苏淮安）和泗州（今江苏盱眙）的转运仓，然后由漕运机构统一组织运往开封。然而，随着船闸的广泛应用，北宋后期漕运逐渐结束了分段转运法，改为直行长运法，即江南漕船直接通过诸闸将货物运往开封，而不再在淮南地区分段中转。

宋代漕运网联系着广大地区，漕运物资的种类也格外丰富。北宋以首都汴京（开封）为中心的漕运，主要包括汴河、黄河、惠民河和广济河（五丈河），合称漕运四河。

北宋首都汴梁的“御街”

北宋以开封为中心的运河图

汴渠的水源黄河仅有半年左右充沛期。为有效利用半年可航期，北宋仍承唐转般法，并以“平籴”为其基础，江湖、两浙、宿亳（淮南路）米麦，分别籴于真州（今江苏仪征）、扬州和泗州。发运使一员驻真州，督江浙等路粮运，一员驻泗州，负责真州至京师粮运。所在粮仓称转般仓，丰则增籴，饥则罢籴，将当纳粮额折交斛钱（额斛），另从本地仓储中代支起运（代发）；诸路运转司所征漕粮交发运司。若耽误可航期，发运司则以100万贯的“粜籴之本”，就近趁粮价贱而籴粮起运。此法自熙宁变法以来更趋完善，发运司的本钱从100万贯渐升，最高达350万贯，除保证600万石的年运量外，真、泗二仓还有数年储备。江南各路漕船按期至真州等仓后，还可装官盐返航，增加了效益。发运司掌6000只左右漕船，纲运制进一步完善，北宋熙宁二年（1069年）又招募客舟与官舟分运，征召一批商船直运至京。宋初东南六路漕米数目不定。漕运常额，自北宋景德三年（1006年）定为600万石，自北宋天圣五年（1027年）起暂减为550万石。徽宗、钦宗时政治昏暗，漕政败坏。蔡京废转般法，改直运法；“花石纲”等危害漕运事件屡有发生，故运量渐减。钦宗时汴京被围，汴渠溃决，所入不及常数百一。

宋代漕船

南宋漕运体系以临安（今浙江杭州）为中心作重大调整。南宋建炎年间，江浙、湖广、四川粮大多运往沿江重镇及抗金前线，后改运临安，运数大致仍为600万石。

二、元代漕运

元朝定都大都，京城用粮仍依赖江南。汴渠也因北宋末年战乱及黄河“夺淮入海”而失效，故大运河中段改南北取直，东移山东；海运兴通，漕运进入新阶段。元初漕运大致循唐宋大运河旧道入大都，但因旧运河失修，只能采取水陆联运形式。元至元十八年（1281 年）修凿济州河，引汶、泗水经济州（今山东济宁）西北至须城（今山东东平）安山，南来运舟由徐州经济州河入大清河，至利津（属今山东）入海，海运至直沽，再水陆联运至大都。会通河（须城安山至临清）与通惠河（通州至大都）凿成后，元代大运河全线贯通。此外，元至元十八年（1281 年）凿成纵贯胶州湾与莱州湾的胶莱河，又形成一支海河联运路线：运舟从江苏淮安顺黄河（黄河“夺淮入海”前的淮河故道）东下出海口，沿海北上入胶莱河，再经海道至直沽。

内河漕政的管理于元至元十九年（1282 年）始趋完善，江淮都漕司负责江南至瓜州（在今江苏六合）段，京畿都漕运司接收前司漕粮，负责中滦（今河南封丘南，黄河北岸）至大都粮运。二司各于其关键地设行司、分司，以求上下衔接，年运粮 30 万石。官府另于运河北段地域掌握一批官船，大致是负责各所在地屯田粮的运输。

元至元十三年到至元二十年（1276—1283 年）期间，以河运为主，水陆联运，路线是江南的漕船到达淮安后，转入黄河，逆流上行，直达中滦旱站，然后车载牛运，经陆路向北走 90 千米而达御河南岸的淇门镇，再入御河，由水路北上，经临清、直沽，由白河抵通州，再由通州陆运 22 千米以达大都。济州河开通以后，漕船可由泗水入济州河，转入大清河至利津县入海，由海道入直沽。后“因海口沙壅，又从东阿旱站运至临清，入御河”（《元史·食货志》）。大运河南北全线贯通后，将隋代始创的“之”字形运河路线拉直，缩短了航程，为明清漕运的发达奠定了基础。

元代漕船：磁县五号漕船

元代海运的最高管理机构是中书省，海运路线先后有三条，第一条航线由朱清、张瑄于元至元十九年（1282年）所辟，“自平江刘家港入海，经扬州路通州海门县黄连沙头、万里长滩开洋，沿山屿而行，抵淮安路盐城县，历西海州、海宁府东海县、密州、胶州界，放灵山洋投东北，路多浅沙，行月余始抵成山。计其水程，自上海至杨村马头，凡一万三千三百五十里”（《元史·食货志》）。首次实行海运运量为四万六千余石。因第一条航线险恶，元至元二十九年（1292年），开辟第二条航线，“自刘家港开洋，至撑脚沙转沙嘴，至三沙、洋子江，过扁担沙、大洪，又过万里长滩，放大洋至青水洋，又经黑水洋至成山，过刘岛，至芝罘、沙门二岛，放莱州大洋，抵界河口，其道差为径直”（《元史·食货志》）。元至元三十年（1293年），千户殷明略开辟第三条航线，“从刘家港入海，至崇明州三沙放洋，向东行，入黑水大洋，取成山转西至刘家岛，又至登州沙门岛，于莱州大洋入界河”（《元史·食货志》）。第三条航线较前二条“为最便”，若“风信有时，自浙西至京师，不过旬日而已”。此后逐渐修正航线，增加运粮，在相当长的时间里，维持在200多万石的水平，最高可达335万石。元朝大运河的开通，“江淮、湖广、四川、海外诸番土贡粮运，商旅懋迁，毕达京师，”“浙右之地若苏、湖、常诸郡，土壤肥沃，民务佃作，岁赋租米数百万石，漕粮以供京师”（《元朝名臣事略》卷2，《丞相淮安忠武王》）。据统计，当时仅从大运河北调的南粮，即达全国总税粮的六分之五。此外，从南方漕运到北方的不仅有粮食，还有食盐、茶叶、各地土产、手工业品及海外贡物。

第四节　明代的大运河漕运

明代漕运发展到一个新阶段。这时征运漕粮的有南直隶、浙江、江西、湖广、河南和山东六省。漕粮又按供应地区的不同区分为南粮和北粮。

明代自成化年初确定岁运漕粮400万石之后，东南六省区的漕运任务主要由漕运官军（简称“运军”）来承担，明政府对运军极为重视，制定了严密的制度和措施。明宣德五年（1430年）推行官军“兑运法”时，采纳漕运总兵陈瑄的建议，以驻守东南各地卫军承担漕运的任务。中央漕司（府址在淮安）直辖运军十二总，即南京二总、湖广总、江西总、浙江总、中都总、江北二总、上江二总、下江总、山东总等，“与京操十二营军相准”（《明史·食货志》），另有遮洋总，共十三把总。按规定，每把总督率官军万余人，运粮30余万石。明代运军人数，初无定额。大抵明永乐年间（1403—1424年）内河运军142卫，127800人。明宣德六年（1431年），为13万人，次年因漕运“多漂流损失，而军士亦有疾病、逃亡者”，遂增至16万人，这是明代现役运军的最高额数。顺便指出，明宣德六年（1431 年）六月陈瑄曾以运军“连年输运，当苏其力”为由，奏请于浙江、湖广、江西、苏松常镇太平等府“别佥民丁，又于军多卫所佥军，通为二十四万人，分番迭运”（《明史·陈瑄传》），每年更替。同年九月，明宣宗的批复认为“民运粮已非易事，又欲佥点助军，是重劳民，此不可行”。陈瑄的奏请没有被采纳。所以，自宣德以后，明代运军人数大体上就维持在 12 万人上下的额数（鲍彦邦，《明代运军的编制、任务及其签补制度》）。

明代大运河成为全国最主要的水路商品流通干线，除漕船外，商船也不少，至明代后期，在运河上的商品流通量已超过全部的漕运总量。江南所需棉花及其所产布匹之间的交流全靠大运河完成，江南的丝织品也是经由大运河运抵北方各地，还有茶叶、纸张、瓷器、铁锅等大宗商品也是通过运河沟通交流的。

淮安漕运总督府

明代的运河漕船

第五节　清代的大运河漕运

清代漕运，伴随着政治及社会经济的发展变化，有一个由盛而衰的过程。前期沿袭明代成规，漕粮专资河运。其路线大致为“南自瓜洲、仪征二江口入运河，出河口由黄河入会通河，出临清北接卫河，至直沽溯路河达于京通仓”（乾隆《漕运则例纂》卷 6，《运丁名目》）。自清顺治初年至嘉庆末年，河运路线未有大的改变。清道光年间，因运河淤塞、漕政弊坏，不得不改制试行海运。到清光绪二十七年（1901 年）江浙停止征漕，改纳现银。至此，中国历史上的漕运制度宣告结束。

一、前期漕运

早在清军入关定都北京后不久，就有大臣建议转运漕粮。清初，户部奏定“每岁额征漕粮四百万石”（《清史稿·食货志三·漕运》），再加上应征耗米总数在五百万石以上。

可是在清初，有的地区战争仍在延续，要全面恢复漕运极为困难。而且各卫所船只被烧掳很多，各水次的仓廪也多遭焚毁，漕粮既难征收，更无法兑运。因此，清王朝在漕粮征收方面实行变通：凡清军已到但战争仍未完全结束的地方，漕粮免征一年；战争已结束的地方减征三分之一，谓之“恩免”。清顺治三年（1646 年），实征漕粮一百六十万石左右，与应征原额相比不足十分之四。但所征漕粮多被当地军队截留以充兵饷，并未运达京师。例如湖广地区“漕、南二粮并留供亿，每苦不敷”（《档案·顺治朝户部题本》）。

清代漕运场景

漕政的根本问题在于如何恢复农村经济。清朝统治者对此十分重视，大力兴修水利，鼓励恢复生产。经过广大农民的垦种，长江沿线经济迅速恢复，为漕运的恢复奠定了基础。到康熙朝，各地征收到的漕粮达到四百万石的规模。

高邮漕船

为保证漕粮的顺利征运，清朝统治者对运道和漕政进行了整治。自康熙朝至乾隆中期，对漕河进行大规模治理。尤其是康熙帝任用著名治河专家靳辅为总河，对黄、淮、运进行综合治理。尤其是新开中河，使漕运避开了黄河 180 里的波涛之险，终于使漕运大通。其后在相当长的时间内，河运漕粮处于稳定发展的局面。

二、河政迅速败坏

由于清政府治河的目的仅为济运保漕，不可能从根本上治理运河。自乾隆末年以来，随着清朝统治的由盛而衰，河政也迅速败坏，主要表现在下面两个方面。

一方面，治河固守通漕成规，不能从全局出发进行综合治理，而是把目光囿于清口一隅，汲汲于出清济运。但是到乾隆末年，河身逐渐淤高，清水竟涓滴无出。由于泥沙停滞，运河本身淤沙高积，浅滞难行，漕运只得利用黄河。到道光初年，河运已基本处于瘫痪状态。

另一方面，河员玩忽职守，贪污成风。为保证漕运这条生命线的畅通，清政府不惜投入巨资来经营运河，经费逐年激增。康熙年间河工经费每年不过数十万两，到嘉庆末年、道光初年，每年河工经费增加到五六百万两。原因就在于政治腐败造成河官贪污成风，中饱私囊，实际用在工程上的经费不到十分之一。堵口工程越大，河官贪污越多，当时有一句话“黄河决口，黄金万两”。

清代漕运总督府的记账本

对于河官的贪污腐败，清朝皇帝也有所察觉，嘉庆帝曾愤然责问：“河工连年妄用帑银三千余万两，谓无弊窦，其谁信之？”（《清史稿·食货志三·漕运》）但也无可奈何！河工经费虽在激增，而河防却日益松弛；河防机构不断膨胀，河官役吏不断增加，而河道形势日益严重，险工迭出，运河危机不断加深。朝野上下，“无一日不言治河，亦无一年不虞误运”（《清朝续文献通考》卷 77）。连魏源也不得不感到“虽神禹复生不能治”（《魏源集·筹河篇上》）。在这种形势逼迫下，清政府不得不进行漕运改制，试办海运，同时“酌折额漕，以资治河”（《清史稿·河渠志二·运河》）。

三、雇商海运漕粮

清嘉庆年间因洪泽湖泄水过多，运河浅涸难行，漕粮海运之议复起。清嘉庆十五年（1810 年），清朝下令筹备试行海运，但遭到以原两江总督勒保等守旧派的坚决反对，海运之事被暂时搁置起来。

但是到了清道光四年（1824 年），由于黄河水骤涨，高家堰大堤漫口，自高邮、宝应至清江浦运道浅阻，输挽维艰，借黄济运已无济于事。作为“天庾正供”的漕粮不能如期抵达，令清廷大为震惊。于是海运之议复又兴起。清道光五年（1825 年），清廷批准苏松常镇太四府一州漕粮试行海运，专门委派两江总督琦善和江苏巡抚陶澍总理全局。经过充分准备，海运于清道光六年（1826 年）试办成功。当时，1562 艘商船从上海黄浦江出发，经崇明十滧而东，沿海北上，总计航程 4000 余里，十余日即抵天津。此次试行效果显著，不仅因运期缩短，漕粮霉变损耗大减，而且商船海运“不由内地，不归众饱，无造船之烦，无募丁之扰”，因而共运粮 160 万石，政府耗银仅 140 万两，比河运节省运费三分之二，较之河运，大为省时省费省工。

海运船

但海运仅运行一年，即因清政府内部河漕官吏的反对而被迫中断。加上当时清口创灌塘之法，河运得以维持一时，道光帝遂于道光七年（1827 年）下令以“近年河湖渐臻顺轨，军（漕）船可以畅行”（《清史稿·食货志三·漕运》）为由，暂停海运，全漕统由河运。

从清道光年间起，各省征解的漕粮逐渐递减。清道光二十八年（1848 年），全国征解漕粮正耗米合计才 282 万石有余，与 400 万石正额漕粮相差甚远。清廷从充实京师仓储出发，于清道光二十七年（1847 年）下令再次试行漕粮海运，企图通过海运革除兑运中的各种陋规以增加漕粮运额。当然只限于苏南地区。当时将苏州、松江、太仓三府应征漕粮 100 多万石由沙船运抵天津，除交仓正耗米外，以海运节省之项筹补缓缺米 273700 石。从此以后，海运渐渐取代河运的地位，成为清代后期漕粮运输方式的主流，河运仅以一种补充手段而少量存在。至清咸丰初年，黄河于丰县决口，河运漕粮受阻，加上太平天国攻陷南京，切断京口、扬州一带漕路，江南六省河运被迫全停。自清咸丰三年（1853 年）始，江南有漕省份除江浙以外，其余四省均行折色。京师所需漕粮主要依赖江浙两省雇商海运。

此前，漕粮海运全用沙船装载。鸦片战争以后，西方列强用炮舰打开中国“禁海闭关”的大门，沙船之利被洋船所夺，船商亏本停歇日多。沙船数量的锐减，给雇商海运漕粮带来诸多不便。因此，清政府自清同治六年（1867 年）起，议以华商置造洋船章程，分运漕米，但未得实现。清同治十一年（1872 年），李鸿章主办招商局，由商人借领 20 万贯为设局资本，购得三艘轮船分运江浙漕粮。轮船每艘一次载米 3000 多石，往返上海、天津只需十来天，每月可装二次。一年可拨海运漕米 20 万石由招商轮船运到天津，其水脚耗米等项悉照沙宁船定章办理，减令八成载米，二成载货，由上海道填写免税执照（《清穆宗实录》卷 345）。此后，轮船与沙宁商船兼运漕粮遂成定例。

太平天国刚刚被镇压，清同治四年（1865 年），清政府就下令“始复试河运”，（光绪《山东通志》卷 126，《运河考》）在江北雇民船运漕粮。但由于运河已千疮百孔，河运漕粮为数不过十几万石，较起运全漕仅为四十分之一，且只局限于江北。

咸丰、同治时期漕运情况，大抵为“除河运十二、三万石外，岁约海运百二十万石”，而“每年拨海运漕米二十万石由招商轮船至津”（《清史稿·食货志三·漕运》）。由此可见，海运显然占绝对优势，所运漕粮最多能达一百八十余万石（《清续文献通考》卷 6）。河运已趋衰败，以至最终全线断航而废止。

第六节　大运河漕运的终结

清代漕粮仍主要仰赖长江中下游地区。清前期沿袭明代成规，漕粮运输专资河运，河运漕粮由军队承担，同时兼雇一定数量的民船，以补漕船不足。自清顺治初年至清嘉庆末年，虽因运河时常淤浅阻塞，漕粮北运数额略有波动，但运输方式及路线未有多大变化。到鸦片战争以后，伴随着西方资本主义势力的不断涌入，清王朝日趋衰落，1851 年爆发的太平天国运动，加速了其瓦解速度。太平天国运动迅速席卷了东南大部分地区，控制了清王朝最重要的财赋之源，并拦腰切断了北上的漕运线，在经济上卡住了清政府的脖子，沉重地打击了清王朝的统治。在漕运中断的形势下，清政府被迫将南方漕粮的大部分

太平天国忠王府内的戏台

改为银钱征收，用做镇压起义的军饷。其余部分，则委托商船从海道北运，如 1853—1855 年，分别北运漕粮 146 万、82 万和 129 万石，数额都远远低于以前。1855 年黄河改道后，运河山东段逐渐淤废，从此漕运主要改经海路。太平天国失败后，漕粮折征款项仍为湘、淮军阀及地方所有，并不上交朝廷，清中央对日益强大的地方势力已无可奈何，只得默认现实，因而漕运只能维持在现有的水平上。

一、道光年间漕运改制

清顺治年间漕弊较多，主要是因为明后期漕政诸多弊端沿袭未变的结果。经康熙、雍正两朝的严厉整饬才收到良好的效果，并一直持续到乾隆中期。乾隆末年和珅专权造成政治腐败，直接导致漕政的迅速败坏。主要表现在以下两个方面。

第一，在漕粮的征收中虽原有定额，但在实际上州县官吏常勾结书办、豪绅勒取无度，浮收加耗名目繁多。不仅有踢斛、淋尖、提猪、样盘米、贴米诸名目，还有水脚费、花户费、验米费、灰印费、筛扇费、仓门费，等等，花样层出不穷。致使百姓每交“正米百石，耗增亦百石也”（陆世仪：《清兑揭》，载《清经世文编》卷 46）。对于折色，清廷历来严禁，但州县官吏随意没收折色，借以分肥。例如道光八年（1828 年），苏、松两府折色，每石折银四五百两不等，按时价计，这是值以三石之米价，完一石之漕。因而“每办一漕，额多之州县官立可富有数十万之巨资”（《上海县续志》卷 30），贫民百姓却苦不堪言。

第二，在漕粮押运途中也是陋规重重。据顺治时户科给事中王命岳揭示，其陋规主要有以下五种：一是“水次陋规”，即“卫丁当承运时，有卫官、帮官常例，每船二、三两不等；粮道、书办常例，每船四五两、八九两不等。至府厅书办，各有常规。常规之外，又有令箭、牌票、差礼。漕院、粮道令箭牌一到，每船送五两、十两不等；刑厅票差，每船送一二两不等。其名目则或者名丁，或查粮艘，或查修艌，或查日报，或查开帮，或提头识，名目数十，难以枚举”。因而，“船未离次，已费五六十金”。二是“过淮陋规”，主要有“积歇、摊派、吏书陋规，投文过堂种种诸费。往往过淮，每帮漕费五六百金或千金不等”。三是“抵通陋规”，色名更多，包括投文、胥役船规以及“走部代之聚敛”“一票必费十余金”。四是“过坝陋规”，主要有“委官旧规，伍长常例，上斛下荡等费，每船又须十余金”。五是“交仓陋规”，主要有“仓官常例，并收粮衙门官办书吏，马上马下等名色”“每船又费数十两”。

以上种种积弊陋规最后都落在劳动人民头上。“上既出百余万漕项，下复出百余万帮费，民生日蹙，国计益贫”，且恶性循环不已。农民不堪忍受，以至于闹漕、哄漕、哄仓、抗粮事件层出不穷，加剧了清朝的统治危机。

二、光绪年间漕运废止

光绪年间，由于西方列强对中国的侵略日益加深，清政府不断割地赔款，深感财政匮乏。这时有人主张改制停漕，可革除积弊，节约开支。据估计，如将浚河工费、办漕经费、办漕官俸等项节省合计，其结果是“国家岁省数百万开销，反多数百万盈羡”（《光绪政要》卷 21）。据薛福成计算，停止漕运各项节省合计为银 1000 万两以上（薛福成，《庸盦全集》卷 1）。当时伴随着商品经济的发展，商品粮贸易增加，有人认为无须再进行海运。但清朝统治是以小农经济为基础的，统治者重实物征集而惮于不稳固的商品流通，所以明知漕运之弊也不愿改折停漕。直至清光绪二十七年（1901 年），由于庚子赔款及巨大的军费俸饷等开支，清政府急需现银钱币，不得不正式颁布停漕改折的命令。但实际上，清政府每年仍要从江浙两省海运漕粮 100 万石至天津，然后改由铁路火车运到京仓，以维持其封建统治，其中江苏 60 万石，浙江 40 万石。

漕运既停，因征运漕粮而设置的衙门、卫所等机构逐渐革除，屯田改为民田。清光绪三十年（1904 年），裁撤漕运总督及各省粮道等官。当时，河运已停，而海运则一直到辛亥革命爆发后才伴随着清王朝的覆亡而告终。

其实，早在 1872 年，洋务派便在上海成立了轮船招商局，逐渐将剩余的漕运业务揽走。至此，与以往相比，漕运已发生了巨大的变化，其一，漕运规模大为缩小，这是宋代以来所未曾有过的现象；其二，原来纯粹由政府组织和经营的方式，转为政府

轮船招商局旧址

漕运停止后北京城墙外停泊的漕船（托马斯·查尔斯　摄）

出资、商人承运的新形式，与一般商运已无太大差别。这表明传统的漕运已走向末路。1901 年，清政府下令停止运河漕运，将漕粮改为现钱征收。但仍留下了十余万石的宫廷用米，直到辛亥革命后才最终结束。1904 年，撤废漕运总督，漕运终于寿终正寝。随之其支撑的中国封建王朝的统治也退出了历史舞台。

夕阳下大运河上的帆船

大运河航运图

第三章 中国大运河漕运的线路与方法

大运河见证了中国历史上已消逝的一个特殊的制度体系和文化传统——漕运形成、发展、衰落的过程以及由此产生的深远影响。本章主要介绍漕运线路的不断调整、漕运方法的逐步完善，以及由此而带来的接纳、中转漕粮的漕运粮仓建设。

第一节　漕运线路的不断调整

中国古代的漕运线路是随着中央集权国家的政治中心的变化而不断变化的，漕运目的地往往都是国家首都和军事要地。当然，有时地方割据政权的政治中心和军事要地也会成为漕运目的地。从漕运线路的起点来看，总体上分为关东之漕、江淮之漕和江南之漕三个阶段。

一、关东之漕

秦汉时期是漕运的创始阶段，由于社会政治、经济制度处于起步阶段，所以漕运表现出无常制、无常时、无常额的特征，漕粮多为军事用途，漕运的方向则为由东向西。秦和西汉两朝均定都关中地区，当时，全国的经济中心在北方，漕粮多半取给于关东（函谷关以东）和山东（崤山以东）这两个地区，漕运线路则由区间运河运输后，经由横贯中原的黄河和渭水，到达咸阳、长安以及边境。到了东汉，漕运的终点变为洛阳，总体上漕运方向大致为东西向。这一时期，由于南方尚未开发，因此南方的漕运活动并不突出，但汉代漕运的地域范围已经包括江淮地区。

秦朝漕运线路图

秦朝定都咸阳，当时

全国的经济重心也在北方，关中和今河南、山东、河北等黄河中下游地区农业最发达，漕粮多半取自这些地区。漕粮通过黄河与渭水自东向西运输。《册府元龟·漕运总序》曾评价秦汉时期的漕运："乃若京师，大众之所聚，万旅百官之仰给，邦畿之赋。岂足充用？逮于奉辞伐叛，调兵乘载，或约赍以深入，或赢粮而景从。"意思是，秦汉时期的咸阳、长安，官俸军食都需要漕运大批粮食。秦朝为把黄河中下游地区的粮食通过黄河漕运到长安，在成皋（今河南荥阳西）修建了全国最大的粮仓——敖仓。自秦朝开始，敖仓一带就成了兵家必争之地。

西汉的漕运线路以长安为中心，从渭河到黄河。"稽之于古，汉漕关东、山东之粟，悉从渭而上。故河东有粮仓泾仓，荥阳有敖仓。河南以东置漕舟五百艘，则知东方诸郡，其粟自远而致者，皆至三河交卸，给节而入都矣。"也就是说，汉代漕运主要是通过鸿沟水系，经过济水或沿鸿沟转入黄河，再沿渭水北上，到达京师。

东汉建都洛阳，从山东、河北、江淮等地漕运粮食，路程较近，无须经过黄河的砥柱之险，在漕运条件得到改善的情况下，东汉进一步发展运河漕运。

二、江淮之漕

隋唐时期为漕运的发展阶段。由于隋代大规模开通运河，带来水运的便利，大大推动了漕运的发展。隋唐两代建都长安，此时经济重心已经南移，政府把漕运重点放在南方，漕运的方向为由东南向西北。此时，江南地区的经济作用十分明显，漕运地位真正确立。岁供漕者以浙西、浙东、宣歙、淮南、江西、鄂岳、福建、湖南等八道为主。由扬州经邗沟、淮河、汴河、黄河、洛水等水系而转往长安。

1. 隋代漕运线路

隋代漕运线路分成两路：一路从江南运河经扬州进入邗沟，然后往北进入通济渠，到达洛阳；另一路从华北地区经永济渠，到达洛阳，漕粮主要储存在洛阳周边的回洛仓、含嘉仓等皇家粮仓，并通过黄河、广通渠运往长安。

2. 唐代漕运线路

唐朝是真正发挥中国大运河作用的王朝。唐代前期，漕粮来源于黄河中下游的两河地区和江淮地区，主要是黄河下游地区。韦坚在天宝初年的漕运，也主要是"漕山东粟"。安史之乱后，由于北方被藩镇割据，朝廷一切仰仗东南，江淮地区成了漕粮的唯一来源，这时的漕运成为江淮之漕，主要是把江淮诸道的财赋运往长安。唐朝中前期，疏浚运河，建立漕运制度并不断完善，发展经济和军事实力，提高边疆的防御能力，为盛唐的繁荣打下坚实的基础。

唐代把东南的财赋通过水路运输到长安，主要有两条运道。

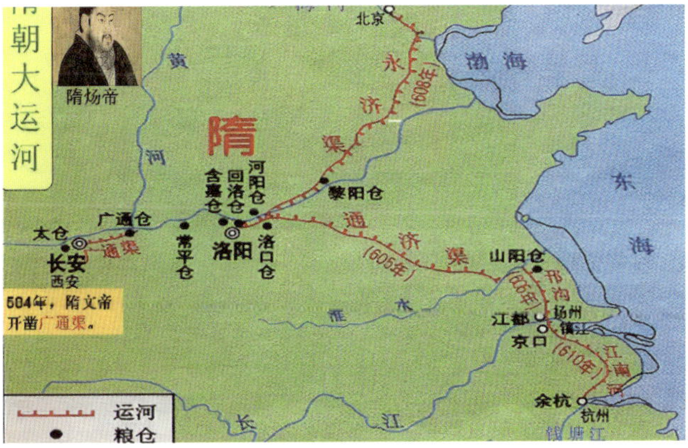

隋代漕运线路图

第一条是由东南往西北。自长江、淮河进入汴河、黄河，至东都含嘉仓，再陆运至陕（今河南三门峡陕州区），再陆运或水运至长安。唐代把隋朝各段运河通称为漕渠或漕河。通济渠东段被称为汴渠、汴河或汴水，邗沟、江南河则被称为官河。永济渠名称依旧。连接长安、洛阳与江淮地区的汴渠和官河最为重要，是唐代朝廷的生命线。

洛阳是大运河的中心枢纽，唐代的漕粮在通过大运河从江淮、山东运至洛阳后，还要运往京城长安。江南粮食运至洛阳相对容易，真正的难点是洛阳至长安的运输线。为了提高运粮效率，唐高宗恢复了“河渭转运线”。唐咸亨元年（670 年）闰九月六日，高宗在洛阳外围重建河阳仓，专用来转运漕粮，司农寺负责管理。唐咸亨三年（672 年）六月，又在黄河北岸柏崖山上（今河南济源西南）新建了柏崖仓，可储粮 20 万石。同年，关中发生饥荒，高宗批准监察御史王师将晋州（今山西临汾）、绛州（今山西新绛）两地粮仓里的粟，运至关中救灾，一时间黄河、渭河上舟楫相继。高宗又在渭南设置了渭南仓，以储存赈灾粮。此外为方便粮食转运至长安，还重启了隋代的虎牢仓、洛口仓、太原仓和永丰仓。这样，漕粮自江南、河北、山东地区经通济渠、永济渠运至洛阳后，又经河阳仓、柏崖仓、虎牢仓、洛口仓、太原仓、永丰仓、渭南仓等仓接递转运，构建了洛阳与长安之间的漕运生命线——河渭转运线。

第二条是江汉运道。安史之乱时，唐肃宗在凤翔，江淮租赋自江汉至南郑，转输以济军国之用。据《新唐书》卷 53《食货志》记载：“肃宗末年，史朝义分兵出宋州，淮运于是阻绝，租庸盐铁溯汉江而上。河南尹刘晏为户部侍郎兼勾当度支转运盐铁使，江淮粟帛由襄汉越商于，以输京师。”宋州，就是今河南商丘；商于，就是今陕西商洛。

总之，唐王朝“奉长安文化为中心、仰东南财赋以存立”，所以，唐代运河漕运的主干道是连接长安、洛阳与江淮间的漕渠、汴水和淮南官河。

运河上的帆船

3. 北宋漕运线路

北宋时期的内河漕运，主要依恃环绕京畿地区以汴河、惠民河、广济河与黄河为主干的漕运系统网，把来自全国各地的物资转运至京城。同时，也凭借这个水运网络把各种军需物资转运至河北、陕西等地，以供国防之用。

北宋首都是东京汴梁（今河南开封），漕粮分四路向汴梁集运：淮汴之粟由江南入淮水，经汴水入京；陕西之粟由三门峡附近转黄河，入汴水达京；陕蔡之粟由惠民河转蔡河，入汴水达京；京东之粟由齐鲁之地入五丈河达京。南宋人陈傅良曾说道："本朝定都于汴，漕运之法分为四路。江南、淮南、浙东西、荆湖南北六路之粟，自淮入汴至京师；陕西之粟，自三门、白波转黄河入汴至京师；陈、蔡之粟，自闵河、蔡河入汴至京师；京东之粟，自五丈河历曹、陈济及郓至京师"（《文献通考》卷 25，《国用》），比较简明扼要地概述了北宋诸路漕运状况。其中来自东南六路的淮汴之粟占主要地位。北宋在常州设江浙、荆湖、广西、福建路都转运使司，专门承办漕运事务。上述诸路的漕粮，分别运到真（今江苏仪征）、扬（今江苏扬州）、楚（今江苏淮安）、泗（今江苏盱眙）四州的转般仓，江淮、两浙、宿亳（属于淮南路）的米麦分别籴于真州、扬州和泗州。

另一条漕运线路是沿御河运往前线的军粮。御河是北宋时隋唐永济渠之别称，河道走向基本未变，北段因宋辽对峙，自乾宁军（今河北青县）入塘泊、界河，御河主要负担宋朝河北边防军粮之送达。江南漕粮由汴水入黄河，运至黎阳（今河南浚县）转入御河，至大名府东、西济胜仓下卸存储分配，再自大名顺御河转入胡卢、滹沱河及新开凿的深州新河、定州嘉山新渠、保州漕河诸运河，分别送至沿边各州军队。每年运输粮食近百万斛。

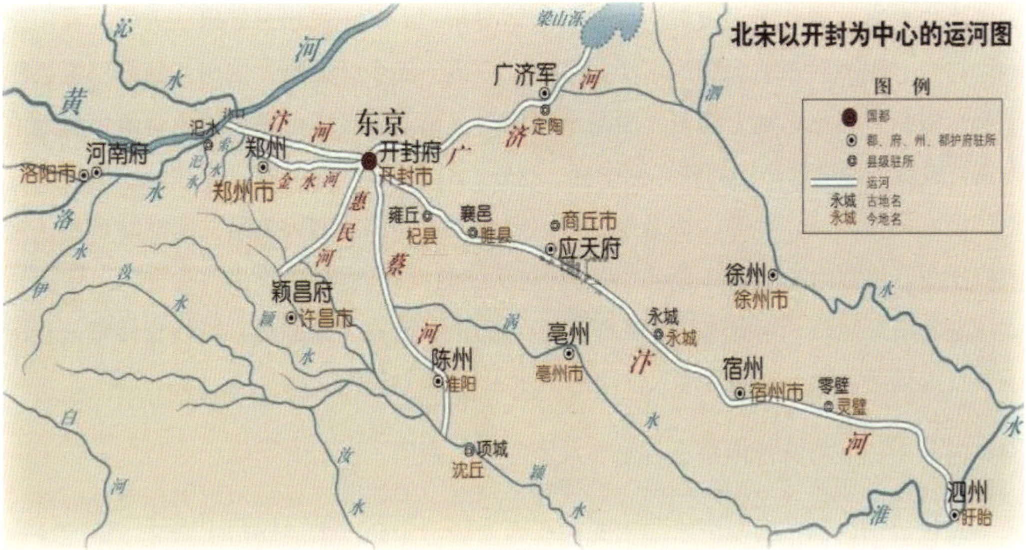

北宋漕运线路图

4. 南宋漕运线路

到南宋时期定都临安（今杭州），因临安左江右湖，舟船最便，大运河继续发挥重要作用。南宋统治区又主要在大江以南，江河辐辏，运输更为便利，这时的漕运范围，主要集中在两浙、江东西、荆湖南北诸州，所有漕粮、钱帛等上供物品，漕运则均以转运杭州为最终目的地。诸路中，江西独占三分之一，长江及江南河为运输主干，采取官运为主、商运为辅的方式。除供应都城杭州之需外，也输往淮东、淮西、荆南等国防前线，提供军需。

南宋的漕船

5. 金代漕运线路

金世宗定都中都以后，金朝的政治重心南移，其京城皇室、百官及其驻军所需，转向主要依靠山东、河北、河南以及山西等中原地区以后，开辟由京城通往这些地区的漕路成为必然。金大定十年（1170 年），首先开凿卢沟金口运河以通京师漕运。经过治理北清河和开凿通州运河等工程，逐步构建起有金一代的漕运网。金朝境内的漕运之路主要有这样几条：由黄河运路可漕运滑州、大名、恩州、景州、沧州、会川诸地之物资。由漳河东北会御河可漕运苏门、获嘉、新乡、卫州、浚州、黎阳、卫县、彰德、磁州、洺州诸地之物资。由衡水经深州会滹沱河运道可漕运献州、清州各地之物资，最后皆通过通州运河转运至中都。此外，山东境内的北清河、雄州境内的沙河、霸州境内的拒马河，等等，都是当时转运诸地上供物品的漕运之路。迁都汴京后，金政府还令开浚整治沁水以辟漕运之路。同时从陕西大庆关开辟经湖城（今河南灵宝西）到汴京的沿黄运路，年漕陕西地区粮粟 30 余万石。还在灵璧县潼郡镇设仓储粮，开辟了长直沟运河，从万安湖行运入汴河达泗水入行都（汴京）。

三、江南之漕

元代建都大都，而经济格局未变，江南为经济中心，漕运遂归于南北，这一江南之漕时代一直延续到清朝末期。

1. 元代漕运线路

元朝建都大都（今北京），每年需要从江淮地区输送数百万石漕粮至京师。元初尝试海运，海运航路虽有过几次改变，但都要绕过山东半岛东端的成山头，这里风浪最大，漕船多有倾覆之患。元初内河漕运主要依靠了宋金以来的运河旧道，水陆相兼，迂回曲折。东南诸路漕粮先由江南运河到镇江，过江到扬州再经淮南运河入淮水，向西进入黄河，逆流上行达中滦，于此卸船陆运，车载牛挽至淇门镇（位于今河南淇县东南卫河南岸），再装船经御河经临清达直沽转入白河到通州，复卸船陆运至大都。所以，元朝廷要分置京畿和江淮都漕运司两个机构，分别负责由中滦至大都和由江南至中滦的漕运。此条漕路水陆并用，劳民伤财，颇多不便。加上漕运南北分治，职责纠缠难辨，遂使漕运损失加倍。而伴随着南北大运河的贯通，漕运经历了一个由水陆联运、河海联运到以海漕为主、河漕为辅的过程。

随着统一国家的政治中心迁到大都（今北京），大都在正北，原来的东南西北向运道已不能适应元政府漕运的要求，漕运的线路进行了裁弯取直，由江南地区一直往北运送到大都。为保证朝廷及京城所需，元政府采取各种措施，试用各种途径来保证运河漕运通畅，特别是新凿济州河、通惠河、会通河等运河，使漕路里程缩短，更为便捷，还可实施河海联运。元至元二十三年（1286 年）济州河开通之后，北运物资即由江南运河、扬州运河，经济州运河，北出大清河入于渤海，复达于直沽，转运京师。只是由于后来海口沙壅水浅，才不得不放弃此河海联运之路，改为从东阿旱运至临清入御河，由旧道去大都，复行河陆兼运。这样通过开会通河，北接御河，下达清泗，至徐州会黄河，南通江淮；又开贾鲁河以通颍、蔡、许、汝之漕；又开通惠河，联结京（京城）、通（通州），南北大运河格局正式形成。但是，由于会通河等属新开河道，岸狭水浅，特别是在山东济宁选取的分水口并不在大运河的最高点，造成有一段运河在旱季无水或水浅，载重漕船难以运行，元代漕运只好另择蹊径。大都离海较近，元政府依附的江浙地区濒临大海，江淮地区可顺江而下直达海口，因此，元政府多采用海运。且终元之世，皆以海运为主，陆运为辅。

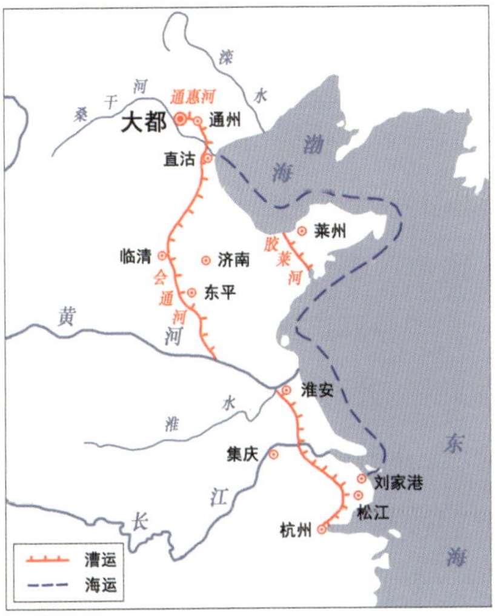

元代漕运与海运图

元代大运河漕运的终点通州燃灯塔

2. 明代漕运线路

明初，国都定在南京，由东南各省沿江运送物资，或者实行海运，路途较近，比较方便。明成祖朱棣将国都迁往北京之后，江南漕粮输往北方，运输线路发生了一系列变革。明永乐前期，由于战乱等原因，大运河运输不畅，所以南粮北运多用海运。如明永乐元年（1403 年），平江伯陈瑄总督海运粮 492637 石，赴北京、辽东以备军储。从明永乐元年（1403 年）到十一年（1413 年），朝廷海运粮食的记录频频出现在《明太祖实录》中。

在明代重新疏通大运河前，漕运以海运为主，河、陆兼运为辅。一是由江入海，经直沽口至通州，或径往辽东；二是由江入淮、黄河，自阳武县陆运至卫辉府，再由卫河运至蓟州（今天津市蓟州区）。江南漕运，则由江、淮运至京师南京。以承运者而言，海运为军运，河运为民运。雇商运是一种辅助形式。明永乐年间因迁都北京，

淮安漕运总督府遗址

粮食需求日增，而海运艰阻，于是整治大运河。主要有以下几个措施：一是疏浚会通河，造漕船三千余只，以资转运；二是在运河沿岸淮安、徐州、临清、德州和天津五处建置漕粮仓库，亦称水次仓。明永乐十二年（1414 年），“令湖广造浅船二千只，岁于淮安仓支粮运赴北京，其旧纳太仓粮，悉改纳淮安仓收贮”，此为明代大运河漕运之始。明永乐中期以后，大运河成为南粮北运的主要运输通道。此外，明代通州至京城北面昌平地区的巩华城和居庸关要塞也有漕运。

3. 清代漕运线路

清代漕运按明代的线路，几乎没有调整。只是在中河建成后，漕船不再经过黄河行船，实现了完全的人工控制。明清大运河贯通，对漕粮的征缴却并没有局限在大运河所经各省，而是同时兼顾了长江支流赣江流域的江西、湘江流域的湖南、洞庭湖北向的湖北、钱塘江流域的富阳等地，以及淮河流域的凤泗、黄河、卫河流域的河南、山东，进而组合起一个庞大范围的有漕八省，以支血管的形态供应运河大动脉。如此，漕粮通道就不仅是大运河，还包括从各个神经末梢纳入运河的长江、钱塘江、淮河、黄河、卫河等漕道。到了晚清，漕粮运道还包括元明两代用的海运通道。当然漕粮运输的主要通道还是大运河，因此，明清两朝称大运河为漕河。

清代原济所绘《万里艚艘图》，反映古代漕运制度

第二节 漕运方法的不断发展

最早的漕运方法是从漕粮征收地直接装船运送到漕粮使用地，也就是直运法。后来，汉代也分别采取过分段运输法。隋代继承了前代分段转运的漕运方法，在漕运沿线各重要河津设置仓廪，然后把漕运分成若干段，以漕运京师。后来漕运方法在唐代、宋代分别经过改革，明代则先后实施了支运、兑运、长运三种运输法，清代又恢复了直运法，由运军直接全程运送。其实各种运输方法各有长短，关键是要适应当时的社会环境与大运河的状况。

一、秦代至唐代的漕运方法

1. 秦汉时的漕运方法

秦始皇二十六年（前 221 年），秦军向北河转运粮食，“卒自秦罢侯置守，使天下飞刍挽粟，起于琅琊负海之郡，以贮北河之仓，率三十钟而致一石，漕法始讲。”“率三十钟而致一石”，就是说耗费三十钟而漕运一石粮，说明秦始皇时已经有了税粮的漕运。秦漕运之初，主要是采用直运法运送军粮。西汉继承并完善了秦代开始建立的漕运体系，也是采用的直运法。东汉时，改为分段运输。

秦兵马俑

2. 隋代的漕运方法

隋代继承了前代分段转运的漕运方法，“节级转运，水通则舟行，水浅则寓于仓以待，则舟无停留，而物不耗失”。据《隋书·食货志》，隋开皇三年（583 年），因京师“仓廪尚虚”，隋政府为调集关中以东广大地区粮物，在关中和山东水运沿线的蒲、陕、洛等十三州，修建了仓廪，在卫州置黎阳仓，洛州置河阳仓，陕州置常平仓，华州置广通仓，运储河北、山西、山东等地粮食，招募民夫向国都转运东方之粮。

3. 唐代的漕运方法

唐代初期采用的漕运方法是直运法，裴耀卿曾对开元年间的漕运管理进行过改革。他一改过去的直运法为“节级转运”即分段转运法。原先的直运法，漕船每年“正二月上道，至扬州入斗门，即逢水浅，已有阻碍，须留一月以上。至四月已后，始渡淮入汴，多属汴河干浅，又般运停留，至六七月始至河口，即逢黄河水涨，不得入河。又须停一两月，待河水小，始得上河。入洛即漕路干浅，船艘隘闹，般载停滞，备极艰辛。计从江南至东都，停滞日多，得行日少，粮食即皆不足，欠折因此而生。又江南百姓不习河水，皆转雇河师水手，更为损费”（《旧唐书·食货志下》）。这种方法，“功力虽劳，仓储不益”。于是裴耀卿提出了“节级转运”的方法，即“于河口置武牢仓，巩县置洛口仓，使江南之舟不入黄河，黄河之舟不入洛口。而河阳、柏崖、太原、永丰、渭南诸仓，节级转运，水通则舟行，水浅则寓于仓以待，则舟无停留，而物不耗失”（《新唐书·食货志三》）。这样就可以使江淮之漕，输河阴仓，再由河阴转运至太原仓，“自太原仓浮渭以实关中”（《新唐书·食货志三》）。这种“节级转运”法就是根据漕路各河段航道的特点，特别是黄河与汴河之间的差异悬殊，分段置仓，组织转输，改变以往河道和漕船不相协调的现象。这项改革对漕运起到了重要作用。第一，节级转运“不滞远船，不忧久耗，比于旷年长运，利便一倍有余”（《旧唐书·食货志下》），并且还可以加速漕船周转，提高运输效率；第二，以前漕运，百姓须自己负担运费，如今节级转运，当漕船到达指定地点卸下入仓后，不必像以前那样另雇河师水手，可以减少百姓的部分负担；第三，过去直运，因各河段水量不一，漕运“停滞日多”，路途艰辛，不仅浪费人力、物力和时间，并且还“遂生窃盗”。正是由于裴耀卿的这一改革，“凡三年，运七百万石，省陆运之庸四十万贯”（《旧唐书·食货志下》）。

裴耀卿实行的分段运输法

安史之乱后，刘晏在裴耀卿“节级转运”的基础上，对漕运的分段又进行了新的调整。刘晏经过沿河考察，总结了唐代前期漕运和裴耀卿“分段转运”的方法，实行了新的漕运分段。刘晏把汴口以东再分为两段，同时，还根据三门峡开元新河和纤船栈道的情况，不再经由集津仓，而从河阴仓转黄河漕船直达渭口永丰仓。这种转运方式比裴耀卿的分段转运，省却了中转环节，颇称顺便。正如《新唐书·食货志》所说："随江、汴、河、渭所宜……江船不入汴，汴船不入河，河船不入渭；江南之运积扬州，汴河之运积河阴，河船之运积渭口，渭船之运入太仓。"具体而言，就是将漕运分为四段，即从扬州经邗沟、淮水至清口（今江苏淮阴西南）；从清口经汴水至河阴；从河阴经黄河至渭口；从渭口经漕渠至长安。这四段基本上是按江、汴、河、渭来分段的。这样分段是在裴耀卿"节级转运"的基础之上又有新发展。这样做可使漕工更熟悉本段航道，有利于提高转运效率。

刘晏实行的接运法

二、宋代的漕运方法

在北宋时期的诸路漕运中，由于京师及朝廷皇室的日常经费所依仗的主要是东南诸路，东南部地区的漕运也就备受朝廷重视，因此，为了确保东南漕运的畅通，宋朝统治者先后制定实施了许多制度和措施。根据《宋史·食货志》记载，宋代的漕运办法分为转般法、均输法和直达法。

1. 转般法

汴渠的水源黄河仅有半年左右的充沛期。为有效利用半年可航期，北宋仍继承了唐代的转般法，把粮米漕运到汴京。转般法是指北宋东南六路，即江南东路、江南西路、淮南路、两浙路、荆湖南路、荆湖北路漕运上供朝廷的物资，先于真州、扬州、楚州、泗州设转般仓储之，然后再由纲船通过运河分批运往京师。此法直接继承自唐代裴耀卿和刘晏改革后的漕运制度。至北宋，"建都河汴，仰给江淮，岁漕资粮，溢于汉唐。一经制之素定，有常守而不渝。六路所供之租，各输于真楚；度支所用数，悉集于京师"（《宋会要·食货》）。故宋初以来，即规定，"江浙所运，止于淮泗，由淮泗输京师"（《长编》卷 34），其他如荆湖诸地的漕运亦作如是之规定。之所以采取这样转运的办法，主要原因还是因为江淮运河与汴河等运河在运输期、运载量等方面的差异。如汴河水源主要靠黄河，汴河水源的丰盛期为每年的三四月起至十月，即汴河运输的最佳期只有半年左右。而江南、江淮运河的运输基本上不受季节的限制，故设转般仓于真、扬、楚、泗靠近运河沿岸地带以储备粮米，待丰水期时，再通过汴河运往京城。当然实行转般法还有其他好处，如当年景丰歉和各地区蝗涝干旱等灾害发生时，宋朝政府可随时调剂各路的上供之物。由此设置转般仓聚蓄粮储，然后自楚泗真扬置汴纲转运入京。

转般法始自宋初疏通汴河与淮南运河建立航运之后。当时淮南运河堰埭较多，漕舟至此，多分段递运，把货物集中在楚州和泗州。楚、泗位于淮南运河与淮、汴河的交接处，因而成为漕运的集散地和转运地。后来随着漕运量的增加，至太宗淳化年间，发运使杨允恭主持漕运，完善和修订漕运制度，明确规定漕运路线，遂确立了江淮诸路每岁租籴，至真、扬、楚、泗州置转般仓受纳，分调舟船入汴转运京师之制。四州共建转般仓 7 处，3 处在真州和泗州，4 处在楚州和扬州。其中泗州置南、北两仓，可贮谷 105 万余石。扬州仓也可贮谷百万石。自此，各路漕粮源源不断地运往京城，至太宗淳化末年，江淮沂汴漕粮入京已达 600 万石，真宗时期，更创下漕粮七八百万石的纪录。之后，发运使许元进一步充实和改造东南漕运之制，针对汴河运舟不习江水、沉失者多，以及有吏胥肆意分派汴船、敲诈勒索漕卒等弊端，又制定了汴船不许出江等制度，使转般法充分发挥了调剂补缺、稳定漕运的功能。

转般法

2. 均输法

均输法是北宋中期神宗熙丰变法时实施的漕运制度。到神宗熙宁年间，为了杜绝转般法的弊端，在东南漕运中实施“均输法”。按照新颁布的均输法条例，首先打破旧有的漕运管理体制，扩大发运使的职权，允许其视每年年景如何以决定粮食收购和调整漕运入京的物品，根据京城之急需而操办“所当办者”。如年成好时，可低价购粮，年成不好时可高价售出。尤其是及时调整上供物资，以满足京城需要。这样一来，“三司有余粟，则以粟转为钱为银绢，以充上供之数，他物亦然。故有无相资，无偏重之弊”。

大运河上千帆竞发

同时，根据条例规定的“徙贵就贱，用近易远”的原则，灵活变通，以节省运费。

均输法实施之初，江浙荆淮发运使薛向充分自主地合理安排漕运事务，利用其掌握的漕本调剂余缺，最大程度上满足朝廷对各种物资的需求。比较有效地缓和了供需紧张的矛盾，他还雇募一部分民船、商船参加漕运，与官舟分运，“以相督察”（杨时，《龟山集》卷 1），使旧弊尽除，漕运量亦大增，北宋熙宁三年（1070 年）一年运米 885 万石至京，较好地实现了“便转输，省劳费”的预期目的。均输法实际上也是在转般法的基础上对东南漕运制度的进一步完善。

3. 直达法

随着熙丰新法的失败，均输法亦被废除，漕运制度遂行直达法，也称直达纲。直达法即东南诸路上供物资由各转运司直接运至京师，不再于淮南对漕运实行转般、代发及调剂。此法实际上早在北宋前期即已实行，如仁宗时，因转般物资常常被盗，故规定凡贵重物品如金银、香药、犀象等皆直接运送京师，唯运米纲船则仍于沿运诸转般仓下卸，由汴纲船转运。到徽宗时蔡京为相，为求厚利，变东南盐的官卖为“钞盐法”，不许各漕船转载官盐私卖，这样一来，原来诸运粮船至各转般仓卸下粮食后，回船即可载盐贩卖求利之途便断绝了，导致“舟人逃散”，运输不及。加上发运使胡师文讨好蔡京，复将原用作籴本的钱作为“羡余”上送京师，转般、均输法遂废坏不行。另外还有原设各转般仓多建于沿运河水多潮湿之处，输运不及时，粮米即腐烂霉变，无法食用。因此，到北宋徽宗崇宁三年（1104 年）遂令东南漕运直达京师，行直达法，发运司也不再总管漕运，原有汴河运船除留少部分应付“非泛纲运”外，余则皆分拨诸路。北宋崇宁五年（1106 年）更诏罢发运司，“其籴买经制等事，令户部侍郎专领，三省措置”（《宋会要·职官》四二之三二）。直达纲法漕运，东南六路漕粮可直运京师。年运量一般在五六百万石，最多时曾达到 800 万石。

但实行直达法，东南漕运便取消了一个缓冲环节，无法调剂东南与京师的供求关系，造成“拖欠”弊端。调剂平衡的作用既已丧失，均输法以前的弊病重又出现。尤其是东南诸路转运司疲于漕运而又经费匮乏，不得不增加额外税赋，加重对劳动人民的剥削。各路漕船漕卒亦常年奔波于运河之上，不得休息，且回纲无所得，故多毁舟盗卖以充日食，而败舟亡卒更比比皆有，甚者有“转为贼盗”者。因此，直达法不断遭到有识官员的反对。对此，宋朝廷亦举棋不定，先复行转般法，又改为直达，或者令“除淮南、两浙依旧直达外，江、湖四路并措置转般”，从而导致漕政混乱，加剧了东南漕运的危机局面，从而直接削弱了北宋的国力，使宋朝面临“财匮而府库虚”的尴尬局面，可以说，北宋最后不免亡国之命运，东南漕政的衰败不能不是一个原因。

南宋时期，从临安至镇江段运河仍是当时最重要的漕路，时人即称：“自临安至于京口，千里而远，舟车之轻从，邮递之络绎，漕运之转输，军期之传送，未有不由此途者”（《宋会要·方域》一〇之九）。在漕运制度上，南宋除在诸路实行直达法外，在各总领所及屯驻大军的供给线上也设有大军转般仓，基本沿用了北宋漕运的转般法。但不同于北宋的是，南宋漕运主要是征调民船，故各漕运里程相比较而言虽不遥远，可是对老百姓来讲，仍是一个沉重的负担，有的因此失业败家。为逃避漕役，有的不惜自沉其船。于是自南宋初年起，要求改革漕政的呼声，在朝野中一直不断。朝廷听取大臣李迨的建议，允许商人入中粮粟，因此大大减轻了漕民的负担，也保证了前线军队的需求。后来直到“开禧北伐”之时，南宋政府也是依靠这套漕运制度，从后方源源不断地把各类军需物资运往前线，当时不仅“扬、楚间转输不绝，濠、庐、安丰舟楫之通亦便矣”（《宋史·食货志》）。

三、元朝漕运方法

元代漕运的纲运划分为两大组进行：短运（军般、短般）和长运。短运又分为两段：南段由吕城（今江苏丹阳）驻军运至瓜洲，北段由汉军与新附军由瓜洲运至淮安。长运由募民船承运，从瓜洲起运至淮安，由淮安分司开闸放船入淮，再由中滦、济州分司派员分领纲船。

元代漕船由杭州至镇江，在瓜洲过江北上。马可·波罗曾经亲眼看到瓜洲的繁忙景象，他写道：“相当多的谷物运输到瓜洲，准备通过运河运到大都去，供忽必烈的宫廷食用。元朝宫廷所需谷物，全部来自中国这一带地区，人们必须知道，忽必烈已经开通了从瓜洲到大都的水路。”渡过长江，北上进入淮河，西逆黄河到中滦旱站（今河南封丘西南，黄河北岸），然后陆运 180 里至淇门（今河南淇县西南），入御河（今卫河），经直沽（今天津）转入白河，达通州（今北京通州区），再陆运至大都。海上航行的粮船最终也都要抵达直沽海口，然后由运河北上。

四、明代的漕运方法

自 1415 年起，明朝规定漕运全部经由内河，停止海运。这样明代的漕粮运解方法经历了由支运、兑运到长运的变化过程。

1. 支运法

所谓支运法，即转运法，各地漕粮就近运至淮安、徐州、临清、德州四仓，如江西、湖广、浙江民运漕粮就近运送至淮安粮仓，然后由卫所运军分段接运至通仓和京仓。在明代前期，漕粮征解实行“民收民解”。各州县征收漕粮，责成粮长或大户，即“里甲催征，粮户上纳，粮长收解，州县监收”（王圻，《续文献通考》卷 2，《田赋二》）。粮长（或大户）和里甲，均由官府佥派，选民间殷实大户，执役于民间，运抵指定的水次仓缴纳，这种征解亦称“支运”。其中，江西、湖广、浙江的漕粮运交淮安仓；苏州、松江、宁国、池州、庐州、安庆、广德等府州的漕粮运徐州仓；应天、常州、镇江、扬州、淮安、凤阳、太仓、滁州、和州的漕粮运临清仓，而山东、河南二省的漕粮运德州仓，然后由运军分段接运入京、通二仓。农民参加运粮即免纳当年税粮，纳当年税粮则免除运粮，其运费计算在支运粮内。一年转运四次，可运 300 万余石。实行民间“支运”漕粮到指定水次仓缴纳，因路途遥远，颇费时日，特别是江南各省纳漕民户，运漕往返，历时几近一年，不仅耗费颇巨，而且也耽误农时，已成漕粮户的一大负担。

粮仓遗址

2. 兑运法

明宣德六年（1431 年），平江伯陈瑄奏请朝廷，推行一种新的运法，这就是所谓的兑运法，即各地漕粮运至淮安和瓜洲（今属扬州），兑运军转运到北京，军运的费用由农民承担。改行兑运后，粮户将漕粮运至淮安或瓜洲，暂贮水次仓候兑，而无须上纳常盈等仓，既缩短了运程，也减少了麻烦。为确保兑运顺利进行，朝廷颁布了不少政策，对兑运加耗的数量作了规定。明宣德六年（1431 年）十一月，户部定《官军兑运民粮加耗则例》，规定江南各地居民向运军付给每石米“加耗”的数量是“每石湖广八斗，江西、浙江七斗，南直隶六斗，北直隶五斗。民有运至淮安兑与军运者，止加四斗”。如有“不愿兑者，亦听其自运”。兑运与支运并行。到正统年间，兑运漕粮已占到了十之六七，支运仅占十之三四，“兑运者多，而支运者少矣”。

3. 长运法

明成化后，朝廷再次改革漕粮运输之法。明成化七年（1471年），朝廷令淮、徐、临、德四仓实行支运的漕粮全部改为就近水次码头交兑，实行运军代替民运，由军队过江，直接到江南各州县水次交兑，也就是“一条鞭法改革”。军队承担运粮任务，免除农民运粮义务，但要缴纳一定的过江费用。从此纳粮户不再参与解运，“官军长运遂为定制”。长运法的实行，使得长江以南的纳粮户不必再运粮过江，从而免除了纳粮户的运途之劳。但实际上除漕粮外，苏州、松江、常州、嘉兴、湖州五府提供的白粮共31万石，仍然由民运。

五、清代的漕粮兑运

清代前期的漕运因袭明制，用屯丁长运，即“令瓜、淮兑运军船往各州、县水次领兑。加过江脚耗，视远近为差”。同时又将“淮、徐、临、德四仓仍由民运交仓者”，一并“兑运军船”，称为“改兑”。具体做法是，“粮户输之州县，州县兑之旗丁，而旗丁领运于南，舟斗交于北”。各省漕船共有6000余艘，大多长九丈，能载米四五百石。唯江西、湖北、湖南三省漕船因涉历长江，故特许其造船以十丈为率，载米千石有余。每岁冬春，各省漕船载运漕粮相继循运河北上，将东南漕米400万石运抵通州，经户部官吏验收后，分送京、通各仓储存。

1. 派定水次与交兑上船

清朝初期旧例各州县兑米时，取米四升装成两袋，作为样米，加印封固，解送仓场验收。康熙晚期改为每船装米一石作为样米，由粮道加封，由漕运总督和仓场侍郎分别验明，样米仍作正米收受。漕粮征毕入仓，然后派船兑运。

漕船派兑水次有两种：一种是固定，一种是轮兑，将帮船和州县各分为六限轮兑，周而复始，六年一轮。清初先行轮兑制，至清顺治十二年（1655年）规定各省漕粮先就本地卫所派兑，船只不足时再派隔属卫所兑运。但是，固定水次兑运的制度易生弊端，运军与本地书胥往往沾亲带故，狼狈为奸。清雍正五年（1727年）又改为轮兑制，规定各帮船兑运州县三年调换一次，但仍以兑运本府各州县漕粮为原则，最远不过百里，既易于调动，又可减轻弊端。清道光三年（1823年）改为各帮船抽签决定兑运州县法，仍是三年一轮。

运军到各水次兑粮，各省都有严格的期限。山东于翌年春季兑粮，江西、湖广、浙江、江南于冬季兑粮。如届期船到而州县无米，责在地方官吏；船未按期抵兑米水次，责在运军。

清代的漕船

州县交兑运军漕粮以干圆洁净为原则。如果米色正常无潮湿掺杂情况，即兑交上船，由监兑官出具通关米结；如有掺杂潮湿情弊，未上船前责在州县，运军不受兑，已兑未上船责在领运官和运军。州县和运军交兑时如因米色发生纠纷，则由监兑官将漕粮取样封送漕运总督和巡抚验定。漕粮兑完，由运官将本帮兑粮运船行月银米数目、开兑、开行、过淮、抵通、回空、期限，以及查验米色并无夹杂等，依次填注于全单之上，由地方官盖印为凭，即可离开水次，全力运赴京通。

至于白粮，初沿明代民运之制，但临期雇募民船，经常发生稽迟情形。清顺治二年（1645 年）也改为官收官解，后又改为随漕带运，减轻了粮户挽运白粮的负担。

2. 行船次序、期限

清代前、中期，各省漕船的运行顺序是根据距离京通路程远近而定的，山东、河南帮船在前，下面依次为江苏、安徽、浙江、湖北、江西、湖南，为防止各帮抢先打乱次序，严禁超越。例如，江西船和江浙船一同由瓜洲入口，亦须先让江浙船先行。如果湖北船先于江浙帮到淮，也得在清江闸等河身较宽阔处停候，等江浙船过后再尾随北上。一省之中，又按各府途程远近排定次序。这种规定有时会造成行船过程中的诸多不便。清道光年间，才改为不论帮次，先到者随时过淮。

由于漕运对时间的要求十分严格，而淮安是中途盘验的总站，通州是交粮的终点，所以过淮及抵通的日期都有具体的规定。例如，湖广漕船年初必须开行，湖北限于二月过淮，湖南限于三月过淮，俱于六月初一抵通。尽管如此，但或由于自然灾害漕粮难征，或因运道艰难阻滞，各省漕船很少能如期挽运。另外，漕船携带土产过多，载量过重，也是不能如期航行的原因。国家允许漕船携带一定限额土产出售，运丁为多

淮安漕运博物馆

获商利，常超额多带，沿途的关卡官吏为贪图贿赂也常借口留难。到了清代后期，航行违限几乎成了惯例，并且愈加严重。咸丰年间，漕船迟滞竟达四五月之久，到冬季才能抵通。漕船稽迟，势必影响第二年的漕运。遇此情况，朝廷或下令加紧催运，或动员人工控河拨运，甚至在中途卸粮暂存，留待日后转运。

漕船每日航行的里数也有具体规定，因顺流逆流及运道难易而不同。漕船运粮北上，谓之“重运”；抵通卸粮南归，谓之“回空”。重运北上，山阳至浙江段、天津至通州段，每日航程定顺流 40 里，逆流 20 里。直隶安汛北至天津段，运道通畅，北上又系顺流，每日限行 58 里。其闸坝繁多挽运困难之处立限较宽，江西、湖广漕船行经长江，因风挽运，也难以立限，仅令沿途地方官员加紧督催。漕船回空每日所定航行里数较重运为多，也因逆顺流而有所不同。这在一定程度上保障了漕运正常进行。当然，由于河道淤浅、漕政败坏等原因，造成违限仍是常有的事。清道光四年（1824 年）冬，高家堰溃决，次年北上漕船受阻，大部分漕船不能过淮，不得不重载返回，使社会经济受到强烈冲击。

淮河以北，运河河道狭窄，水位较低，所以对漕船航行有严格要求。春运为漕运盛期，规定重船一律自南而北，不准空船逆行扰乱船队。此外，对漕船的形制也有相应要求。其中，因湖广、江西等省涉江湖之险，清廷规定其漕船皆“以十尺为率，短不得过九丈”（嘉庆《户部漕运全书》卷 19，《通漕运艘》）。不过，船身高大沉重，往往发生沉溺损伤事故，到乾隆年间又相应缩小船身。清雍正七年（1729 年）规定漕船载米不得过 500 石，准另带土产 100 石，永著为例。到嘉庆年间，船只数量减少约 4000 只，却愈造愈大，动辄搁浅，不得不改用驳船运输。清初仅有津通之间的“红驳船”600 只，及至乾隆末年，官备驳船已达 1500 只，德州、恩县、武城、夏津、临清五州县也配有 300 只。通惠河全用驳船转运，致使船速迟缓，运期延长。

漕粮运抵京通交仓后，即回空南下，以便按时赶回兑运次年漕粮，当年漕运则告一段落。

第三节　漕运粮仓的不断完善

大运河重在漕运，漕粮运输须有漕仓作为存储发放之用。为应对大量的漕粮，历朝历代均设置了多处漕仓，并有一整套较为完备的管理制度。漕运粮仓的设置是根据各个朝代漕运线路的安排以及运道水位等功能的发挥而决定的。漕运是当时全国重要的运输方式之一，而在大运河的运转体系中，仓窖又起着重要的节点作用。因此，粮仓的建设也反映了当时的漕运与政治、经济和军事的关系，以及建筑科技发展、粮食管理制度等。元代设官仓（正仓）、常平仓和义仓，储积粟谷，以供军国和民生所需。明代的仓储制度，名目繁多，主要有官仓、预备仓、义仓、社仓等。清代的仓储制度，较之以往各代较为完备。从京师到各直省省会，从各府、州、县、市、镇、乡村到边区及滨海各地均有仓储设置。设于京师与各直省的为官仓或称正仓，在京师有正仓十五所，在户部和内务府的叫内仓、恩丰，此外还有禄米、南新、旧太、富新、兴平、海运、北新、太平、本裕、万安、储积、裕丰、丰益等仓。

一、秦汉漕运粮仓

1. 秦代漕仓

自秦始皇统一中国后，转漕问题就是运东方的粮食以实长安（咸阳），从全局来看，最重要的转运中心在中原，因此秦朝廷建了全国最大的粮仓——敖仓于成皋（今河南荥阳西五里）。秦朝为中国古代漕运的草创期。湖北云梦睡虎地出土的秦墓竹简《秦律十八种》中，专门设有“仓律”，负责国家粮食的贮存、保管和发放；还有“效律”，是检验官府物质财产的法律。

秦粮仓所设之处，可以分作三组：第一组为太仓、陈留、栎阳、咸阳、龙岩诸仓，与漕运山东粮食以供应京城有关。因为陈留地处鸿沟，是江淮运输的必经之地，而龙岩、敖仓居荥阳附近，临近黄河，正是鸿沟转入黄河之处。《史记正义》引《括地志》云：“敖仓在郑州荥阳县西十五里，县门之东北临汴水，南带三皇山，秦时置仓于敖山，名敖仓云。”霸上、栎阳则是从黄河，沿渭水运抵咸阳的终点站，太仓则是漕运的中心，为国家仓库总枢纽。第二组为督道等边郡诸仓，是专为北方军事征战而设的，是内地粮食运往边境的贮藏地。第三组成都仓建置时间较早，也是与军事行动有关的。《华阳国志·蜀志》载：“秦武王三年，司马错率巴蜀众十万，大舶船万艘，米六百万斛，浮江伐楚，取商於之地为黔中郡。”其后，白起攻楚，亦由长江东下，伐取巫、笮及

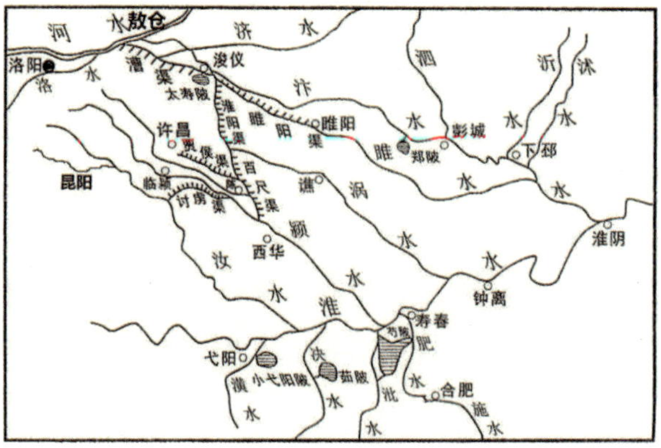

敖仓位置图

江南为黔中郡。其所需粮食，必定皆出自成都仓。（《中国运河志•通运》）

2. 汉代漕仓

西汉时东方的粮谷多从敖仓西运，东汉时置敖仓官，属河南尹管辖。到了汉朝，关于漕仓的设置记载更为丰富。“今寿昌欲近籴漕关内之谷，筑仓治船，费直二万万余。”甚至记载了修建漕仓的费用。太仓：“萧丞相营作未央宫，立东阙、北阙、前殿、武库、太仓”（《史记》卷 8《高祖本纪》）。细柳仓：《汉书•文帝纪》：“河内守亚夫为将军，军细柳。”服虔注曰：“在长安西北。”如淳注曰：“长安细柳仓在渭北，近石徼。”嘉仓：“细柳仓、嘉仓，在长安西、渭水北徼西有细柳仓，城东有嘉仓”（《三辅黄图校证》卷 6《仓》）。常平仓：大司农中丞耿寿昌奏设常平仓，以给北边，省转漕”（《汉书》卷 8《宣帝纪》）。郡国诸仓：“又郡国诸仓农监、都水六十五官长丞皆属焉”（《汉书》卷 19 上《百官公卿表》）。东汉时期，有羊肠仓的设置。《后汉书•邓寇列传》载：“永平中，理滹沱、石臼河，从都虑至羊肠仓，欲令通漕。”

西汉时曾建“京师仓”，据《史记•留侯世家》记载，“诸侯安定，河渭漕挽天下，西给京师：诸侯有变，顺流而下，足以委输”，汉初刘邦建都长安之时，关中地理条件优越，通过黄河和渭水可以达到“漕挽天下，西给京师”目的。汉武帝年间，首都长安人口骤增，关中所产的粮食已经不能满足需求。所以，西汉王朝不得不考虑从关东水路调运一批粮食供养首都长安。《汉书•沟洫志》记载，汉武帝令水工“率数万……三岁而通”。漕渠建成后，流经今临潼、渭南、华县，直到潼关附近注入黄河，长达 100 多千米，比经渭河的航运时间有明显缩短，粮食的运输和供应状况迅速得到改善。运输量的增大以及从关东黄河用大船上运至渭河口进入漕渠必须换船，这就需要适当的中转地点。汉武帝兴漕运后，就在秦朝宁秦县城的旧址（今陕西省华阴市）上修建京师仓。京师仓又名“华仓”，是一处规模很大的粮仓，在漕渠及渭水之旁，漕船由黄河入渭水或漕渠码头卸粮，相当方便。汉惠帝还对秦朝最大的漕运粮仓——敖仓进行了改建。

秦汉漕仓多为仓城，都有高大坚固的城墙卫护，选点在水路要冲，如敖仓、京师仓、甘泉仓都设在山上或高地上，易守难攻。如果按照其在仓廪制度中的地位分类来看，可以分成太仓、军仓、转运仓和郡国仓（郡县仓和诸侯王国仓）等地位不同的四组，但其具有主要依靠漕运建立积储，并为漕运活动服务的共性，是全国和地方漕运系统的组成部分。

京师仓遗址

汉代漕仓多采用地面房式仓廪进行粮食储藏。在粮仓规划布局方式上，汉代官营仓廪已形成了规整矩形平面、基础满布柱网、底层架空处理、周边设置通风槽、单位仓房（廒间）等技术与措施。在已发现的汉代储粮遗址中，典型的有西汉京师仓、凤翔县（今陕西宝鸡凤翔区）孙家南头西汉仓储遗址、新安县盐东村汉函谷关仓储遗址等一批官仓储粮的建筑遗址，同时还有如洛阳汉河南县城仓窖遗址这样伴随民间居址的储粮遗迹。汉代墓葬中曾出土了大量模拟粮仓的随葬用陶仓明器（汉画中亦有），可分为仓、囷、仓楼等多种类型，在“事死如事生，事亡如事存”的观念下，这些模型明器或画像是对人间现实世界的模拟，呈现出汉代仓廪的典型特征。魏晋南北朝时期已发现的仓窖数量相对较少。

汉代陶仓

二、隋代漕运粮仓

由于隋代大运河的开凿，沟通政治中心与经济重心的转运线有了新的发展。处于转运线中枢地位的洛阳，其地位更为重要。以洛阳为中心，形成了“濒河仓廪”的布局。隋唐时期储粮方式发生了较为明显的转变，国家级官仓常采用巨型仓窖存粮。隋唐时期地下仓窖口直径常在 10 ～ 14 米，窖底直径在 6 ～ 7 米，深度通常较深，在 7 ～ 9 米。

隋代大运河沿线大型粮仓和转运仓的设置，以东京洛阳为中心，并直插关中，这种布局和设置是适应大运河的特点而形成的。隋代大运河南北绵长，由于地理条件的不同，大运河的不同河段以及与大运河相连接的天然河道之间，在流速、流量和含沙量方面存在显著的差异和各自的特点，因而造成了以洛阳为中心的漕运网。从江南到北方的航运都不可能从起点一次直达，而是要根据地理条件，以及政治、经济的需要而中途储存和转运。为了适应这一状况，隋代在大运河沿线枢纽地点修筑了大型粮仓和转运仓，整个仓储体系已经形成。《通典·食货》载：“隋文帝开皇三年，以京师仓廪尚虚，议为水旱之备，诏于蒲、陕、虢、熊、伊、洛、郑、怀、邵、卫、汴、许、汝等水次十三州，置募运米丁，又于卫州置黎阳仓，洛州置河阳仓，陕州置常平仓，华州置广通仓，转相灌注。漕关东及汾、晋之粟，以给京师。”

河阳仓在今河南偃师区东南老城。《隋书·地理志中》载，偃师“有河阳仓”。偃师北二里为邙山山脉，地势高燥，适宜修建仓储。隋通济渠西段，就是起自洛阳西苑，经偃师入洛水的。河阳仓的设置就是为适应从洛口转运粮食入洛阳的需要而设置的。

常平仓，又称太原仓，位于陕州，隋开皇二年（582 年）置。常平仓“北临焦水，西俯大河，地势高平”（《元和郡县图志》卷 6）。从隋代开始，常平仓便成为河渭漕运线上的转运仓。当时漕粮至陕，一路溯黄河西上，经三门之险运至陕。一路是避三门之险，从洛阳经由“峻阜绝涧，车不得方轨”（《元和郡县图志》卷 5）的崤函山谷，陆运至陕。隋开皇四年（584 年）曾采取水陆接转运输法，从洛阳陆运至陕，再沿黄河西溯渭河至关中。隋开皇十五年（595 年），在黄河三门修治河道，凿砥柱，打算由黄河经三门直接通漕西运关中。因此，位居洛阳与长安之间的陕州常平仓，就居于非常重要的地位，乃至唐代又有扩展。

黎阳仓，位于卫州黎阳县西南大丕山麓。黎阳仓东临黄河，西靠永济渠，水运便利，隋朝从河北地区漕运的粮食，大都先集中于此，然后再经由永济渠、黄河运往洛阳、长安。隋炀帝时征辽东，曾在此督运军粮。隋末农民起义军瓦岗军将领徐世勣曾占据黎阳。

广通仓（永丰仓），位于华州华阴县（今华阴市）。在县东北 35 里渭河口。它东临黄河，西临广通渠，河北、关东、江淮漕粮，都可集中于此，然后再由广通渠（漕渠）运抵长安。这一粮仓，可以与含嘉仓、洛口仓、太原仓等媲美，储粟在百万石至千万石之间。这一粮仓至唐天宝时期还发挥着重大作用。

隋大业初年，炀帝又在通济渠西段，从洛阳至洛水入黄河处，先后修筑了洛口仓，回洛仓、子罗仓、含嘉仓。

黎阳仓发掘现场

洛口仓，又名兴洛仓，位于今河南巩县东北洛河东岸，遗址在今巩县沙鱼沟乡七里铺以东，双槐村以南的黄土岭上，因地处洛水入黄河之口而名。洛口仓建于隋大业二年（606 年），据《通鉴》记载，这年十月，“置洛口仓于巩县东南原上，筑仓城，周回二十余里，穿三千窖，窖容八千石以还，置监官并镇兵千人”。全仓储米多达 2400 万石，是当时最大的仓窖。当时，从各地运来的漕粮，绝大部分贮藏于此。再由此西溯通济渠西段运至洛阳。后隋炀帝用兵辽东时，此仓成为供前线军需的重要粮仓之一。隋大业十三年（617 年），瓦岗义军曾“自罗口袭兴洛仓，破之。开仓恣民所取，老弱襁负，道路相属”。

回洛仓，置于隋大业二年（606 年）十二月，位于“洛阳北七里，仓城周回十里，穿三百窖”（《资治通鉴》卷 180）。隋大业十三年（617 年）五月，瓦岗义军攻破此仓，并以此为据点向洛阳进攻。

含嘉仓。隋大业元年（605 年）炀帝建东都洛阳城时，在宫城东又建设了含嘉仓。建仓的目的是供东都百官、皇室之需，职同太仓。含嘉仓的规模很大，据《洛阳隋唐含嘉仓的发掘》一文所述，在含嘉仓遗址探出 259 个粮窖，仓城面积达 43 万平方米，大型仓窖纵横成行，每窖容量少则数千石，多则一万数千石（《洛阳隋唐含嘉仓的发掘》《文物》1972 年第 3 期）。

回洛仓遗址

子罗仓。隋大业元年（605 年），炀帝又在洛阳宫城内右掖门街建子罗仓。杜宝《大业

含嘉仓 160 号仓窖

杂记》载："街西有子罗仓，仓有盐二十万石；仓西有粳米六十余窖，窖别受八千石。"

隋朝"资储遍于天下"，其仓窖中的粮食多得实在惊人。故《通典》卷七《食货典》记载："隋氏西京太仓，东京含嘉仓、洛口仓，华州永丰仓，陕州太原仓，储米粟多者千万石，少者不减数百万石。天下义仓，又皆充满。京都及并州（今山西太原）库布帛各数千万，而锡赉勋庸，并出丰厚，亦魏晋以降之未有。"虽然由于隋炀帝统治时期用兵频仍，奢靡无度，耗费极多，但直到隋朝覆灭之时，"计天下储积，得供五六十年"（《贞观政要·贡赋》）。瓦岗义军"开洛口仓散米"，就食者"近百万口，无瓮盎，织荆筐淘米，洛水两岸十里之间，望之皆如白沙"。直到唐贞观十一年（637 年），马周尚对唐太宗说："隋家贮积洛口仓，而李密因之；东京积布帛，王世充据之；西京府库，亦为国家之用，至今未尽"（《贞观政要·奢纵》）。转运到京师的粮食、布帛大部分是经由运河，也可以说明隋代运河对漕运的作用之大。上述仓储都是按当时漕运路线而设置的，成为当时的漕运枢纽，也为唐代漕运的大发展打下坚实的基础。

三、唐代漕运粮仓

唐朝利用南北大运河，转输各地的租赋到洛阳和长安，仍然沿袭隋代之制，"缘水置仓""转相灌注"，分段运输。其仓储的设置和布局，也以隋代规模为其基础，并进一步加以调整而日臻完善。

唐高宗咸亨年间，在东都外围重建洛阳仓，新置柏崖仓，长安附近置渭南仓，重启隋含嘉仓、虎牢仓、洛口仓、太原仓、永丰仓。当时，江淮漕船直入巩洛，输纳含嘉仓；新设的河阳、柏崖二仓则拱抱东都，集河北、河东租粟，转输关中，形成了以洛阳为中心的转运仓的布局。唐朝的政治中心东移洛阳。高宗武后时政治中心的转移，是由于河汴转漕长安比较艰难，而处中原的洛阳，却可以"沟通江汉之漕，控引河淇之运"（《唐大诏令集》卷 79，《开元九年幸东都诏》），可以保证东都的粮食供应。

唐开元二十一年（733 年），唐玄宗拜裴耀卿为宰相，兼江淮河南转运都使，负责解决漕粮问题。裴耀卿继承隋代的仓储制度，在汴河与黄河的交叉点上置河阴县（今属河南荥阳市）及河阴仓，在河西河清县（今河南孟县西南五十里）置柏崖仓，在黄河北岸三门之东置集津仓，三门之西置盐仓（即三门仓）。改陕州之常平仓为太原仓，华州之广通仓为永丰仓；又扩建了洛阳的含嘉仓和长安的太仓，以备这些仓储与转搬法相互结合。开元时，水济渠边的魏州（今河北大名县东北）城西，建楼百余间，“以贮江淮之货”，号称“天下北库”。位于今天河北蓟县县城南的“上仓”“下仓”，是唐代最北边的两座大型漕粮粮仓。

因为这一时期政治中心又由洛阳复归长安，随之而来的漕粮不足以供给长安的矛盾又尖锐起来，并且官吏剧增，朔方战争吃紧，募兵增多。原高宗武后时“旷年长运”的漕运体系和以洛阳为中心的仓储布局已不能适应当时形势的需要。这三个新仓连同含嘉仓、太原仓、永丰仓、开元二年（714 年）新置的龙门仓，以及稍后重开的柏崖仓，构成了一个新的布局。其特点是以含嘉、河阴、太原、永丰等仓为枢纽，河、渭并重，加强了向关中转输的能力。这就改变了以洛阳为中心的仓储布局。

河阴、太原、永丰三仓在漕路上的位置已决定它们的作用十分重要。汴河口西原有隋虎牢仓，但因汴河口风恶流急，来自黄河下游及汴河的漕船要输纳虎牢仓，都须穿汴口激流，很不安全。当时主持漕运的裴耀卿不用虎牢仓，另在汴口东北岸先置输场，再把输场改建为河阴仓并置河阴县。这个仓址选址科学，从黄河下游及汴河上行的漕船，直输河阴仓，而又避免了风涛之险。太原仓则是“控两京水陆二运”（《旧唐书·姜师度传》），是河上漕运与递场陆运的汇合点。

永丰仓位于华阴县（今陕西华阴市）“东北三十五里渭河口”（《元和郡县图志》卷2），隋置，原为广通仓。这个仓储的重要性在于接纳来自东方太原仓和北方龙门仓两处的漕船，转河入渭。唐天宝三年（744 年），左常侍兼陕州刺史韦坚，开漕河，“自苑西引渭水，因古渠至华阴入渭”（《元和郡县图志》卷 2）。韦坚所开的漕河即隋文帝时的广通渠。漕河入渭具体地点“至

永丰仓遗址

永丰仓与渭合”（《新唐书•食货志三》）。漕河的开凿，提高了永丰仓的转输能力，因而，进一步增强了永丰仓的地位。

唐朝中后期肃、代、德三宗统治的近五十年间，河汴漕路屡遭安史叛军和藩镇的破坏和干扰，漕运时断时继，但沿河诸仓并未废闭。刘晏于唐广德二年（764年）着手恢复河汴转运线，并提出了“缘水置仓”的转运方针，对转运仓的布局进行了调整，形成了以扬子、河阴、永丰三仓为枢纽的转运线。扬子仓在扬子县，扬子县“南临大江，北界淮泗，东接扬楚，西控滁濠”，是“外江纲运会集之口”。这里是江南税粮北上必经的吞吐口，也是淮南地区上供税谷的集中地。在这里汇集江南税粮，以便转运京师。唐代前期，转运中心一直在河汴，刘晏根据当时的实际，提出了“江南之运积扬州”，把转运漕粮的中心向南推进，扬子县沙洲畔的扬子巡院，实际上已成为唐代后期东南地区的第一大转运仓。转运仓的这种布局出现，正好适应了我国经济区域重心的转移。

唐代后期，除设置永久性的仓廪外，还曾设置临时的输场。这种“场”，是一种在漕粮转运途中为暂时贮藏和用于量覆、扬掷谷物之所。唐开元年间，李杰在洛陕间为陆运设置的“八递场”就属于这种性质。这种输场，其特点是储留数量大、时间短，但它的作用有时比永久性的仓廪更为急需和重要，在水陆转运中发挥重大作用。

四、宋金元漕运粮仓

宋朝在运河沿线节节设仓，以为储存和转运之所。宋代在京师设有太仓，地方设有都仓、省仓和大军仓。另外，宋承前代，设立常平仓、义仓，以备各种荒年，后来成了军粮来源。北宋时，汴京有转般仓、税仓、折中仓三大类型的太仓，共23处。转般仓接纳从四河上运来的漕粮，有丰济仓、广济仓、万盈仓、广衍仓、延丰仓等12所。南宋时，临安设有省仓、丰储仓等。宋神宗元丰改制前，主管仓场事务的中央机构为三司。元丰改制时，废三司，仓储事务归户部管辖。元丰改制后，仓场同三司一同被废，仓场归司农寺管辖。南渡初，一度罢废司农寺，但在南宋绍兴四年（1134年）七月很快又恢复了司农寺，管辖仓场事务。

北宋京师接受漕粮的仓，称为“转般仓”，其中接受江淮地区仓粮的仓共有10所；接受京西漕粮的仓有2所；接受京南漕粮的仓有1所；接受京东漕粮的仓有2所。在淮南的真、扬、楚和泗州，共设有7处仓。各仓廪都设有监仓官主管，监仓官之下还有众多的属吏和兵夫。北宋时，黎阳仓的仓储规模很大。据宋代张舜民的《画墁录》记述：“仓窖犹存，各容数十万担，一窖存粮数十万担。”黎阳仓是北宋用兵北方边境的后方物资供给基地。

金代，朝廷在中都附近的通州设立了四座粮仓，其中三座分别是丰备仓、通积仓和太仓。根据史料记载，金代漕仓各仓设仓使主管一人，另设副使一人，攒典（掌收支文历、行署案牍）一至二人，仓子（掌斛斗盘量、出纳、看守、巡护等具体事务）随仓规模而定。当时规定仓与人数配比为：“凡岁收三十万石以上，设二十人，二十万石以上十五人，十万石以上十三人，五万石以上十人，四万石以上六人，三万石以上四人，二万石以上三人，一万石以上二人，不及一万石一人。”但是通州的粮仓例外，各增置判官一员，通州四仓仓子共设 120 人。平均每仓 30 名仓子，超过标配最高限额。通州在当时是重要的粮食仓储中心，为金中都的稳定起到独特的重要作用。同时，在各运河沿岸的城市，还建有储存粮物的仓库。当时重要的置仓之地有恩州属下的临清、历亭，景州属下的将陵、东光，清州属下的兴济、会川，献州及深州属下的武强等六县城，凡需转运入京的粮粟及上贡诸物，先由各路转运使征收求购入仓，然后由纲运漕运至京。

元代南北两大系统各自拥有布局合理的粮仓。在元代，在河西务有漕粮仓库 14 个、通州有 13 个仓库、河仓则有 17 个。直沽附近的运河沿岸有漕运屯粮仓库和漕运存放木材的地方。位于今天津市北辰区天穆镇的“南仓”，元初即为百万粮仓。位于北辰区北运河东岸的“北仓”，是漕运码头和储粮地。位于今天津市武清区大沙河乡的“东仓”“西仓”，是元朝储运漕粮的仓廒。从南方运来的粮食、布帛等，在通州卸下后便运往城里，现在北京市朝阳门里的禄米仓、南门仓、海运仓、北门仓等胡同，就是当时的大仓库。《元史》记载了通州十三仓的具体名称，还记录了各仓官员的品级和配置情况：“通州十三仓，秩正七品。有年仓、富有仓、广储仓、盈止仓、及秭仓、乃积仓、乐岁仓、庆丰仓、延丰仓，已（以）上九仓，各置监支纳一员，正七品；大使二员，从七品；副使二员，正八品。足食仓、富储仓、富衍仓、及衍仓，以上四仓，各置监支纳一员，正七品：大使二员，从七品；副使一员，正八品。”共计 756 间，可以储粮 182.25 万石。下表为元代所建的江南省粮仓。

江南省仓表[1]

序号	路州县名	仓名	建仓年份	序号	路州县名	仓名	建仓年份
1	集庆路	广远	缺	4	镇江路	香糯	元至元十二年（1275 年）
2	集庆路句容县	际留	缺	5	常州路	太平	缺
3	镇江路	大军	元至元十二年（1275 年）	6	常州路无锡州	亿丰	缺

[1]　表格引自：路征远．元代大运河的修治及其漕运［D］．呼和浩特：内蒙古大学，2004.

续表

序号	路州县名	仓名	建仓年份	序号	路州县名	仓名	建仓年份
7	江阴州	和丰	缺	18	庆元路昌国州	际留	元至元十七年（1280 年）
8	平江路	大德	元大德四年（1300 年）	19	庆元路昌国州	永丰	元至元十七年（1280 年）
9	平江路	和丰	元大德四年（1300 年）	20	台州路	永丰	元大德六年（1302 年）
10	平江路嘉定州	际留	元延祐五年（1318 年）	21	温州路	平定	元至元二十六年（1289 年）
11	福州路	永丰	元至元十三年（1276 年）	22	衢州路常山县	际留	元至元二十九年（1292 年）
12	临江路	丰积	缺	23	婺州路东阳县	际留	元大德十一年（1307 年）
13	建昌路	丰储	元至元十九年（1282 年）	24	福州路	际留	元至元三十年（1293 年）
14	南丰路	丰储	元至元十九年（1282 年）	25	英德路	常丰	元至元十三年（1276 年）
15	平江路昆山州	太仓	元至元十七年（1280 年）	26	惠州路	丰衍	元至顺三年（1332 年）
16	嘉兴路	嘉兴	缺	27	柳州路	大军	元至大元年（1308 年）
17	湖州路	泰定	缺				

五、明代漕运粮仓

明初定都南京，明洪武三年（1370 年），南京“积粮以巨万计，而家庾少无以受之，乃命户部设军储仓二十所，各置官司其事，自一至第二十依次以数名之”。明成祖迁都北京后，为保证庞大的官僚机构和军队的供给，大建粮仓。除了在大运河沿线的徐州、济宁、临清、德州等地建仓转输。明永乐七年（1409 年），朝廷在京城及周边建三十七卫仓，又设通州卫仓。宣德以后，为扩大储存容量，朝廷多次下令增置通州的粮仓，如明宣德六年（1431 年），增置北京及通州仓。明正统元年（1436 年），定通州五卫仓名。

每个大粮仓实际上是一个仓群。据万历《大明会典》记载，大运西仓有 6 仓，大运南仓有 4 仓，大运中仓有 6 仓。据《通粮厅志》，明嘉靖二十八年（1549 年），大运西仓、南仓、中仓、东仓分别有廒 393 座、123 座、145 座、41 座，到万历三十三年（1605 年），大运西仓、南仓、中仓（东仓并入）盛粮廒分别为 158 座、57 座、78 座。廒座数目大幅度减少，说明京通二仓粮储数额大为下降，但据测算，当时储存在通州的漕粮尚有 300 万石。

六、清代漕运粮仓

清代，京师及各省皆设仓储粮，用备支放官俸、兵食，并、借、平粜等项之需。

仓之在京师者有京、通仓；在京外者，运河沿岸设水次七仓，各省会及府、州、县治设常平仓，或兼设裕备仓，乡村市镇设社仓、义仓，滨海近灶之地设盐义仓，东三省设旗仓，直省（直隶）驻军地方设营仓，沿边卫堡设边仓，各有规制。

京师仓包括内务府恩丰仓、户部内仓及仓场衙门所辖之京、通各仓，分储各省运京漕白二粮。其中京师 11 仓，清初所建者有 8 处，后来续建的有 3 处，朝阳门外旧有万安仓，东便门外旧有裕丰仓，清雍正七年（1729 年）建，俱于同治时裁撤。通州二仓为中、西 2 仓，共 250 廒，专贮存王公百官俸廪米；京师 11 仓，专贮供给驻扎在京师的三营八旗兵的粮食、文武四品以下官俸禄米、官军马豆。13 仓共 956 廒，各仓贮粮都有定数。

清代除了京城和通州，在有漕八省的运河沿线也建立了诸多粮仓。除了江浙，江西是运粮最多的省份，仅江西有十四漕帮兑运本省漕粮，另八个卫所外调他省运输漕粮。所以江西各府都下设粮仓。江西的漕仓规模巨大，一共在 47 个地点设置漕仓。这是为了将漕粮经赣江至万安的九曲十八滩运输至鄱阳湖并运出江西。

清代储存在通仓的漕粮主要有几个方面用途：第一是供应京城官员、军士等群体；第二是紧急状态下，临时调拨漕粮充当军粮；第三是平抑京城的物价；第四个功能是赈济饥民。到了清代，在仓场事务管理制度上，基本延续了明代形成的制度，稍有不同的是户部设满汉侍郎各一员负责管理京通仓场事务。同时户部在通州设坐粮厅，满汉各一员。朝廷对京通粮仓的管理十分严格，制度也十分细致严密。

清代通州粮仓遗址

杭州富义仓

第四章

中国大运河漕运的管理

“漕运之制，为中国大政”。大运河既是一条河，更代表了一种制度。全国性的漕运始于秦汉时期，到唐宋时期，通过大运河漕运的粮粟每年已多达七八百万石。漕运规章制度始创于唐，发展到宋，漕纲始定，漕运体系得以真正完善。宋代设江浙、荆湖、广西、福建路都转运使司，专门承办漕运事务，并制定了严格的漕运法令，对漕船容量、漕运过程、漕船停靠时间、船工管理办法、人员任用尺度、漕粮干湿程度等都作了具体规定。换句话说，宋代的漕运已进入标准化作业状态。从北宋至清代，历朝都设立比较完善的专门机构、订立较完备的制度来管理组织漕运，因此也创立了中国大运河独具特色的运河漕运制度文化。本章重点介绍管理漕运的职官、漕运的运输者和相关管理制度。

第一节　管理漕运的职官

一、秦汉时期的漕运职官

秦汉时期，随着漕运事业的发展，漕运管理机构及人员已具雏形，如汉代已出现护漕都尉。至汉武帝初年，全国每年的漕运量增至 100 多万石，当时漕运用卒达 6 万人。汉朝设置都水使者，掌河津、漕渠凡水利事，并督治船舰。西汉太常、大司农、少府、内史、王爵、都尉皆置都水长丞。汉武帝置水衡都尉，汉成帝置左右都水使者。各地专门设立了“护漕都尉”，是九品中正制中的二品。漕渠沿途的郡县令长兼管其辖区内的运河漕运。但是，秦汉时期的漕运管理体系过于简单，正如吕祖谦所云：“所谓汉漕，一时所运，临时制宜，不足深论。”

二、隋唐时期漕运职官

至隋唐时期，大运河与漕运的重要性愈加凸显，政府的漕务管理体系逐渐完备。隋代于工部尚书下设水部侍郎一人，又设“都水台，使者及丞各二人，参军三十人，河堤谒者六十人，录事二人。领掌船局，都水尉二人，又领诸津”。隋仁寿元年（601 年），“改都水台为监，更名使者为监”。隋炀帝继位后，“都水监改为使者，增为正五品，丞为从七品，统舟楫、河渠二署。舟楫署每津置尉一人。隋大业元年（605 年），又改使者为监，四品，加置少监，为五品。后又改监、少监为令，从三品，少令，从四品”。总体来说，隋朝“漕法或领于尚书，或领于仓部侍郎，虽官无定衔，皆简自廷臣，其责任亦重且大矣”。

唐初的漕运管理仍沿袭隋代旧制，由都水使者、都水台或都水监掌管治河与督漕两职。唐前期，置水陆转运使，专督漕运事务。从严格意义上说，漕运管理至此始有专职。转运使下先后设置了各级负责漕运具体事务的职官，唐太宗贞观六年（632 年），置舟楫令一人，掌舟楫运漕，以正八品官为之，下设漕正、府、吏、监漕、漕史、典事、掌故等职；唐高宗上元二年（675 年），又置丞二人，以九品官为之，下掌运漕隐夫（《新唐书·百官志》）。

度支司、都水监。唐前期，朝廷的漕运管理机构及人员主要有户部度支司和都水监，其中，度支司“在开元中以前实兼国家转运的总指挥”。都水监舟楫署设有令、漕正、监漕、漕史等职官，是漕政事务的专门管理机构，“掌公私舟船运漕之事”。唐上元二年（675 年），高宗又置丞二人，专门负责督察漕务，即“掌运漕隐夫”。同时，水部郎中、员外郎亦参与漕运事务管理，地方州县长官，如刺史、县令及其属官亦负有兼理当地漕运的职责。

转运使、水运使、盐铁运使。开元以后，为了加强漕运的管理，创设了专管漕粮转输的转运使。自此之后，治河与督漕分管，加强了漕运管理的职能和权力。水陆运使的设置，始于唐先天元年（712 年），专管洛阳至长安的租赋转输事务。之后，唐政府又分置江淮水运使、汴州水运使、淮颍水运使等。中期以后，因漕运日重，唐廷常令宰臣兼转运使等职，主管漕政。唐开元二十二年（734 年），唐玄宗采纳裴耀卿改革漕运的建议，任命裴耀卿为“黄门侍郎、同中书门下平章事，兼江淮都转运使”，专掌东南各道水陆转运。唐代宗以后，又多与盐铁使并为一职，称为盐铁转运使。唐代转运使是根据漕运路线而设置的，不受行政区划约束，尤其是河汴转运线上的转运使，往往由位极人臣的宰相兼领，职权很大。

此外，其他官员亦可参与漕务管理。从唐后期盐铁转运使职官情况来看，宰相、节度使等成为盐铁转运使一职的主要人选。纲运制度形成后，制定相应奖惩制度，责成地方长官分负其责，后进一步明确由沿河县令主持所在地段漕运事宜。

而关于唐代粮仓管理的官职设置，含嘉仓的铭砖也向我们传递着重要的信息。将史书记载与铭砖上面记载的唐代粮仓管理官职相结合，便可得知唐代粮仓行政管理的官职设置。例如其中“卿”是主管粮仓的部门司农寺的首脑——司农卿的简称，职责是掌管国家仓储之事：“监仓御史”以殿中侍御史充任，是兼职而非专职，负责监督仓事，体现了唐政府对官仓的重视；“押仓使”并没有相关详细的文献记载，可能不是常设官职，地位略低于监仓御史；“左监门、右监门”是左、右监门校尉的简称，负责管理粮仓重要入口的出入；“寺丞知仓事”是以司农寺丞的身份暂管仓事（司农寺是负责管理粮仓事宜的中央政府机构，唐代中央政府机构有太常、光禄、卫尉、宗正、太仆、大理、鸿胪、司农、太府九寺，九寺中除设卿及少卿为正副主官外，各寺均设“丞”若干人，负责管理该寺事务）；“令”“丞”应是含嘉仓的正、副主管官员。“监事”是唐代在国家重要粮仓设置的官吏，负责管理和监督粮仓事务；“仓史”是掌管杂务的粮仓胥吏；“正纲录事”是为主管纲运的官员做辅助，掌管文簿；“典”应该是负责运输的官吏。如此权责分明的官职，一块小小的铭砖向当代人展示了盛唐时期的粮仓管理体系。

唐代含嘉仓遗址出土的铭砖

三、宋金漕运职官

宋代的漕运官制，继承了唐代的漕官管理制度，并在其基础上进一步创新与发展完善，最终形成了一套系统的漕运官制。宋代设立的漕官之制，主要由中央以及地方的漕运之司构成。北宋建国初年，曾设京畿东路发运使、随军转运使及江淮水陆发运机构，但都属临时性机构。虽然至道年间成立了江淮浙荆湖六路都大发运司，也称江淮发运司或东南发运司，但这一机构直到北宋宝元元年（1038年）才确定下来。东南发运司的最高官职为发运使，此外，又有副使、都监两职，但不常设。在发运使下有判官、干办公事及勾当公事等僚属，还有众多的役吏和押运军吏。

宋代，在朝廷设置三司使，主管漕运，三司使主管财政，仅比宰相（主管行政）和枢密使（主管军事）低一等，号称计相。中央三司使总领漕政，各路转运司（漕司）负责征集，发运司负责运输。在北方地区设三门白波发运司负责管理陕西、河东地区供应京师的漕运事务。其最高官职为发运使，之下又分设三门、白波发运判官各一人。但由于运量较小，所以管理组织的规模也很小。

在东南漕务管理上，宋政府对东南发运司与三司和东南六路转运司的工作进行分工。三司负责下达漕运量、种类以及蠲免等指令，从事行政上的最高领导，但不参与漕运的具体管理和组织；发运司依据三司下达的各项漕运要求，责令东南六路转运司办理征收任务，并将征集到的粮食和各种物资运送到淮南各转运仓；然后由发运司统一组织运往京师。

1. 北宋的漕运职官

北宋初，朝廷设发运司，下辖江淮、三门、白波发运司，其中以江淮发运司最为重要。北宋太平兴国年间，分设水陆发运使与陆路发运使以掌漕政。太平兴国末年，复将两职合并，诏置水陆发运使于京师。北宋至道三年（997 年），则废置发运使，由淮南转运使代行其职，数年后再行恢复。到真宗以后，负责漕运的机构和官员则分置多个，其中有三门白波发运司，设催促装纲官 2 人，又设汴口催纲官 1 人，广济河都大催纲 2 人，许汝石塘河催纲 2 人，御河催纲 1 人，汴河催纲 3 人，蔡河拨发 1 人，另外有江南拨发、两浙拨发、荆湖拨发等差遣。自宋初以来，负责漕运的官司机构一般设在京城。太宗淳化末年，委派洛苑副使杨允恭等往江南管勾运输茶盐粮帛及规划江浙淮湖各路茶盐法，后来又派杨允恭等人为江淮两浙发运使兼制置茶盐事，始就淮南设司，为漕运专门机构。其他如广济河辇运司也在曹州置司。

在设置发运司后，北宋乾德元年（963 年）宋政府又设置诸路转运使，北宋开宝五年（972 年）又设转运判官，北宋太平兴国二年（977 年）再设转运副使，诸路转运司的官员、官司组织编制逐渐完备。宋代转运使有两种：一种是为战争提供物资供应的临时性的“随军转运使”；一种是属于路（宋的行政单位，相当于郡或省）一级地方行政建制的长官。诸路转运使、副使位高权重，类似于汉朝的刺史、唐朝的观察使。转运司是路的四个监司之一，最初只管一路的财政，到宋太宗时，无所不管，实际上已经变成了一路的行政长官。转运司长官也是全路邮驿的最高领导者，遇到有出缺的情况，由提点刑狱司长官（宪司）兼任。转运司的基本职责就是计度财赋，漕运钱谷，故又被称为“漕司”。不过后来转运使的职能扩大到按察郡县、举刺官吏、点检刑狱、督捕盗贼、经理边防诸项军民庶政的各个方面，转运司成为行政性建制。

宋代三司使拓像

在河道和船只管理方面，宋代设立都水监，置判监、同判及丞、主簿等员，大抵掌川、泽、津、梁、渠、堰、池之政，兼总舟航桴符之算，就司其征以充用。

2. 南宋的漕运职官

入南宋以后，漕运京师的物资减少，漕路缩短，发运司的主要职责是“给降籴本，收籴米斛，广行储积、以备国用”（《宋史·职官志》），许多具体的漕政则由各路自行措置。到南宋绍兴二年（1132 年）便罢发运司，漕运之政由各路转运司分担。南宋绍兴八年（1138 年）设经制发运司兼理漕事，次年改为经制司，随后又将漕政委给各路转运司。南宋孝宗乾道六年（1170 年）复设发运司，寻再废罢，后还一度以平江府守臣兼发运使之职，皆属临时差遣。其他运路亦由各总领所管理，并设催纲、拨发官如北宋之制。

3. 金朝的漕运职官

金朝的漕运主要还是在海陵王迁都燕京以后发展起来的，其主管机构为漕运司，设提举官 1 人，规定由景州刺史兼任，掌河仓漕运之事。同时设同提 1 人，勾当官 1 人，具体掌管催督起运纲船。漕运司下设课使、起运两科，除司吏、孔目官外，特置押纲官 76 人。漕运司的直属机构为沿运河设置的各仓场，诸仓设使、副使为长官，下有攒典、仓子等具体管理人员，诸草场、柴炭场亦设使、副使及吏人，分掌诸项具体事务。

宣宗迁都汴京以后，漕运司废置，由都水监兼管勾沿河漕运事。从金章宗泰和六年（1206 年）起，规定凡漕河所经之地，州、府长官皆兼提控漕河事，县长官兼管勾漕河事。还曾一度设观州漕运司。但主要漕运任务仍由各诸路转运使负责。

四、元代漕运职官

元代漕运组织相较前代更加完善，中央和地方分设机构管理漕运。元代漕运机构经历军储所、漕运所、漕运司的过程后，直到元至元十九年（1282 年），将漕运司扩充为京畿都漕运使司和江淮都漕运使司。江淮都漕运使司主管江南物资北运中滦（今河南封丘南）的任务；中滦以北至大都的运务则由京畿都漕运使司负责。海运兴起后，裁撤了江淮都漕运使司。

元朝初年，主管水运的是户部，另外兵部、通政院、工部也兼管其中的一部分业务。元至元二十八年（1291 年），在京师设立都水监，管理全国水政，其中运河与漕运是管理的重点。下设监少、监丞各二员，岁以官一、令史二、奏差二，壕寨官二，分监于汴，处理河务。又分监寿张，领会通河官属如汴。都水监官秩三品。元至元二十九年（1292

年)，元世祖命郭守敬任都水监。以后也曾由中书右丞相兼任都水监。都水监“上下巡视，求其利病”，负责维护大运河并保障漕运。

海运的最高管理机构是中书省，其“左司”下辖“粮房六科”中的“海运科”为具体办事机构，主要由分处南北的两大组织系统承办。南方的承运系统名为海道都漕运万户府，治平江（今江苏苏州）；北方的接运系统为“都漕运使司”（驻直沽河西务）与“京畿都漕运使司”（驻大都），前者主要负责接纳海道粮，兼及其他各路南来物资；后者将南来粮物运入大都各仓。南北两大系统各拥有布局合理的粮仓。

元政府极端重视海上与大运河上的漕运。元至元二十七年（1290 年），设置戍军保障大运河沿岸。在扬州、集庆（今南京）、镇江各设置万户府 7 个，杭州设置万户府 4 个。元政府设置的万户府，管理军务，分为上、中、下三等，运粮万户掌管海道与运河漕粮运输事务，官阶和诸路万户府相同。为了保障漕运的畅通，在濒海沿江 22 个要害之处增置战舰，练水军，习水战。

随着大运河漕运的日益繁忙，各种管理运河与漕运的职官也陆续设立。元至元十六年（1279 年），朝廷在天津三岔口至杨村间设置了“直沽广通仓”。设正七品大使直接管理，元至元十七年（1280 年），在济宁设立了汶泗都漕运使。元至元十九年（1282 年），在户部下设置江淮、京畿两个“都漕运使司”，秩正三品，下置同知、副使、运判等官。江淮都漕运使司负责江南至瓜州（在今江苏六合）段，京畿都漕运使司接收前司漕粮，负责中滦（今河南封丘南，黄河北岸）至大都粮道，二司各于其关键地设行司、分司，以求上下衔接，年运粮 30 万石。

元世祖中统初年，为适应当时军政需要，始设立专管漕政的专门机构军储所，不久改为漕运所，至元五年(1268 年)改称漕运司，后又改称都漕运司。元至元十九年(1282 年)济州运河开通，再设立京畿都漕运使司，同时设济州运河都漕运司，分掌南北漕政。京畿都漕运使司设运使、同知、副使、判官、经历、知事以及提控案牍兼照磨等官吏，具体分掌各漕运之事。其直属机构有元至元十六年（1279 年）设立的新运粮提举司以及京师 22 仓。元至元三十一年（1294 年）设立的通惠河运粮千户所亦直属京畿都漕运使司。

内漕运司即京畿都漕运使司，立于大都，管领在京诸仓出纳粮斛及运输等项事宜，下设新运粮提举司和通惠河运粮千户所。运粮提举司下辖车户 1450 多人，负责管理通惠河上的闸坝 24 座，桥梁 156 座。为了节制水源，调节水位，保证漕船畅通和停泊，大运河上都修筑闸坝。元至元二十一年（1284 年），有司在八个石闸上分别设置守卒，春秋观水之涨落，以时启闭。元元贞元年（1295 年）四月，在新开的运河闸上。派军队 1500 人，守护漕运并检查往来船只。通惠河上总计设闸官 28 名。会通河上设闸官 33 名，除了闸官之外，还有闸户负责保护和维修闸坝。闸官都属于大都河道提举司管辖，大都河道置提举司官 3 名、幕官 1 名。

实行河海联运时，则设立海道运粮万户府，专掌每年由海路漕运入京之漕粮，设达鲁花赤、万户、副万户、经历、知事、照磨、镇抚等官职。其直属机构有诸海运千户所。元至元二十七年（1290 年），改利津海道运粮万户府为临清御河运粮上万户府，次年又罢江淮漕运司并于海道运粮万户府，皆由海道漕运。元大德七年（1303 年）又改海道运粮万户府为海道都漕运万户府。元延祐四年（1317 年）增京畿漕运司同知、副使各 1 人，元至治元年（1321 年）增置漷州都漕运司同知、副使各 1 人。

五、明代漕运职官

明初，朱元璋定都南京，曾设漕运司，命武职大臣为漕运使督理海运漕政，不久废革。永乐以后，改为都御史并总兵官各 1 人催督粮运，主持漕运。又用侍郎、御史催督，郎中、员外郎分理，主事督兑。漕运管理机构初步建立。

1. 设立漕运总督

明代的漕运管理组织，不仅规模较前扩大，而且机构上也更趋于严密和完备。明太祖时，设京畿都漕运司，设正四品漕运使。后废漕运使，置漕运府总兵官。明景泰二年（1451 年）始设漕运总督，与总兵共同管理全国漕务。漕运总兵和总督两个衙门都设于淮安城（今江苏淮安）。这里的漕运总督部院，一直作为统管全国漕运事务的漕运总督的官署沿用至清代。漕府领卫军十二总共 127600 人，运船 11700 百只，另遮洋总（海军）7000 人，海船 350 只，专职漕粮运输，称为运军。在地方，以府佐、院道和科道官吏及县总书等掌管本地漕事。中央户部和漕府派出专门官员主持各地

淮安漕运博物馆展示的明清历任漕运总督姓名

军、民粮船的监兑和押运事宜。州县以下由粮长负责征收和解运。粮长下设解户和运夫，专供运役。

漕运总督权力极大，官名全衔为“总督漕运兼提督军务、巡抚凤阳等处，兼管河道”。明代的漕运总督既管漕政，还兼任凤阳巡抚。每年的八月，漕督、总兵官等赴京会商明年的漕运事宜。正月，漕督巡视淮安、扬州运段，督船过江过淮；总兵驻徐邳，督船过黄河入会通河。漕督为总管漕政之长，凡征收漕粮、兑运开船、催攒运输、查验核实等一切漕政事宜，均由漕督总揽政令。

2. 各类漕运职官

漕督以下，按不同职责又有领运、攒运、监兑等官。

领运，由各有漕省卫所军士承担。领运之官为把总或指挥。其中，南京 2 员、中都（即凤阳）留守司 1 员、浙江 2 员、江西 1 员、湖广 1 员、山东 1 员、江北直隶 2 员、南直隶 2 员，共 12 总，领 12 万军卫运丁。

攒运，由户部侍郎、郎中，或御史充任。其职责是督催漕船如期开行，以防拖延迟误，同时，漕督、河总及沿运各省巡抚等官都兼负有催攒漕船的任务。

监兑，由户部主事充任。每岁于漕事议事后，令户部主事 5 人分别前往山东、河南、浙江、江西、湖广、南直隶，督同各地官府州县正官及管粮官征兑。凡米色美恶、兑运迟速，皆监兑之官职责，并对起运、征收中的诸弊负有监督之责，上报漕督或总兵官。

漕粮征收主要是面对地方省府州县，因此在有漕各省，也都有一套相关的漕政官制。其中，督粮道为有漕各省的常设机构，由道员出任，主要职责是总理通省粮储，协助巡抚主管本省的漕粮征收和起运。押运，由有漕各省参政出任。江南各省押运参政，于每年五月移驻瓜仪，经理粮船过闸过坝，管押到京。江北各省直接押运北运。所押粮船抵达通州后，须出具粮米无亏印结，然后再将粮船押回本地，谓之回空。至于漕粮征收，则均为有漕府州县正官之责，并由佐贰官监收。明政府还设置了专门的官职以加强对漕运的组织和监督。首先，中央派出五名户部主事充任监兑官，监督兑运；其次，设置攒运官和押运官，负责漕运进京的催督、押运工作；最后，为了监察各漕务官吏的工作，及时处理漕运途中出现的刑事案件，明政府又设置了巡漕御史、理刑主事等官职。巡漕御史由京官出任，负责监察河道及漕运二司的吏治，驻地淮安。在明代，巡漕御史也多由锦衣卫太监充任。为了加强对漕粮的接收、储备及支出管理，在京师成立了总督仓场公署，以专官挂户部尚书，或侍郎衔充总督，全盘管辖北京、通州两地各仓场。总督之下专门负责接收粮食的部门为“坐粮厅”，以户部员外郎主管。明代漕运管理中的漕司、河道与地方，构成了漕运中的征收、起运既相互制约又相对独立的管理体系。《明史·食货志》对三者的职权责任概括为："米不备，军卫船不备，过淮误期者，责在巡抚；米具，船备，不即验收，非河梗而压帮停泊，过洪误期，因而漂冻者，责在漕司；粮船依限，河渠淤浅，疏浚无法，闸座启闭失时，不得过洪抵湾者，责在河道。"

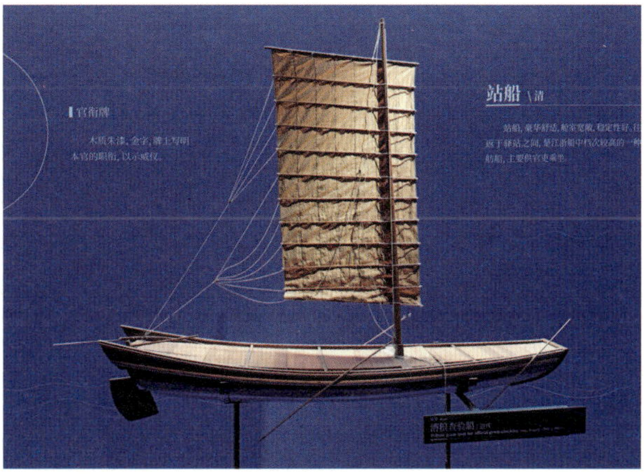

漕粮查验船

3. 设立专职的漕运卫所

明朝的卫所是一个军事机构，其职责之一就是保护漕粮运输。明初，为加快漕行速度，由卫所的旗军运送和监押漕粮。卫所是明代的军事组织，受兵部、五军都督府和省都指挥使司统辖；有漕运任务的卫所隶属于户部所节制的漕运总督。

朱元璋以卫所作为军队的基本编制单位，始于元至正二十四年（1364 年）。明洪武元年（1368 年），朱元璋颁布了卫所编制法则。洪武六年（1373 年）规定以"每卫五千"为标准；第二年又规定"一卫五所"，即一卫下辖五个千户所，一个千户所辖十个百户所，"大率五千六百人"。到洪武二十六年（1393 年），明廷确定了全国卫所的建置，又规定了卫所的职能。卫所军大致分为亲卫军、屯田军、城守军、防倭军和漕运军等。卫所武官和军户均实行世袭制，一人入伍，全家从军；正军缺额，由卫所军余替补；户下无丁，则从祖籍州县军户中递补，以保证士卒来源。卫所旗军的生活及军饷，主要通过屯军及其家属屯种土地收入来解决。卫所制是既能守卫作战，又能保障供给的组织形式。

明天顺元年（1457 年），漕运官兵在各省设立 12 个把总。由漕运总兵官、漕运参将统领 12 把总都指挥，分统各卫所漕运。这 12 个把总共有漕军 127600 人，运船 11700 只。另有遮洋（水军）1 总，有 7000 人，海船 350 只，专司漕粮海道运输。这 13 个把总统称为运军。这些运军士兵来自 124 个卫。这些把总由各卫指挥使和千户长担任。最大的卫所拥有 336 艘漕船，最小的仅有 5 艘。每艘船上设有一名"小旗"负责，一般管辖 9 名水手，其中一名是"纲纪"。

每年，由漕运总督下发漕运命令，指明所要运输漕粮的数量、各卫所应出的船队、目的地。漕粮转运和装上船后，只有小旗和纲纪才能上岸，其他船员必须留在船上。在漕粮起运时，漕军要把漕运官文交给当地知县签名确认，然后呈交到淮安的漕运总督府。漕军的事务都要向漕运总督报告，地方官无权扣押漕军。各省漕粮所集中的港口不同。明泰昌元年（1620年）前后，明廷规定，漕运队伍和漕粮集中点之间每六年一循环。

淮安淮北沿河置有镇道将领，以催促入境漕船前行；在镇江与瓜洲的南漕枢纽处，由镇江道催促，同时由总兵官（后改为副将）巡视河岸，协同督促漕船过江。

4. 粮长制

明洪武四年（1371年），朱元璋首先在江浙一带建立粮长制度，规定凡每纳粮一万石或数千石的地方划为一区，每区设粮长一名，由政府指派区内田地最多的大户充当，这样每州县就会分成若干粮区。后来将这一制度推广至湖广、江西、福建等地。粮长的主要任务是负责所辖区内田赋的征收和解运事宜。具体程序是：州县责成粮长，“粮长督并里长，里长督并甲首，甲首催督人户，装载粮米。粮长点看见数，率领里长并运粮人户起运”。但在其后的五六十年中，粮长又陆续增加了各种职权，如拟订田赋科则、编制鱼鳞图册、申报灾荒蠲免成数、检举逃避赋役人户、劝导农民努力耕种并按期纳粮当差等。在某些地区，粮长还会包揽地方事务，掌握乡村裁判权。粮长犯罪，一般可以援引较之平民远为轻的律例。

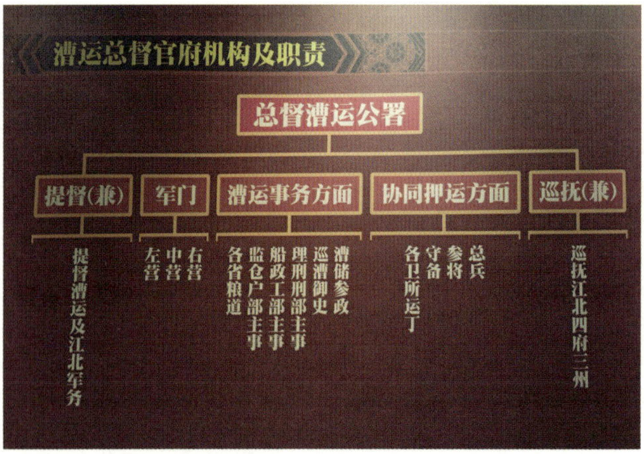

漕运总督下属官员及职责

六、清代漕运职官

清代对大运河的管理进一步加强，漕运管理系统和河道治理系统在职责上更加分明，制度上更加规范。顺治初年，清廷设河道总督和漕运总督各一名，作为负责漕粮运输和河道治理的最高行政长官，正式将漕运总督和河道总督纳入官制，二者均为正二品，兼兵部尚书或都察院右都御史衔者为从一品，与其他八大地方总督地位平等。清漕运总督主管八省漕政，而取消了提督军务兼任巡抚之责。

漕运总督以下有巡漕御史、督粮道、管粮同知等职官，所辖军队称“漕标”。河道总督所属机构，乾隆以后定为道、厅、汛三级，分段管理。属官有河库道、河道、管河同知、通判等，所辖军队称为“河标”。但漕运总督和河道总督衙门内均不设属官，只设书吏 20 人，办理衙门内一应文牍事宜。

清代漕运总督衙门仍驻淮安，管辖山东、河南、江苏、安徽、江西、浙江、湖北、湖南八省漕政，具体负责漕运、检选运弁、漕船修造、查验回空、督催漕欠等事务。从漕粮收缴、起运，到漕船北上过淮、抵达通州，漕督都要亲自稽核督查，运输过程中出现的重要情况均需随时向皇帝报告。清康熙二十一年（1682 年）规定，粮船过淮后，总漕应随船北上，率所属员弁视察运道情况，调度全漕。粮船过津后，总漕即入京觐见述职，而后回淮办理下年之征收起运诸事。

清代漕运组织深受明制影响，但清王朝为了统一漕运事务，将明代漕运总兵和总督的职权合一，形成了在一个漕运总督领导之下的各省理漕官具体负责的体制。为了保证漕运的顺利进行，逐渐建立起庞大的专门管理漕运事务的官僚机构。各级官吏按其职责分别负责，从漕粮征收、运输到交仓，制度严明，自成一个独立体系。各级官吏按职权可分为以下七类。

1. 监督巡查官

漕运总督 1 人，是总管漕运之官。清顺治元年（1644 年）置，官秩从一品，长驻淮安，“掌督理漕挽，以足国储。凡收粮、起运、过淮、抵通，皆以时稽核催趱，综其政令”［（清）纪昀，《历代职官表》卷 60，《漕运各官、国朝官制》］，即负责选用运官、督造漕船、下达运单、催督起兑开运、渡淮、查验回空、调查损失以及督催漕船等，对漕运的各个环节进行全面的领导。同时，直隶、山东、河南、江南、江西、浙江以及湖广等有漕省区的文武官，在经理漕务时也受漕督的节制。

清代漕运总督简表

姓名	字号	籍贯出身	总督职衔	任时（前）职衔	任职时间	离任时间
王文奎（?—1654）	清远	浙江会稽	总督漕运 总督淮阳	兵部右侍郎 右副都御史	顺治二年（1645 年）五月	顺治四年（1647 年）正月革
杨方兴（?—1665）	浡然	汉军 镶白旗	总督漕运 总督河道	兵部侍郎 右佥都御史	顺治三年（1646 年）代	
杨声远	振寰	顺天大兴	总督漕运 总督淮阳	兵部侍郎 右副都御史	顺治四年（1647 年）正月	顺治四年（1647 年）十月革
吴惟华（?—1668）	稚恭	直隶顺天	总督漕运 总督淮阳	户部右侍郎 右副都御史	顺治四年（1647 年）十月授	顺治八年（1651 年）五月革
王文奎	清远	浙江会稽	总督漕运	兵部右侍郎 右副都御史	顺治八年（1651 年）四月	顺治十一年（1654 年）九月降调
蔡士英（1605—1675）	伯彦 魁吾	汉军 正白旗	总督漕运	左副都御史	顺治十二年（1655 年）二月	顺治十四年（1657 年）八月病免

姓名	字号	籍贯出身	总督职衔	任时（前）职衔	任职时间	离任时间
亢得时（?—1659）	佐五	山西太原	总督漕运	兵部尚书 左副都御史	顺治十四年（1657 年）九月	顺治十六年（1659）七月战败自尽
蔡士英（1605—1675）	伯彦 魁吾	汉军 正白旗	总督漕运	左副都御史	顺治十六年（1659 年）七月	顺治十八年（1661 年）九月病免
林起龙（?—1667）	北海	顺天大兴	总督漕运	由凤阳巡抚改	顺治十八年（1661 年）十月	康熙六年（1667 年）闰四月降调
屈尽美	—	汉军镶白旗荫生	总督漕运	由两广总督授	康熙六年（1667 年）五月	康熙八年（1669 年）七月降
帅颜保（1641—1684）	—	满洲正黄旗	总督漕运	吏部左侍郎	康熙八年（1669 年）七月	康熙二十年（1681 年）五月迁工部尚书
邵甘	—	满洲 正黄旗	总督漕运	由督捕侍郎迁	康熙二十年（1681 年）五月	康熙二十三年（1684 年）十二月革
徐旭龄（1630—1687）	元文 敬庵	浙江钱塘 进士	总督漕运	工部右侍郎	康熙二十三年（1684 年）十二月	康熙二十六年（1687 年）四月卒
慕天颜（1624—1696）	拱极 鹤鸣	甘肃静宁 进士	总督漕运	由贵州巡抚迁	康熙二十六年（1687 年）三月	康熙二十七年（1688 年）三月免
马世济	元恺	汉军镶红旗荫生	总督漕运	由贵州巡抚迁	康熙二十七年（1688 年）三月	康熙二十八年（1689 年）三月病免
董讷（1639—1701）	兹重 默庵	山东平原 进士	总督漕运	兵部右侍郎	康熙二十八年（1689 年）三月	康熙三十一年（1692 年）十二月迁左都御史
兴永朝（1682—1701）	—	汉军 镶黄旗	总督漕运	由闽浙总督改	康熙三十一年（1692 年）十二月	康熙三十三年（1694 年）二月迁

2. 粮道

清代在漕粮征集地山东、河南、浙江、江西、湖北、湖南各设粮道一人，江南设江安、苏松粮道二人。协助总漕，“掌通省粮储，统辖有司军卫，遴委领运随帮各官，责令各府漕军官会同运弁、佥选运军”（《清史稿•食货志三•漕运》）。新漕开兑，粮道、监仓亲验，并监督兑粮上船，押运北上。山东、河南的粮道押运粮船抵通州交卸，其余各粮道押运粮船过淮盘验后，即回任料理新漕事宜。清乾隆四十八年（1783 年）后改令各省粮道俱押运漕粮抵临清盘验，然后回任。

3. 监兑官

清代在各省设监兑官数名，由管粮同知、通判担任。其职掌是坐守水次，监督漕粮开兑，验收漕粮成色及数目，然后面交押运官。其运丁勒索、吏胥舞弊以及搀合诸弊，皆由监兑官负责严防。粮船开行，监兑官须亲督到淮，俟总漕盘验漕米完毕方得返回。后因远涉江湖，路途遥远，乾隆年间又改令江西、湖广、安徽省监兑官不再到淮。征收监兑官中河南、浙江、江西和湖南各 3 人，山东和湖北各 6 人，江南 15 人。

4. 押运官

明代由参政一员主事，清代由各省粮道主管，后又兼设押运官，由总督会同省巡抚选派管粮通判担任，专司督押，约束运军，防范侵盗掺和漕米等弊端。后来，由于押运职责重大，通判官卑职微，便进行分工，由粮道押运，漕船回空时仍由通判管押。

5. 领运官

系武职系统，明代设十二把总，分理各有漕省卫所之漕运。清代裁撤把总，漕粮运输工作由各地卫所军承担，领运即由各卫所守备、千总负责。卫所军挽漕北上，船数十只编为一帮，每帮设千总二人，分年番休。一员领运当年漕粮赴通州交兑，一员留省预备领运翌年新漕粮。同时，还在地方选一名武举，随帮效力。领运职责为督率运丁修理漕船，监督帮船按期挽运，管束运丁水手不使其滋生事端，并负责严禁帮船挟带私盐、盗卖漕粮等诸弊。

6. 催攒官

其主要职责是督催漕船如期航行，以防拖延迟误。漕运和河道两总督、巡漕御史，以及各省巡抚都兼负有催攒漕船的任务，在沿运重要处所复设有催攒专官，如山东寿昌有专员驻扎，各按河汛往来催攒。漕船开行，在各段运道逐日行驶里数、某月某日到达某地，都有具体规定。沿运负责催攒的文武官员一俟漕船入境，即须按规定时日催行，不得任使漕船停留。康熙以后，令治河河兵也按汛地催行。

7. 漕仓监收官

漕粮运抵京通，兑收上坝及运交仓库，手续繁杂，官员众多。仓场设总督二员，满汉各一人，以户部侍郎充任，从二品，“掌仓谷委积，北河运务”（《清史稿•职官志》）。凡有关漕务应上报户部的文件，俱照报部式样分报仓场。各省粮道并沿运地方文武官员，都受仓场总督管辖。仓场总督每年春季出巡，查看河道情况，点验河坝经纪、车户和拨船等，以便漕粮到坝起运。各帮漕船完欠情况，须造册送户部查核。有未完解省份，将该省巡抚粮道一并题参。各仓监督亦听仓场总督考核。此外，京通共十五仓，每仓设监督二员，满汉各一人，职务是监管仓库，巡查防弊。又每仓各设都统或副都统一员，御史一员，都统职责为在仓监放八旗甲米，御史则于各仓收来放米之时逐仓检查，防止舞弊。

此外，还有漕运监督作漕运管理的监察系统。清顺治初年，设巡视南漕御史一员，北漕御史一员。清雍正七年（1729 年），以粮船过淮抵通陋规甚多，增设四员，分驻淮安、通州专司稽查。清乾隆二年（1737 年），设四名巡漕御史：“一驻淮安，巡察

淮安漕运博物馆中展示的漕运场景

江南江口至山东交境；一驻济宁，巡察山东台庄至北直交境；一驻天津，巡察至山东交境；一驻通州，巡察至天津”。诸凡催攒漕船、疏通运道等一切漕务事宜，四御史各按辖区巡游察访。

由上可以看出，清代漕运已形成自己独特的组织网络，虽然基本上承袭明制，但却更细致、更严密。无论是漕运总督、粮道，还是运丁，都有严格的职责范围。这表明清代漕运组织的空前严密，规模巨大、路途遥远的漕运能够年复一年地顺利进行，正得力于此。

第二节　负责漕运的人员

漕运需要人，就产生了漕运群体，这是直接为运河物资输送服务的人群，包括在船舶上承担漕粮运输的军队，即“运军”，从事掌舵、划桨、升降桅杆、探测水文、装卸货物等劳务的水手等。这就是漕运的主体，不同历史时期，因漕运的方式不同，漕运主体也不同。

1. 民运

民运，即由农民充当漕粮的运输者。秦代的《徭律》《戍律》是规定徭役与戍边的法律，包括了对漕粮运输徭役的征发。汉代在《九章律》的基础上，颁布了一些单项法规，其中就有关于徭役征发的《徭律》。这些法律法规的制定与实施，有助于规范漕运的管理。秦汉时期，广大农民在大规模的粮食转运中背上了沉重的负担，后代的民运负担更重。“人知军运之苦，不知民运尤苦也。船户之求索，运军之欺凌，洪闸之守候，入京入仓，厥弊百出。嘉靖初，民运尚有保全之家，十年之后无不破矣！”在这种情况下，解户的逃亡屡见不鲜。

2. 官运

唐代开元年间，出现了最早的官运漕夫，部分民运变为官运。裴耀卿主持漕政后，将一部分民运变为官运，刘晏主持漕政，全面改民运为官运；组织了一支精干的官运队伍。北宋的漕粮运输方式也以官运为主，宋代漕运人力有两种：一种是各类役卒，另一种是普通百姓。据《宋史》卷 175《职官志》记载，运粮人夫“或用铺兵、厢军，或发义勇、保甲，或差雇夫力”。宋代开始以军卒代替民役，漕运挽船役卒主要是厢兵。宋神宗时全国有厢兵 50 多万人，这些人平时不训练，战时不打仗，主要从事地方劳役、疏浚河道、修筑道路等。南宋时期，禁兵也变成了役卒，执行漕运任务。南宋的漕运一开始由民船承担，后来为减少对百姓的骚扰，仍改为以官运为主，辅以商运。明清两代民运日益减少，官运日渐加强，并最终取代民运。军运往往与官运结合，官方主导的漕粮运输，往往交由军队运输，这就是军运。

3. 商运

中国古代漕运中，商运一直作为运输方式的辅助形式，除了清代，很少作为主要的运输方式。例如北宋王安石执政期间，发运使薛向雇募了一部分商船参加漕运，这一举动无疑是将百姓从漕役中解放出来的有益尝试。招商漕运是清代漕运中政府的重要举措之一，通过雇募商船运载漕粮、利用运输货物的商船附载漕米等途径完成漕粮的运输。尤其是实行海运之后，招商漕运几乎成为清廷漕运的唯一途径。此前，元明两代虽行海运，但仅“有官运，无商运”，清代海运则是直接雇募商人承运。后因河督张鹏翮的反对而中止。清嘉庆初年，包世臣等人公开提出招商海运的建议。招商海运，提高了粮食的运输效率，清廷较多地利用商人进行漕运工作，如捐输漕粮、运输漕粮、修造漕船等。由于各方面因素的影响，招商海运的呼声逐渐引起了朝廷的重视。清嘉庆十五年（1810 年），嘉庆帝令松筠、章煦等雇用沙船，试办海运。由于保守势力的极力反对，终嘉庆之世，招商海运终未实行。但漕运方式改革的呼声在朝廷内外越来越强烈。到了清末，最终由招商局组织商运代替了运河漕运。

4. 运丁

中国历朝历代开凿和疏通运河，主要目的是运输粮食等各种物资，以满足皇室、朝廷大员以及军队的需求。为保障物资的顺利运转，不少朝代主要依赖军队负责运河漕运。这些专门承担漕运任务的士兵即称为运军，他们是维持运河漕运的重要群体之一。在不同时期，运军的具体称呼有所不同，有的称“卒”，有的称“军”，有的称“丁”，等等，皆是负责漕运的特殊军队。

在西汉时，已有军队承担漕粮的运输，负责具体运输的士兵称“漕卒”。宋代漕运采用“纲法”，以纲作为漕运管理的基本单位，漕运的主要运输劳动者，称为“纲运人”，主要由厢军充任，也有从禁军、土军、民兵中差充者，统称“纲运兵级”“纲兵”“漕卒”。在技能方面，漕卒承担具体的漕运任务，专业性强，必须精通相关技能。在待遇方面，为保障漕运顺利实施，宋朝规定给予漕卒一定的待遇。明代是继宋代以后，主要依靠军队通过运河来运输米粮的朝代。有明一代，运军人数保持在12万～16万人，是运河社会中规模巨大的群体之一。清代，漕粮运输沿袭明代运军制度，仍以卫所军组成运军，“清初，漕政仍明制，用屯丁长运”。具体指挽运漕粮的旗丁，又称漕运旗丁，简称“运丁”。运丁有运输漕粮之责，是清代运河社会中的重要群体。

明代运丁来自卫所的军户，由军人承担运输任务。运军是运河上的特殊群体。一方面，他们遭到朝廷、官吏乃至土豪劣绅的层层盘剥，为填补损失，就“借漕牟利”，利用漕运的机会，通过侵盗、走私等非法手段牟取利益，以摆脱困境，似乎是值得同情的。另一方面，他们在路经沿运地区时，又不免借官方名义狐假虎威，敲诈勒索沿途百姓。明代的运丁即使出现逃亡、缺额等情况，也直接从军户内部选补，并不会涉及民户。清初继续实行卫军制度，清康熙二十六年（1687年）规定：“运丁正身不押运，雇觅匪徒及舵役代运者。将押运通判罚俸六月。”康熙初年严格规定了漕运必须由军户本人承担，而不许雇人代役。在漕运方面也沿用明代的长运法，“用屯丁长运者，令瓜、淮兑运军船往各州县水次领兑，民加过江脚耗，视远近为差”。后来进行了改革，由军户自行遴选运丁水手，运丁由军户逐渐改为雇募民户。运丁运粮，国家给予一定的补贴，作为运粮的报酬。补贴分为三类：一是行粮、月粮、赠贴，修理船只费用；二是准领携带定量货物，并优免关税；三是分派屯田耕种，以资补贴。运丁在漕运官僚体制的最底层，清廷以运丁为中心，形成了以漕船和屯田为特色的配套机构，其中漕粮运输船6300只，运丁65000人，屯地700余万亩。随着漕运的中止，屯田被作为民田发给运丁耕种纳租，成千上万的运丁和水手上岸失业，加入了农民起义军的行列，另一部分成为城市的无业游民。

5. *漕船救护*

漕船在运输过程中，特别是过长江、黄河时容易遇到风浪而倾覆，为加强救护漕船事宜，各河段还设有专门的救生船。清康熙二十六年（1687年），长江设救生船10只，每船设熟悉水性的头舵10人。救生船在冬春三月间分别泊于长江两岸京口、瓜洲渡江之处，漕船渡江遭遇风浪之时，两岸同时出动救护。长江救生船，每年共发给修缮银九十三两三钱七分，舵手10人，每人每月发给工食银一两，都从6升米折项下开支。清乾隆五年（1740年），因黄河水势过大，于两岸设置护生船2只，负责在每年正月、二月、三月间保护漕船横渡黄河。与此同时，还另外雇用民船、渔船协助救护。为了防止受雇民船装载漕米货，各州县需查明船户姓名，取具地邻甘结，发给腰牌，填写各船水手的年貌、住址，同时在船身两边编排号码，责令管河县丞及河标把总经管约束。雇用民船、渔船抢救漕粮货物，由运丁酌情发给雇价。除此之外，地方文武官吏也负有救护漕船的责任。若漕船渡江遭遇风暴，京口总兵官须督率标兵操舟前往抢救。

镇江西津渡的救生会就是负责救护漕船的机构

第三节　漕运制度的发展历程

漕运制度从秦汉到清代，也有一个不断发展、改革完善的过程。

一、秦汉时期的漕运制度

秦汉时期的漕运有其不稳定性。由于社会政治、经济制度处于起步阶段，各项措施都还在摸索中进行，因此，漕运也只是雏形，尚无定制，缺乏统一的组织和计划，还没有从其他部门分离出来，形成独立的经济系统。

秦代为了管理漕运，建立了初步的管理制度，比如颁布仓律，负责国家粮仓粮食的保管、发放；对粮食的调运也有专门的法律，无偿征调民众进行长距离的粮食运送。

在秦末萧何辅佐刘邦与项羽决战时，萧何在关中地区“转漕调兵”，为刘邦最后战胜关羽并统一全国发挥了不可忽略的积极作用。汉代漕运就成为封建国家所涉及的事关国家政权的正常运转、军事给养保证、国家物资资源的正常调动、自然灾害后赈灾物资的有效调拨等途径，是社会经济和社会日常生活正常运转的不可或缺的内容。漕运是当时中央政府的重要经济行为之一，尤其对于供给京师的粮食发挥着不可替代的作用。汉代在盐铁官营制度方面进行一些探索。西汉理财家桑弘羊在汉武帝时期实行盐铁官营（专卖）、均输、平准、酒榷等政策，国家在各地设置均输官，其任务是将各地每年经漕运贡输朝廷的物品按当地市价折算为一定数额的既数量充足又比较廉价的若干种土特产，征收后运往价格较高的地区销售，以赚取差价。这就是所谓均输。均输既能节省地方政府将贡物直接漕运至京师的巨额运费，也能在一定程度上减轻百姓的徭役负担。平准政策是在京师设置平准机构，以国家所直接掌控的物资和资金作为基本储蓄，当市场上价格上涨时就大量抛售，而当市场上价格下降时则大量买进，其作用在于平抑京师的物价并赚取价差。这样国家通过均输、平准这两项制度安排，以达到“尽笼天下之货物”之目的，国家可以控制全国主要的或关系到国计民生的商品流通销售。这些措施得到最高决策者的认可，成为自东汉以后历代王朝付诸实践的理论依据和仿效的样板。

二、隋唐时期的漕运制度

1. 唐初漕运制度

唐朝建都长安以后，庞大的官僚队伍尚未形成，军饷数字还不大，每年经河渭输送关中租粮一二十万石，已能满足需要。到唐高宗咸亨三年（672 年），关中遭饥荒，粮食严重匮乏，才按照监察御史王师顺的建议，通过渭水、黄河漕运河东的粮食以救关中饥馑，并在东渭桥头设置渭桥仓，存储运来的粮食。但此次漕运并未成为经常之制。此后，关中粮食经常供应不足，唐朝政府为暂时解决缺粮困难，皇帝常率百官就食洛阳，据统计，高宗“巡幸”洛阳共达 7 次，玄宗时也有 5 次。

2. 中唐漕运制度

唐开元年间，裴耀卿治理漕政，“凡三岁，漕七百万石”（《新唐书·食货志三》），已为唐初 10 倍。唐天宝二年（743 年），韦坚为水陆运使，“是岁，漕山东粟四百万石”。黄河流域的农业经济是全国经济的重心，关中、关东地区的漕运完全可以满足唐朝廷的需要。

刘晏对漕运制度的改革。唐代刘晏对漕运制度的改革受命于危难之际。安史之乱后，

古代造船厂场景

唐朝从盛世走向衰落，刘晏被任命为户部侍郎、京兆尹、度支盐铁转运使后，即以转运为己任，着力于恢复运河漕运的作用。刘晏对漕运制度的改革，主要有以下五个方面。

第一，疏浚汴渠，以通漕运。汴渠船路开通，“自此每岁运米数十万石以济关中”（《旧唐书·刘晏传》），开通了唐朝国运的命脉。

第二，以盐利为漕佣。过去州县令富户督办漕运，号称“船头”，百姓被派差役，担任船工。这种漕运方法，给百姓增加了许多力役负担，也不利于农业生产。安史之乱以后，北方地区人口减少，经济凋敝，百姓不堪劳役重负。在这种情况下，刘晏“始以盐利为漕佣，自江淮至渭桥，率十万斛佣七千缗，补纲吏督之。不发丁男，不劳郡县，盖自古未之有也”（《旧唐书·食货志下》）。这样不仅可以减轻农民的负担，对农业的恢复和发展也起到积极作用，而且对漕运的恢复以及及时向关中转输大量的粮食，也起到了重大作用。

第三，合理有效地组织漕运。刘晏为诸道盐铁转运使，始于扬州转运，“十船为纲，每纲三百人，篙工五十，自扬州遣将部送至河阴”。刘晏把漕船组织起来，以军将负责护航和押送，以保证航运的安全。刘晏还在运河两岸设置警卫，“夹河两岸，每两驿置防援三百人……分界捉搦”。

第四，刘晏还主持设计创造了适于汴河和黄河三门峡航道的优良船型。在扬州至河阴的运河线上改造的汴船名为“歇艎支江船”，2000 艘，每艘受 1000 斛。这种船船体肥阔，船平舱浅，载重量大，吃水浅，便于装卸。黄河浪急，尤其是三门峡附近旋流暗石，被视为漕运的险途。刘晏因此设计创造了“上门填阙船”，这是一种坚固耐用、善抗风浪的船型。同时，对于挽船所用的纤绳，也重视其安全和耐用性。此外，刘晏又命囊米而载以舟；“囊米”就是用袋装米，也是适应“缘水置仓，转相授给”分段转运的特点，减少了租粮在运输装卸中的损耗。

第五，设置巡奏院，挑选能吏主持。《旧唐书·食货志下》载：“自淮北列置巡院，搜择能吏以主之，广牢盆以来商贾。凡所制置，皆自晏始。”

经过上述种种改革，改变了安史之乱以后漕运的中衰现象，使漕运量又恢复到每年 100 多万石。江淮物资通过汴河输往京城长安，使得唐皇朝在以后对抗藩镇的斗争中，有了较雄厚的经济财力资本。

3. 晚唐漕运制度

晚唐漕运皆按照刘晏的办法，唐德宗时对漕运进行过一次整顿，浙江东西节度使韩滉和淮南节度使杜亚疏浚了黄河三门峡附近险段。针对渭水航运的困难，由陕虢观察使李泌以“方五板”船型改进了渭水运输船只，以适应其水浅沙深的特点，使漕运至东渭桥仓的粮食又达每年 130 万石。然时间不长，由于航道出现障碍，每年漕运数额又降至 40 万石。后来咸阳令韩辽曾疏通兴成堰运漕粮。到唐宣宗大中五年（851 年）裴休出任转运使，翌年八月改革漕运，这时已不再使用漕渠，仍改由渭水运道。

三、宋金时期漕运制度

两宋时期，漕运制度也不断得到完善，尤其是在官职设置与制度管理方面对后代影响较大。

1. 北宋时期的漕运制度

北宋在漕运诸路的物资中，“江南、淮南、两浙、荆湖路租籴，于真、扬、楚、泗州置仓受纳，分调舟船溯流入汴，以达京师，置发运使领之。诸州钱帛、杂物、军器上供亦如之，陕西诸州菽粟，自黄河三门沿流入汴，以达京师，亦置发运司领之。粟帛自广济河而至京师者，京东之十七州；由石塘、惠民河而至京师者，陈、颍、许、蔡、光、寿六州，皆有京朝官廷臣督之。河北卫州东北有御河达乾宁军，其运物亦廷臣主之。广南金银、香药、犀象、百货，陆运至虔州而后水运。州益诸州金帛及租、市之布，自剑门列传置，分辇负担至嘉州，水运达荆南，自荆南遣纲吏运送京师”（《宋史·食货志》），也有部分漕粮通过黄河、御河等漕运给边，以为军用。

北宋时，发运司还掌握一定的籴本，可以根据粮仓粮米多少的情况就地买卖漕米，即所谓的“平籴”，以保证转般仓里始终有粮食。诸路运转司所征漕粮交发运司。若误了航期，发运司则以 100 万贯的“粜籴之本”，就近趁粮价贱而籴粮起运，此法自熙宁变法后更加完善，发运司的本钱从 100 万贯逐渐升到 350 万贯，除保证 600 万石的年运量外，真、泗二仓还有数年储备。江南各路漕船按期至真州等仓后，还可装官盐返航，增加了效益。发运司掌 6000 只左右漕船，纲运制进一步完善，北宋熙宁二年（1069 年）又招募客舟与官舟分运，征召一批商船直运至京。

2. 南宋时期的漕运制度

南宋定都临安（今杭州），其政治重心和经济重心都处于经济最发达、最繁荣的地区，朝廷的军政财政支出，均来自以杭州为中心的周邻区域，就地取材的因素相较北宋也大为增加。其漕运范围主要集中在浙江、长江下游和荆州一带，所有漕粮、钱帛要通过长江、钱塘江、浙东运河、江南运河运往临安，同时通过淮扬运河运到江淮前线，提供军需。财赋多供应淮南驻军及行都，漕运仍极其重要。一般情况是，四川的财赋多供给剑外驻军，荆湖两广的财赋多供给襄、鄂、荆南驻军，江浙、福建的财赋则多供应淮南驻军及行都，其余诸地财赋收入才主要供应皇室及京朝官员等消费，因此漕运性质已有别于北宋。

为此，南宋政权对漕运的路线、地点、数量作了一些规定。对各地驻军的用米、行在的用米数量和由哪些地区负责运送都作了明确规定。从数据可以看出，当时的漕运主要供应对象是驻扎在各地的军队，总数达200多万石，而京城的需求相对下降，只有112万石。南宋除在诸路实行直达法外，在长江、江南运河沿岸的隆兴府、湖口、建康府、镇江府等地分设转般仓，在平江府（苏州）和各屯驻大军所在地设大军转般仓。不同于北宋的是，南宋漕运基本上是征调民船。老百姓不堪其扰，为逃避漕役，有的不惜自毁其船。南宋后期进行了改革，逐渐恢复漕运旧制，并且允许商人入中粮粟，大大减轻了漕民的负担，也保证了前线部队的用粮需求。南宋政府正是靠着这套漕运制度，从后方源源不断地将漕粮运到前线，维系了南宋朝廷偏安江南150年。

江南运河嘉兴—杭州段

3. 金代的漕运制度

金朝从“世宗之世，言者请开卢沟金口以通漕运”，逐步构建起有金一代的漕运网。金政府订立了较为严格的漕运制度，将漕运时间定为春运、秋运两个季节，漕船以30只为纲，凡纲船须在漕运前3日进行检修。发运时，规定日装一纲，装毕再行检查，3日后启行。根据运路道里远近、顺流溯流，定以时限，不得延误。到达受纳仓后，须3日卸船完毕。凡纲船皆雇募行运。

金宣宗贞祐三年（1215年），金政府决定迁都汴京。在汴京刚刚落脚，朝廷即诏令募陈州、颍州境内的民船大兴漕运，但难以落实。遂又命观州（今河北景县东北）漕运司设提举官，召募原在籍船户，实施漕运。同时命户部派遣官员沿运河往来巡察，以保证汴京的供应。

四、元代漕运制度

元定都大都，政治军事重心偏于北方，因此，朝廷所需物资也主要由中原和南方地区运入京城。而京城大都所需漕粮则呈逐年增长趋势。所以当时运河上常常是“舳舻首尾相衔，密次若鳞甲”。

无论是运河漕运，还是海路漕运，担负运输的船户都有一定的报酬，称为脚价。据《元史·食货志》载：“凡运粮，每石有脚价钞。”元至元二十一年（1284年），给中统钞8两5钱，以后递减为6两5钱。元武宗至大三年（1310年），又以福建、浙东船户至平江载粮，道远费广，通增为至元钞1两6钱，香糯1两7钱，次年增为至元钞2两，香糯2两8钱，稻谷1两4钱。到元仁宗延祐初年，再根据漕运道里远近，复增脚价。

五、明代漕运制度

明永乐年间迁都北京，实行南粮北运。为了保证漕粮及时安全北运，在明代逐步形成了一套较为完整的漕运制度。明代是漕运制度的完善期，基于历代的积累和统治者的重视，漕运的组织、机构、政策都达到十分严密和健全的程度。明代漕运涉及的范围很广，由于社会经济的变化，漕运不断发挥诸多的社会功能。

1. 漕军规模

明代漕运的规模可从两个方面来看：一是承担漕运的运军规模，二是起运的漕粮数额。永乐年间，运河初通，漕运军只用南京并南直隶及浙江、江西、湖广、山东四都司卫所的官军攒运，军士及船只均无定数。《明史·食货志》记载，天顺以后，始定运船11770只，官军12万名，分别来自有漕省地的113卫所。至成化、弘治时，据《漕河图志》

南新仓旧址

的记载，运船实际数为 11427 只，运粮官军为 114500 余名。与定额稍有出入，但始终维持在船只万余艘，军士 11 万人以上的规模。

2. 漕粮的征收、兑运及耗费

（1）漕粮征收

明代漕粮征收的起点是各有漕省地的征漕州县，终点是京、通交仓。为了转输起运，在运河沿线设有淮安、徐州、临清、德州、天津五仓，称为“水次仓”。在各征漕州县，漕粮的征收编派有不同的情形，有按田地的等则编派，有按顷亩的平均编派，并且各地的漕粮科则也不尽相同。江南地区，漕粮征收科则较重；江北地区，科则较轻。对于漕粮的类别，江南江宁、安庆等十六府州征收粳糯粟米；苏松常镇等府州则以粳米为主，糯米为次，浙江的杭嘉湖三府征收粳米和籼米；江西、湖广征收粳米兼收糯米。而山东、河南两省则征收粟米和麦豆。各地在征收漕粮前，需要先上交“样米”。“样米”要求必须“干圆洁净”，封好送至户部，然后由户部转发各仓收候（万历后改送各总督衙门转发各仓），等运粮到时，“比对相同，方许收纳”。另外，对送交样米的时限也作出规定，不得迟误。

（2）漕粮耗费

漕粮运法的改变，虽然免除了粮户的运粮劳苦，但随着兑运法的变化，粮户的纳粮负担却大大加重。对纳粮户来说，沉重的负担还不是来自按田地科则征收的漕项正粮，即正米正项，而是随之而来的各种各色的正米耗项。首先是加征正粮耗米。在明初实行支运法时，漕粮由粮户亲自运交，不征耗米。实行兑运法后，纳粮户向运军交兑时需另付给运军一定数量的耗米作为运军沿途的运费。并制定“加耗则例”，规定：粮户向运军兑运，“量其远近，给与路费耗米”（《明会典》卷 27，《会计三•漕运》）。每正粮 1 石加耗额为：湖广 8 斗，江西、浙江 7 斗，南直隶 6 斗，江北淮、扬、凤阳 5 斗，徐州 4 斗，北直隶、山东、河南 3 斗，并规定如粮户自行与运军交兑者也要加征耗米 4 斗（《明会典》卷 27，《会计三•漕运》）。以后虽有调整，但止粮耗米额也多在 6 至 2 斗之间。

除正耗之外，另有“加尖”。所谓加尖，即收正粮时，斛面要锐；收耗粮时，斛面要平。所谓“一尖一平斛收”（《明史•食货志》）。但在实行时，往往是正耗兑收，皆成尖斛，形成“两尖米”收。仅此一项，每石正米的“两尖米”即在一斗左右。

明成化七年（1471 年）改行长运法后，又加征“改兑耗米”。各府每石改兑正米加耗米数量还不一样。为补贴运军过江南粮又加征“脚米”，每石 0.6 斗，后增为 0.9 斗。

明弘治二年（1489 年），又加征“鼠耗米”。其中，兑运米每石加征 7 升，改兑米每石加征4升。明弘治十五年（1502年），据《明会典》卷27，《会计三·漕运》记载，对江西漕粮加征“过湖米”，每石加征7升，“给军作过湖脚耗及什物等用”。明正德七年（1512年），又题准江南正粮每石加征“过江脚米”6升，江北每石加征5升。同时又制定耗尖米折银法，即“耗尖米除随船给运外，余折银，谓之轻赍”。轻赍银的产生是因为运船沿途需要雇车觅夫起剥，以出雇价。因此在耗尖米内，除留下一定数额的本色米外，部分耗尖米按石折银作为沿途起剥雇夫之需。轻赍银的折征是按路程远近而定的，有“三六轻赍”，有“二六轻赍”。以上加征，仅“兑运耗米”每年就加征175.1195万石，“改兑耗米”每年加征20.4937万石，“两尖米”31.2226万石，“轻赍银”44.5257万两。

加工漕粮的工具

以上仅是漕粮的正耗加征，此外尚有各种附加费用，有“船钱米”“水脚银”“脚用米”“贴夫米”“贴役米”“加贴米”“盘用米”“使费银”“芦席米”“松板、楞木银”“铺垫银”“筛飏米”“湿润米”，等等。在明文规定之外，还有名目繁多的漕项使费和因漕务官吏贪索而增加的各种征敛。致使粮户需交纳二石，甚至三四石粮食才能完纳一石正漕，粮户的实际负担超过漕粮正额的2倍到4倍，有的地方甚至多达5倍。

3. 漕粮运输管理法规

漕粮通过运河长途挽运是漕运的中心环节，为了确保漕粮及时安全运抵北京，明朝廷在漕粮运输方面颁布制定了一系列条例法规，主要包括以下几项内容：定漕粮开仓兑运时限、定漕船行程时限、定漕船修造及容载、定运军随带土宜、定漕粮漂流损失处罚、定漕粮挂欠处罚、定民运白粮漕规、定漕运禁令种种。对于漕政禁令，都有相应的处罚条例，轻者包赔降级，重者充军处斩，各视对象情节而论。

六、清代漕运制度

清初因承明制，清统治者在整治漕河的同时，对漕粮的征收、解运及仓场管理等诸多方面都进行了整顿、治理和改革，使清前期的漕运有了相当的发展和繁荣，漕运体制已臻完善。

清代通过规模庞大的文册《户部漕运全书》，全面记载漕运制度。漕运全书的内容涉及漕粮额征、征收事例、兑运事例、通漕运艘、督运职掌、选补官丁、官丁廪粮、计屯起运、漕运河道、随漕款项、京通粮储、截拨事例、采买搭运、奏销考成，等等，每一大项制度还包括多方面的子项。全书的分类内容完全涵盖了漕运事务的各个方面，充分反映了清代漕运制度的全面和严密。乾隆中期，清代漕运总督杨锡绂还编纂了《漕运则例纂》，全面记载清代漕运制度。此外，清廷还通过“例”的形式，不断地弥补漕运制度在针对具体问题时的不足与缺陷。

1. 漕粮运输制度

清代漕船北上时，运输者大多携带南方的棉、丝织品等手工业品及南货特产。在漕船南返时，运输者则主要携带北方的梨、枣、核桃、柿饼之类果品和小麦、黄豆等粮食，以及棉花等北方特产。乾隆时，清廷还规定各地漕船南返时可带数额不等的免税煤炭。

漕运船队

对于漕船的分配、修造和处理，清政府也有明文规定。漕船只数清初为10000多只，后经裁并，保持在6000只以上。清中叶以前，漕运方法一直沿用明制，实行“改兑”长运法。至道光年间，由于大运河受到黄河泛滥的影响，漕船通行困难，一度改道海运，但在河道情况好转之后又恢复了以往的运输方式，直至太平天国起义后，最终放弃河运改为海运，直至清朝灭亡。

2. 漕粮赋税制度

漕粮税制相当繁杂。征粮类别有规定：江南江宁、安庆等十六府州征收粳糯粟米，苏、松、常、镇、太五府州征收粳米和糯米，都以粳米为主；浙江杭、嘉、湖三府征收粳米和籼米，江西、湖北、湖南等省收稻米兼收糯米；山东、河南二省征收粟米和麦豆。

漕米有正米、耗米之分。正米是按田地科则征收的正项漕粮。其中，运京仓者为正兑米，总额330万石。运通仓者为改兑米，总额70万石。正米总额为400万石。

征收漕粮，按正粮征收耗米，每石加耗额按各省距京、通远近而不同。其中，一部分随正入仓，以供京、通各仓和漕运折耗之用，叫“交仓尖耗并三升盘闸作正折耗米”；一部分归运丁作沿途耗费，叫“旗丁沿运盘剥晒飏耗米”。据康熙《大清会典》卷二六对清初正改兑米反耗米规定：正兑米耗米214万石，改兑米耗米为20万石。正、耗米合计为635万石。

清代各省正兑、改兑米每石加耗统计表　　单位：石

省别	府别	正兑耗米			改兑耗米
		随船作耗	轻赍之项	合计	
江南	江宁府	0.40	0.26	0.66	0.32
	苏州府	0.40	0.26	0.66	0.32
	松江府	0.40	0.26	0.66	0.32
	常州府	0.40	0.26	0.66	—
	镇江府	0.40	0.26	0.66	0.32
	安庆府	0.40	0.26	0.66	—
	宁国府	0.40	0.26	0.66	—
	池州府	0.40	0.26	0.66	—
	太平府	0.40	0.26	0.66	—
	庐州府	0.40	0.26	0.56	—
	凤阳府	0.30	0.26	0.56	0.27
	淮安府	0.30	0.26	0.56	0.27
	扬州府	0.30	0.26	0.56	0.27
	徐州府	0.30	0.26	—	0.27
浙江	—	0.40	0.36	0.76	0.42
江西	—	0.40	0.36	0.76	0.42
湖广	—	0.40	0.36	0.76	—
山东	—	0.25	0.16	0.41	0.17
河南	—	0.25	0.16	0.41	0.17

另外，耗米中有“轻赍”项。各地轻赍所占比重多寡视路途远近而定，轻赍银的征收方式与明代基本相同。

道光朝（1821—1850 年）各省轻赍及米折银统计表　　单位：两

省别	原额	道光九年实征额		
		轻赍	易米折银	合计
江南	180134	170146	983	171129
浙江	108300	108000	300	108300
江西	74036	63210	1510	63720
湖广	18075	16920	—	16920
山东	16278	15700	—	15700
河南	15835	9310	—	9310
合计	412658	383286	2793	386079

漕粮之外，江苏的苏州、松江、常州三府和太仓州，浙江的嘉兴、湖州两府“岁输糯米于内务府，以供上用及百官廪禄之需”（《清史稿·食货志三·漕运》），称之为白粮。还有春办米一项，性质与白粮相同。据统计，清初每年征收江浙白粮正米为二十一万七千四百零八石五斗七升，耗米十万二千零十七石四斗九升，春办米六万五千一百一十七石一斗六升，总计三十八万四千五百四十三石二斗三升（光绪《漕运全书》卷 1）。清代漕粮主要集中于江浙地区。江南征漕最重，仅正米每斗定额为一百七十九万四千四百石，而苏州一府就高达六十万石（康熙《大清会典》卷 26）。

清代以漕船为单位定额征收减存银米已是常态和常规，均以每船多少的形式制定。这些减存银米征收后化为专门的漕项银两存入粮道库内，用作造船经费、运丁行月粮、运官俸禄等项开支，形成专门的减存册。

（1）附加税

漕粮附加税名目繁多。如芦席税，无论正兑、改兑漕粮，每米二石征芦席一张，全漕四百万石须征席二百万张，其中本色 17%，折色 83%。征折色每席折银一分，随正漕解交通仓，作为购买用具屯储漕粮之用。

江南、浙江、江西、湖广等省，正兑米石都附征楞木松板，每正米二千石征楞木一根，松板九片。所有木板三分本色，七分折色。其折色部分，楞木一根折银五钱至五钱五分，松板一片折银四钱至四钱五分。

行月钱粮，始于明代兴长运之法后，清仍沿用其制。行粮系军丁出运，军代民劳，间有漕之地派征。例如浙江仅杭州、嘉兴、湖州三府派征漕粮，各军丁行粮则由此三府随漕派征。月粮是运军安家费用，无论有无漕粮，普征于全省各县卫所。

赠贴，专供运军长途挽运沿途盘剥等项开支。清顺治九年（1652 年），改明代的交兑为官收官兑，因而酌定运军赠贴，有的给银，有的给米，又叫“赠贴银米”。其数目各省多寡不一，用于运丁的沿途开销。

漕耗银米，用作津贴运军充兑粮杂费和征漕办公用项。它按石代征，或收银钱，或银米兼收，各省多寡不等。

水脚银，指距离省府所在地遥远运粮困难的州县，特别征收用来作为雇募舟车的运费。另外，水次距仓廒遥远的，自仓上船费用较大，另按石加挑剥费。

以上各项附加税银米数额均由国家规定，但粮户所出实际上远不止此，湖广地区还有簟羡银、厅仓茶果银、解费银、浅船银等随漕款项。另外，运军兑运漕粮，各处官吏对其百般敲诈，运军则转索之于兑粮州县，各种加耗数额与日俱增。

（2）漕粮改征与折征

各省州县征收哪一种食粮皆有规定。改征是改变征收的类别，或以麦代豆，或以粟米抵稻米。改征原因有四：一是因灾荒而改征，清咸丰七年（1857 年），山东、河南二省灾荒，粟米质量较差，改征小麦；二是因种植农产品类别发生变化而改征；三是因政府需求而改征；四是因举行平粜赈济而改征。但凡改征需出特旨，并无常例。

漕粮例征本色，但也有以现银折纳的为折征。折征之目有四：“永折，灰石改折，减征，民折官办”（《清史稿•食货志三•漕运》）。以上皆为永久性折征，还有临时性的，指因一时特殊情况暂时将漕粮改折银两，次年或数年后仍恢复本色。折征有几种原因，或因战争关系，或因交漕地区交通困难、运输不便，或因土地贫瘠生产不足，等等。

影响漕粮数量的因素还有豁除、缓征、蠲免（包括荒蠲、灾蠲、民欠蠲、普蠲）、升科、截漕等。此外，还有改折等皆是影响漕额数量的因素。每年漕运四百万石只是个大概的数目。

3. 漕粮征收兑运制度

粮户缴纳漕粮，起初沿明旧制，由粮户向运输漕粮的运丁直接交兑。为防止运丁勒索扰民，清顺治九年（1652 年）改为官收官兑，明确规定漕粮的征集属于各州县的职责，由州县官吏、差役负责催征。各州县设置仓廒，令粮户送粮入仓存储，俟运船到州县，由州县官负责交兑，解除了运丁直接向粮户勒索的问题。

漕粮改为州县征收，查验米色，应筛应扇，应收应退，均由州县官吏主持。为防止粮户拖欠和吏胥舞弊，征收之前，由州县府预先颁发易知由单，通告开仓日期，听民完纳。按里甲粮户和应纳粮数填成三联单，州县据三联单按户征粮。

粮户完漕以白粳为原则，米粒须干圆洁净。如因漕额甚巨难以输将，或水旱歉收等情况，须预先奏明，准红白兼收，籼粳并纳。

州县置仓收漕有两种方法：江南苏州、松江、常州、镇江等府的漕粮较多，按照区图设置仓廒，粮户交粮皆有定仓，以免拥挤守候。湖北、山东二省和江宁所属，粮多之处也按图设仓，粮少之处直送县仓。浙江、江西、湖南、河南四省，粮户运米到州县仓廒缴纳即可。

清代收漕粮用的方斗

漕政之基础在于漕粮的征收，因而清廷对防治诸多弊端十分注意：（1）收粮力求迅速，严禁官吏胥役勾结作弊；（2）规定收漕时州县官须亲身查验，以防止漕书吏胥营私舞弊；（3）简化征收漕粮手续，防止浮收；（4）严禁州县漕粮私收折色，除非特许折征，一律实物缴纳。并且，对征收官吏实施严格的考核，规定“以十分为考成，欠三分者革职”（《清史稿·食货志三·漕运》）；（5）严格要求粮户按时按量缴纳钱粮（《清世宗实录》卷16，雍正二年二月戊午），有抗欠者按律治罪。

清代粮仓富义仓

与此同时，为保证漕粮的安全北运，清廷制定了十分严密的漕运法规，对司运官吏进行严格的考核。清顺治十二年（1655年）制定漕、粮二道考成则例，明令漕粮逾期未完征兑，对经征州县卫所各官分别罚俸、住俸、降级、革职，责令戴罪督催，完日开复；粮船到淮盘验时如发现粮额不足或米质不纯，监

通州漕运码头

兑官、押运官分别治罪，道、府、厅不揭报者照失察例议处；漕粮运输过程中，沿运文武官吏如催攒不力，听所在督抚参弹；运粮抵通须出具印结，若粮米有亏或质量不纯，令运丁补赔，并将押运官治罪。

第五章 中国大运河漕运的物品与数量

中国大运河漕运都运些什么物品？在大运河漕运的物品中，粮食的漕运是第一位的，其他物品还有食盐、建筑材料、丝绸、木料、瓷器等，凡是与宫廷生活密切相关的生活用品都被列为漕运物品，甚至在明代还有专门用于运送皇帝的龙袍等私人物品的黄船。漕运的粮食数量在各个朝代不一样，从最初秦朝时的数十万石，到汉朝时的600万石，再到明清时期的上千万石，再加上其他各类朝廷所需物品的漕运，老百姓的负担越来越重。

第一节　大运河漕运的数量

漕运的数量根据各个朝廷的需求，历朝历代一直是变化的。

一、秦汉时的漕运数量

秦代时漕运主要是针对军事前线，漕运的数量无常制。由于秦始皇的政策具有严刑峻法的特点，所以百姓深以为苦，“盗多，皆以戍漕转作事苦，赋税大也”。因此，秦代的漕运数量并不多。楚汉相争，刘邦“留萧何收巴蜀租，给军食”，将关中粮食转漕前线以供军食，对汉军的胜利起了重要作用。西汉定都长安，每年需从关东运输大量谷物以满足关中地区的需求，转漕逐渐制度化，漕运数量一直是向前发展的。汉高祖时期，“漕转山东票，以给中都官，岁不过数十万石”。西汉元光六年（前129年），从关东漕运到长安的漕粮数量，增加到100多万石。至汉武帝中期，“诸官益杂置多，徒奴婢众，而下河漕度四百万石，及官自籴乃足”。西汉元封元年（前110年），汉武帝根据桑弘羊的建议，下令允许民人纳粟补吏、赎罪，各农官又多增产，政府的粮食大增，漕运数量一度增到每年600万石，一般保持在每年400万石左右。漕运用卒每年多达6万人。这个600万石的数量可以说达到了明清时的漕运总量。当然，明清时加上白粮及各种折耗补贴，漕运总量实际上达到了上千万石。

二、隋唐时的漕运数量

从唐人杜佑的《通典》中可以了解到隋代诸仓积储，“多者千万石，少者不见数百万石”。这大概就是隋代的漕运数量。

唐代前期，军费都是由朝廷统筹兼顾的，即将军资供应纳入国家财政分配计划，其供应原则强调统收统支。唐天宝初年仍是如此。当时，全国有331个州，镇兵共49万人，户口数为852万多户，17户供养一兵。河东、河西、范阳、朔方、平卢等节度使，共管兵321600人，这些士卒的军资都需朝廷供给。因此，在东北、北方、西北的边防中，大运河漕运起着巨大的作用。唐初，年漕运量不过一二十万石，之后得到蓬勃发展，从唐开元年间直到天宝中叶，漕粮的年运量都能保持在200万石(《新唐书·食货志》:“开元初，河南尹李杰为水陆运使，运米岁二百五十万石”），最高时可达每年四百万石，达到了唐代年漕运量的顶点。

三、宋元时的漕运数量

北宋时期的漕运是由小到大逐渐发展起来的。北宋太平兴国六年（981年）始规定汴河、黄河、惠民河、广济河等四河漕运量：“汴河岁运江淮粳米三百万石、豆百万石，黄河粟五十万石、豆三十万石，惠民河粟四十万石、豆二十万石，广济河粟十二万石，共五百五十万石”（马端临，《文献通考》卷25）。后来，随着漕运地区的增加和扩大，漕运量有不同程度的增加，到北宋英宗治平二年（1065年），“漕粟至京师，汴河五百七十五万五千石，惠民河二十六万七千石，广济河七十四万石。又漕金帛缗钱人左藏、内藏库者，总其数一千一百七十三万”（《宋史·食货志》）。

整个北宋时期，在诸运河的漕运中，唯汴河的地位最重要，漕运量最大。根据《宋史·食货志》的记载，“汴河岁运江淮米三百万石，菽一百万石”，共计400万石；北宋至道初年（995年），“汴河运米五百八十万石”，北宋大中祥符二年（1009年）更是达到“七百万石”，以后每年漕粟700万石。北宋太平兴国六年（981年）始定岁运江淮税米300万石，北宋至道初（至道始于995年）560万石，北宋大中祥符初（大中祥符始于1008年）700万石，其后渐升，真宗、仁宗朝（1023—1064年）因运河设施改善，年运量达800万石。北宋熙宁三年（1070年）一年运米885万石至京。

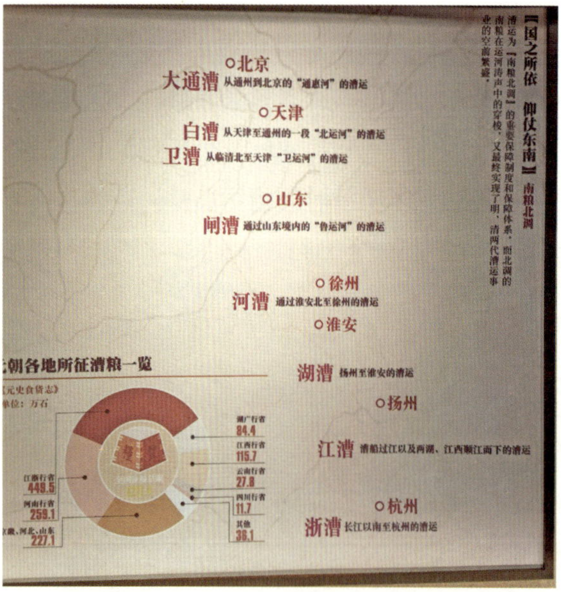

淮安漕运博物馆展示的元代各地征收漕粮情况

靖康之难后，宋室南渡，定都临安（今浙江杭州），漕运线路随之转移。临安地处江南运河终点，临钱塘江，河网密布，水运交通便利。南宋漕运体系以临安为中心作出调整，采取官运为主、商运为辅的方式，运数大致仍在 600 万石。

元朝时，从南方漕运粮米分为海运和河运两部分，海运维持在 200 多万石的水平，最高可达 335 万石。河运也有数百万石，元朝大运河的开通，使政府在南方征收的粮食源源不断地运往大都。元朝廷对于江浙地区粮食的漕运极为重视。根据史料统计，元朝廷一年的粮食征收额为 1201 万石。除去今河北等所谓腹里地区的 227 万石以外，各行省共征收粮食 974 万石，这些粮食大部分都要漕运到大都。元末时两淮运使宋文瓒曾说：“世皇开会通河千有余里岁运米至京都五百万石。”

四、明清的漕运数量

明代建国初年定都南京，北方大部分收入不用南调京师。明成祖定都北京后，漕运的地位迅速提高，400 万石成为漕运的定额标准，明宣德时最高达 674 万石。明成化八年（1472 年）始规定岁运 400 万石的常额。大抵自正德、嘉靖以后，连漕粮改折（约 100 至 200 万石）在内才勉强达到此数。明代自永乐迁都北京后，供应漕粮的地区便只限于六个“有漕省份”。而且其中南直隶的徽州府与滁、和二州还不负担此项义务。这六省地区的田赋同全国各省一样，均被划分为“起运”和“存留”两部分。起运是指运往中央和其他被指定的府、州、县或各边镇、都司、卫所等军事区域的部分。存留则是留供本地政府开销的部分。有资料显示，明代规定全国农民缴纳的漕粮赋税总额是 2950 万石，其中 1200 万石由地方政府支配，800 万石供应西北边防部队，120 万石供应南京，820 万石供应北京。除漕粮外，还有江浙五府供纳的白粮，岁额 214000 石。也就是说，明代实际的漕运量达到了 1000 万石以上。

据《清会典·事例》记载，清初漕运量曾达每年 4081638 石，其中直接运抵北京的漕粮（称“正兑”）330 万石，运至通州的漕粮（称“改兑”）70 万石；江浙白粮 81638 石。再加上应征耗米总数在 500 万石以上。

各朝代漕粮运送总量统计表　　单位：石

朝代	征收数	常年数	最高漕运数
秦朝	数十万	数十万	数十万
汉朝	缺	400 万	600 万
隋朝	上千万	100 万—400 万	缺
唐朝	上千万	400 万	400 万
宋朝	1000 万以上	500 万	885 万

续表

朝代	征收数	常年数	最高漕运数
元朝	1201万	500万	500万
明朝	2950万	400万	1000万
清朝	上千万	400万	500万

第二节　大运河漕运的物品

大运河漕运的物品主要是粮食，从秦汉时的军粮，到后来供百官俸禄的漕粮，再到明清时供宫中使用的白粮，都是以粮食为主。但随着漕运成为常制，在大运河上运送的物资种类也越来越多。东晋时期，定都南方，江南运河和浙东运河发挥了重要作用。无数的货物往来于浙东运河上，比如漕粮、盐、棉花、瓷器、铜镜，还有剡溪产的纸。据记载，王羲之等官员常常把藤纸作为礼物送给朋友。后来，随着漕运制度的不断完善，运河发挥越来越大的作用，大运河上漕运的物品也越来越多，本节主要介绍唐宋及以后大运河漕运的物品。

一、唐代大运河漕运的物品

唐代漕运输送包括粮食在内的所有物资。唐天宝二年（743年），水陆转运使韦坚，把全国各地漕运来的物品用船运往长安广运潭中展览。据《旧唐书•韦坚传》记载：“若广陵郡船，即于伏背上堆积广陵所出锦、镜、铜器、海味；丹阳郡船，即京口绫衫缎；晋陵郡船，即折造官端绫绣；会稽郡船，即铜器、罗、吴纱、绛纱；南海郡船，即玳瑁、珍珠、象牙、沉香；豫章郡船，即名瓷、酒器、茶釜、茶铛、茶碗；宣城郡船，即空青石、纸笔、黄连；始安郡船，即蕉葛、蚺蛇胆、翡翠。船中皆有米，吴郡即三破糯米、方文绫。凡数十郡。”可见漕运物品种类之多。

扬州出土的唐代打马球铜镜

到唐至德元年（756年），安禄山反叛的第二年，国家平时从江、淮、河南地区漕运到漕河仓库的军用物资，总共有布300多万匹、帛80多万匹、钱30多万缗、粮食30多万斛、盔甲武器50多万副。当时扬州的铜镜最出名，宫中人十分喜欢，成为漕运的重要物资。

二、宋元时期大运河上漕运的物品

宋朝的漕运制度更加完善，大运河上漕运物品也越来越多。除漕粮以外，从南方运来的，有广南的金银、香药、犀象、百货，有江南、荆湖、两浙等地的茶叶和皮革杂用之物（《宋会要辑稿·食货》四二之一三）。西南方向漕物的种类也很丰富，宋仁宗天圣年间“两川四路物帛绫罗锦绮绢布绸绵，每日纲运甚多，递铺常有积压，其余药物更有水路纲运，不可胜纪”（《宋会要辑稿·食货》）。而且川益诸州漕运上京的布匹数量很大，真宗咸平年间，年岁运 66 万匹，分为十纲输送京师，而在这之前，布匹漕额曾高达百万匹之多。从西路而来的物资，与东南、西南方向的物资有所不同。东南、西南方向除漕粮外，还以金银、布帛、瓷器等细软贵重物品为主。宋朝金帛盐茶布等“东南杂运”均由大运河运送。另如徐州冶铁，年运数达 30 万斤。徽宗、钦宗时还运“花石纲”。而西路方向除漕粮外则是以薪、炭、马为主，这些物品价值虽不如金银丝帛等，但却是京师不可缺少之物。

元朝每年要从南方漕运粮米百万石（每石合今天的 108 斤），以及数量巨大的丝帛、竹木、茶、盐、糖等商货。此外，还需海运粮食 300 万石以上才能维持局面。大运河船只往来如梭，除了运粮以外，南方生产的丝绸、棉布、茶叶、瓷器、竹子和北方生产的豆、麦、梨、枣、柿子等土产，都通过大运河进行运输交流。浙江盛产棉布、丝绸。松江是元朝的棉纺织中心。《马可·波罗游记》中说，杭州“全城产丝甚多，而商贾由他州输入之数尤难胜计”。据《延祐四明志》卷十二记载，庆元（今浙江宁波）织染丝绸岁额总计 3291 段。元泰定二年（1325 年），宁波拥有州城内最大的织染作坊，

大运河沿线出土的宋代瓷器

元代青花瓷罐

年造宁缎 480 匹。元至正年间（1341—1368 年）改为织染局。这些产品都要通过大运河运往大都。

三、明朝运河上的漕运物品

黄仁宇先生将漕运的宫廷物品分为三类：一是由纳税人运输到京城的，主要是净米、金花银、棉布等，其他的诸如毛笔、纸张、药材、蜂蜜及各类禽畜；二是由宫廷派专人来运输去京城的，如丝织品、瓷器和各地时鲜果品、食物，以及重要建筑材料等；三是商人运输到京城后由宫廷购买的，如硫黄、铜制品、铁制品、漆、木材等。

1. 粮食运输

明代，漕粮是土地税不可分割的重要组成部分。在征收土地税时，一般征收实物，特殊情况下才收钱币。土地税要交送到官仓，运费由农户自己负责。税额一般比较固定。全国税额总数接近 2950 万石。其中，大约五分之一是大麦和小麦，在夏季征收。其余部分主要是大米，在秋季征收。除了粮食之外，明廷还征收丝绸、麻、棉花和布匹等。在 2950 万石税额中，有 1200 万石由地方政府支配，用作官俸、行政费、抚恤养老费、赈济费、官府学校费、地方粮仓储存费等，另外 800 万石主要在华北征收，作为驻守西北边疆军队的军粮，其余不到 1000 万石的税粮，供朝廷花费。从这 1000 万石中支出 120.8 万石给南京，因此北京所得总数在 820 万石左右。这些都要通过大运河漕运。

除漕粮外，还有最重要的白粮，由苏州、松江、常州、嘉兴和湖州五府供纳，均系当地出产的白熟粳糯米。在用途上，漕粮为京、边（北边）军饷，白粮供给宫廷、宗人府及京官禄粮，而且是宫廷酿酒的原料。江浙五府征收的白粮，还得由州县负责运送到北京。知县派遣一些大户来充当“解户”，五年一期，解户每年负责两次解运，每次解运 400 至 500 石的白粮。民解民运的白粮船只，通常于农历五月出发。它们得让漕船先行，常常推迟几十天，在秋天才能到达北京。宫廷酿酒所需的发酵饼，都是从淮安地区运来的，每年需要 48 万斤左右。

2. 北京所需建筑材料的漕运

明成祖朱棣建都北京之前，大力修筑长城，花费 15 年的时间在北京建筑宫殿城墙。为了解决所需的建筑材料，朝廷在大运河沿线建立了一批烧制砖瓦的窑厂，在北京设立琉璃瓦厂；在北直隶的武清县（今天津武清区）、山东临清、窑湾（今江苏新沂窑湾镇）、南直隶的苏州等地则分别设立砖窑厂，主要烧制城砖，也会烧制少量装饰用的花砖、瓦、琉璃瓦等。

明朝中后期，北京城内不断大兴土木，大肆修建宫殿陵寝，包括宫殿园林、亭台楼阁、祭祀建筑、贵族坟墓等，大兴土木所需要的大量木料、砖瓦、石材等，很大一部分需要通过大运河漕运到北京。营建物料数量最多者为烧造的城砖、券砖、细料方砖（金砖）、筒板瓦及琉璃构件，样式数十种。这些物料的烧办地域涉及山东、河南、江苏、江西等地，必须经大运河船载运送至京师。

营建北京皇城的贡砖，则大都出自临清皇家砖窑厂。生产最高峰时，临清砖厂每年的产量为 100 万块。往北去的漕船，每艘都要运输 40 ~ 48 块砖；民船则数量减半；即使运输净米的船只，也不能例外。故宫、皇城、内城、外城、天坛、地坛等建筑所用的砖瓦，都有“临清烧造”的戳印。此外，东昌府的砖窑厂，都由住在临清的工部分司监督管理，所产城砖殿瓦打上临清标志，也运至北京，用于修建皇宫和寝陵等。

只有宫廷建筑才能使用的釉砖是在苏州烧制的，明政府没有设置永久性釉砖厂，在大运河上运输釉砖有专门的驳船。北京建筑用的花岗石，产于淮安、徐州一带，还有无锡城产的青砖，都通过大运河运往北京。

在各类物料中，大型皇木的采集与运输最为艰难，要从四川、湖广、贵州等地深山中砍伐，采得的木材编组成筏，沿各地江河而行，到了扬州后，沿大运河北运，需要三年时间才能到达北京。明永乐年间，因为建造北京城，就从南方漕运了大量的木材。明永乐中期，为营造皇陵，大批木材从长江转入运河北上，竟然导致瓜洲东港淤塞。

临清贡砖烧制

通州发现的巨大皇木

皇家打造家具所用的木料，数量也很大。明成化十四年（1478 年），为了打造皇帝的书架和书箱，用了 600 块木板，都是由南京工部提供的，运输两次才完成。根据南京兵部尚书提交的一份报告，在 16 世纪早期，每年要安排 280 艘船只运输木料、竹子和家具到北京。明嘉靖六年（1527 年），明廷消耗了 8120 根圆木，另外还消耗了从四川运来的 6710 块木板和厚板。宫廷使用的染料，有 13 种 45 万斤需要运输。同时还有 11.8 万斤的生漆、5 万多斤的明矾，11 万斤桐油、8.2 万斤的铜和黄熟铜、2.5 万斤锡、1000 张牛皮等，都是通过大运河运输的。

明万历年间（1573—1620 年），木器厂每年要消耗 27880 根圆木和大小不同的木板。这一时期，运载“皇木”的船只在大运河上往来穿梭。利玛窦这样描述大运河上运输木材的情景：“神父们一路看到把梁木捆在一起的巨大木排和满载木材的船，由数以千计的人们非常吃力地拉着沿岸跋涉。其中有些一天只能走五六英里。”明万历二十四年（1596 年），修建皇宫总共使用了 16 万根圆木，大部分是从大运河上运输过来的，这些木料从崇文门上岸。今天在通州皇木厂遗址仍可看到巨大的皇木。

3. 北京所需生活用品的漕运

除粮食外，明朝大运河漕运的还有新鲜蔬菜、水果、纺织品、木材、文具、瓷器、油漆等，几乎北京需要的所有物品都通过大运河运输。箭杆和制服之类的军需品，笤帚和竹耙之类的家具，也要通过大运河运输到北京。福建和浙江的茶叶种类多、品质佳，是当时重要的贡品，也随着运河行销至北方。竹木是输入北方地区较多的建材原料，竹木制作的各种器物在北方城市也很有市场，比如纸、笔等用具。据统计，大约有 12000 艘船只用于运输漕粮，另外 2000 艘用于从南京向北京运输各种各样的物品，包括安徽产的墨块、宣纸等。

（1）金花银

和元代一样，明代漕运还有一项极为重要的任务，就是将南方各地的贡赋帑银输解进京。上解帑银一律装鞘，即将整木锯开掏空，将银装入后用铁皮束紧。每鞘装银 500 两，够 16 万两专拨太平船一只，够 20 万两专拨沙飞船一只，并根据解银多少，委任同知、通判或护兵等专程押解，到京后交由户部开鞘兑收，

明正统元年（1436 年），明英宗下旨创造了所谓“金花银”。在福建、广东、广西等地征收的土地税，由户部接收的土地税，以及在南直隶、浙江、江西、湖广等省一些特定府县征收的土地税，总数为 400 万石，规定用钱币缴纳。长江三角洲缴纳的金花银占全国总数的三分之一。以两钱五银子兑换一石粮食计算，此笔收入每年多达 100 万两的金花银，通过大运河运输，每千两还要额外从纳税人身上征收 8 两服务费。征收上来的银子要熔化成圆形的银锭，每块重约三斤六两三钱。有些府县由官吏负责运输，运到北京后，由户部验收并存放在承运库，变成皇帝个人的开支。不过，存放

加工银锭的炉子及银锭

在太仓的银锭除外，太仓是由户部负责管理的仓库，这里存放的银锭是公共资金。

（2）食盐在大运河上的漕运

运河上的运盐船

食盐的运输与大运河密不可分。长芦盐场和两淮盐场两大产盐区都在大运河东面的海岸上。渤海湾每年的食盐产量，价值 18 万两银子。两淮盐场的产量，价值 68 万两。盐场所产的食盐绝大部分要经过大运河运输，才能分散到内陆各地市场。按照明朝廷规定，产于山东半岛的食盐，专门供应徐州、邳州地区，也需经过大运河运输。

宫廷和宗人府每年消费的食盐共有 234 吨，都由两淮盐场供应，必须通过大运河运输。明弘治十四年（1501 年）分配的 160000 吨食盐，所占船只为 100 ～ 200 艘。明朝中后期，在大运河运输上占控制地位的有两大商人集团：一是徽商，二是晋商。徽商以茶叶贸易起家，后来主营食盐；晋商以贩卖食盐起家，后来转向银当。沧州、张秋镇、清江浦、扬州、仪真，都是盐商的船只经常停靠的口岸。

（3）衣料在大运河上的漕运

明代，江南的棉纺织业被北方取代了，但丝织业却繁荣了起来。北京、苏州、杭州、绍兴、嘉兴、湖州等地丝织业发达，杭州的织锦最著名。按照明王朝的规定，商人不得穿戴丝织品。能够穿戴丝织品的有皇室宫廷人员、官吏、通过各级考试的士子、官员家属等。皇帝还会把丝织品作为礼物赏赐给和尚、藩属国的使者等。

明朝初年，在南直隶设立宫廷织造厂。从明天顺四年（1460 年）起，明廷每年派宦官到长江下游去从事采办任务。除了宫廷织造厂纺织制造的之外，南直隶和浙江省的十个府每年也要进贡一部分。浙江进贡著名的“辑里丝”，具有细、圆、匀、坚、白、柔、韧等特点。明天顺八年（1464 年），苏杭织锦 7 万多匹被漕运到北京。据《明史》记载，明代每年通过大运河运输到北京的丝织品数量大约为 24000 ～ 32000 匹。此外，当闰年（即一年有 13 个月）时，要多交 2679 匹。

据利玛窦在《十六世纪的中国——利玛窦札记（1583—1610 年）》一书中记载：一位身居要职的太监率领六艘马船载着丝绸，正要动身去北京。利玛窦神父和他的同伴们在这样一艘船上分到了一个舒适的位置，地方宽裕，不但放得下个人的行李，而且还可以堆放一所新房子和一座设备齐全的教堂所需的家具。这个船队是由那位给利玛窦神父之行签署官方文件的皇帝顾问派遣去北京的。

大运河运输棉花的船

苏州、杭州、南京等地有专门的船只运输丝织品。苏州本来有8艘，明天启四年（1624年）又增加了2艘。其他地方也大致有这么多船只。

华中和华南的皮革也通过大运河运输到西北地区。济宁、临清的棉布都是通过大运河从南方运来的。棉布作为土地税的一部分，也从长江下游地区征收。布匹从嘉定、太仓、昆山、武进、宜兴、华亭、上海、青浦等八个县征收。早期规定的年运输布匹定额是20万匹。到17世纪，定额逐渐增加到32万匹。县衙门向农户征收用来购买布匹的银两，然后把银两支付给解户。解户收到银两后，就同纺织者订立合同，按照官方要求生产布匹。解户雇船载着布匹沿着大运河运往北京。以华亭县（今上海松江区）为例，每年要运输16185匹优质布和48935匹粗布，总价值为30847两银子，由四个解户负责运输。他们沿着大运河到北京一趟需要8～10个月的时间。

（4）瓷器在大运河上的漕运

朝廷所用的瓷器，很大一部分需要漕运。饶州府景德镇官窑负责生产宫廷所需要的器皿、鱼缸、围棋子等。在饶州府，有七个县提供劳力，用柳条箱装载瓷器，并通过陆路运到南直隶的池州府，然后在池州装船，船在大运河上的运输由朝廷负责。运到北京后，瓷器交由宗人府负责。明代隆庆帝在位仅仅六年，景德镇就为宫廷烧造了十多万件瓷器。从明万历十九年（1591年）开始，景德镇为宫廷烧造了23万件瓷器。宫廷消费的酒瓶也是瓷器，在仪真和瓜洲大批生产，酒瓶制造厂由工部负责管理，每年要烧制10万个。在运输过程中，每30个酒瓶装成一小包，装在运输漕粮的漕船上，直接运到北京。

景德镇的瓷器，除了工部负责为宫廷制造的外，其余大部分用于交易。明朝末年，私人瓷窑每年制造的瓷器总量为3600万件，瓷器运输主要通过水路，大运河在瓷器运输中起着重大的作用。北京、山西、河北、山东等北方各地的瓷器一般都是经过大运河运输的。据《淮安府新志》记载，在征税名单的前13种商品中包括瓷器。近年来，江苏淮安市楚州区河下古镇发现了一处大型元、明龙泉窑瓷器碎片遗址，出土了 11 万片将近 22 吨的龙泉窑青瓷片，其中不乏龙泉窑中的精品瓷片，为官窑御制进献皇家使用。经考古人员修复的瓷器有碗、盘、盏、炉和高足杯等 30 多个品种。明洪武至天顺年间，龙泉窑为宫廷烧造青瓷，通过漕运送至京城。而淮安作为漕运总督衙门所在地，龙泉窑贡品在此拣选，其中的精品成为皇宫用品。

在淮安运河故道出土的明代瓷器碎片

大运河沿线出土的青瓷

4. 漕船制造材料的漕运

关于明代在大运河上进行航运的船只数量，历史记载中有多种说法。正统年间（1436—1449）。大运河上的载重大船已达 11700 余艘，外加朝廷的水师船，驿递船及民间商船，常年从事航运的船只不下两万艘。天顺年间（1457—1464 年）之后，漕船数量规定为 11775 艘，漕军定员为 121500 人。崇祯初年，漕船增加到 12143 艘，明朝后期仍有 9000 艘漕船。标准漕船的载重量通常为 400 石。这些船只的平均使用年龄为 5 ～ 10 年，因此每年需要补充 2000 艘新船进去。制造和维修这么多漕船，需要大量的材料，而这些造船材料本身也是通过大运河来运输的。

5. 军事用品在大运河上的运输

制造盔甲、刀、剑、弓、箭等武器装备，需要黄铜、青铜、胶水、羽毛、麻、牛筋、箭杆等材料。这些材料很大一部分来自长江下游地区，都需要通过大运河来运输。每年大约要征收 15 万斤以上的麻和 12000 斤以上的胶水。官府向江浙一带民众摊派制造弓箭的任务，明宣德三年（1428 年），浙江省一名官员为金华和台州的百姓上奏：“户口较洪武时耗减，而岁造弓箭如旧。”万历皇帝统治时期，每年有 128 万支箭由南直隶和浙江、江西、福建等 3 省 12 个府提供。

各省共同承担军队冬季服装的供应，冬季服装是由棉布缝制的，有红、绿、蓝等颜色，重约三四斤。这种服装的缝制由各省布政使司负责，但运输的任务却让老百姓负责。每年有 25000 ～ 30000 件服装由船只在大运河上运送。明朝早期，马的饲料也通过大运河运输到北京。从南京出发时，每艘船装载 1000 捆草料。明朝后期，福建和浙江两省每年向北京运输生铁 83 万斤左右，其中福建承担 90%。

6. 大运河上漕运的其他货物

明代，北京城所需要的物品中，除了煤炭、木炭、毛织品、琉璃瓦、搪瓷器和小部分出产于华北地区的丝织品外，其他大批运输的物品产于南方，都是通过大运河运输到北京的。运输贡品的船只是黄马快船，工部有 30 ～ 60 艘黄船，专供皇帝使用。但在大多数时间里，也被用来运输贡品，包括运输龙袍等皇帝专用的物品。洪武初年，马船、快船设于南京，最初作为在长江和沿海进行水战的战船，明成祖迁都北京之后，宫中所需的食品物料大多取自南京，马船、快船遂成为运送贡品的专用船只。最初有 817 艘，雇用 20360 名水手，后来经过多次裁撤，最终归南京兵部车驾司掌管，到明朝后期，马船总数在 750 ～ 958 艘之间。

贡物名目繁多，需要大量黄马快船。来自南京附近卫所的士兵负责保护船只，每纲由宦官一人押运。载运皇室贡品的马快船每年春天由南京陆续北上，秋天陆续编队返回，每艘马快船常常需要 40 ～ 50 名纤夫拉着。

从明永乐年间开始，在皇家祭祀大典上，需要从南方运输来食品。这些从南京向朝廷运输的食物，有的可以存放，如牲畜、家禽和干货等；有的容易腐烂变质，如鲜鱼等，需要有冷藏功能的船来运输。例如，运送南京特产鲥鱼的冰鲜船，每年五月十五日自南京开船，六月末到北京。这种船昼夜行驶，沿途索冰更换，急如星火。

大黄船

根据《成化实录》卷 21 记载，明成化元年（1465 年），南京吏部郎中夏寅，在从北京至徐州途中，见马快船所运货物不过一箱一柜，而辄用一船，夹带客商，多载私货。如运木犀、龙衣本来两箱就够了。宦官索取更多，最少需要七八只船，最多则需要十多只船，大多满载私货，有的还附载着闲人。15 世纪中后期，明宪宗命令每年给予宗人府享用的牲畜不应超过十万只。

大部分猪、羔羊、鹅等牲畜产自浙江、江西和南直隶。江南各州县供应的家禽和牲畜在南京征收，由官府负责运输到北京。为了运输鲜鱼，在江北建造了冰窖，两艘船只运输茶叶，两艘运输香油，五艘运输竹笋，四艘运输荸荠。运输这些宫廷消费品时，船只通过水门具有优先权——一路上有 200 ~ 300 名劳力拉纤。根据南京兵部尚书提交的一份报告，在 16 世纪早期，每年要安排 110 多艘船只运输水果、新鲜蔬菜、鱼、腌制食品和熏肉。另有资料指出，大约在同一时间，需要 162 艘船只来运输鲜花和食品，其中有些是用来祭祀的。

古代用蜡来照明，明万历二年（1574 年），45 万斤左右的蜡在江浙一带被征收，其中大约 15 万斤要通过大运河运往北京。大约 115000 斤茶叶和 182 斤灯芯也是通过大运河运输的。据《宁国府志》记载，上贡的物品包括黄蜡、蜂蜜、肥猪、肥鹅、鹿、药材、鹿皮、箭杆、扫帚、历日纸、山羊、铅木、金箔、猪竹、丝线、毛笔等。例如，毛笔有 5000 支来自宁国府，5000 支来自两直隶的太平府，还有 1 万支来自浙江。

朝廷所用纸张全部由江南各省供应，其中湖广占主要部分。在明景泰、天顺年间（1450—1465 年），朝廷每年需要印刷日历 509700 册，所需要的纸张重达 20 ~ 30 吨。在 17 世纪早期，浙江、江西、湖广每十年就必须向朝廷提供 666666 张红纸和绿纸及 1333333 张白纸。此外，明朝廷每三年或五年也要购买 8 种纸，总数达到 1600 万张。

明正统、景泰年间（1436—1457 年），每年运给太医院的药材，超过 118000 斤，其中有一半药品需要通过大运河来运输。

四、清代的漕运物品

清初学者孙承泽在著作《天府广记》中总结：“京师百司庶府，卫士编氓，仰哺于漕粮。”清代，除了漕粮之外，在大运河上航行的船只还运输其他各种物品，清政府规定，每条漕船可以随带土宜 60 石，予以免税。南方的木材、云南的铜铅，沿线各地区的工农业产品及土特产品，多依靠这条水上运输线转运。其中相当大的一部分即靠漕船携带运输。《清高宗实录》卷 1232 记载，有各种商货由漕船“帮载带京”之语。假若以每岁 6000 艘计算，每年在运河上的免税货物即达 36 万石，约占实征漕粮的十分之一。加上运丁、水手私带的货物，沿途商贾托运的货物，实际上运输的货物，远远超过此数。漕船回空随运的货物更是无法计算。清朝实行商运，准许船商载运免税货物二成进行贸易，这一做法不仅鼓励了许多船商参加海上运粮，而且带动了商业贸易的繁荣。

1. 食盐的漕运

18 世纪，盐商是中国不可匹敌的“盐王”，30 家盐场每年可获利 200 万两银子。清代的盐课（盐税）岁入，是清政府除田赋之外最重要的财政收入之一，达数百万两白银之多。以清道光二十一年（1841 年）为例，全国财政总额为 4125 万两，盐课为 747 万两，占总额的 18%。两淮产盐的盐场共 23 个。道光初年，两淮运司每年共纲运食盐 168.5 万引（“引”为食盐的计量单位，淮北每“引”400 斤，淮南每“引”则是 600 斤），每年两淮盐商输纳的正杂课银约 500 万两。长江流域里各省每年的田赋占全国田赋的半数以上，两淮、两浙盐商盐课在道光时达到 500 多万两，这两项占到清政府每年财政收入的三分之二左右。清代，两淮的盐商每年将数百万引的食盐，运销苏、皖、鄂、湘、赣、豫各省，这些食盐都要通过大运河运输。

漕运大军为了获得高额利润，还经常冒禁贩运私盐等货物。当时，在天津收买一石私盐不过三四钱银，而运到江南可卖三四两银，“以十倍之利”，故在漕船中屡禁不止。这种独特运销活动的存在，无疑极大地丰富了南北各地的市场。

扬州是两淮盐商的大本营，盐商通过大运河贩卖米、盐、丝、茶、纸、墨、木材等货物，发家致富。在江浙地区运河两岸的城镇，两淮盐商建设园林书院、刊刻书籍、蓄养戏曲艺班、兴修水利等。两淮盐商还到北京帮助皇家建设园林。如清乾隆二十六年（1761 年）、乾隆三十六年（1771 年），乾隆皇帝为其母皇太后祝寿时，每次均要两淮盐商去北京，负责装修京师西华门至西直门地段的景点，耗银达七八十万两。

清代用于称重的圆形权，藏于淮安市博物馆

扬州盐商宅园——个园

2. 茶叶的漕运

大运河漕运的商品贸易一直辐射到西北，为大西北的民族团结起到了巨大的作用。自唐朝以后，历代封建王朝都非常重视并大力经营西北地区的茶马贸易。明嘉靖年间，宁夏府的商贸活动就十分活跃，宁夏府的毓秀、抵新、谯楼等坊市，有经大运河转运而来的苏杭杂货、鱼肉、五谷等商品。反之，宁夏地区的牲畜、布匹、杂货、山货也可以通过大运河运输到苏杭或者更远的南方。

清初，政府非常重视茶马贸易。在西北边疆地区以茶易马，以备军需之用，并以茶马贸易作为重要的经济手段，达到巩固边防和控制边疆少数民族的政治目的。清代茶树的种植比明代更加普遍，除了原产地四川、湖北等省外，更遍及江淮流域各省区，安徽、浙江、福建、湖南等省都有种植。安徽霍山县、浙江于潜县、福建武夷山等地的民众，基本上都是以种茶为生。

在茶政方面，清承明制，“明时茶法有三：曰官茶，储边易马。曰商茶，给引征课。曰贡茶，则上用也。清因之。于陕甘易番马”。茶课，清代也是沿袭明制。用“引茶”征税，由茶商向政府“取引”。然后按“引”买卖。清代，地方茶商主要经营“官茶贸易”。安徽、浙江等地的茶叶，首先经运河运输到北京，然后再运输到甘肃的河州等地。

3. 建筑和建造材料的漕运

修筑宫殿、园林、陵墓、庙宇，制造漕船等需要的各种材料，都需要通过大运河运输。

造船厂的选址一般沿江或沿河。制造漕船的各种材料，也需要通过大运河来运输。清顺治二年（1645 年）南京厂改为江宁厂，直隶厂改为江南厂。江宁厂的造船业务转

天坛祈年殿

给龙江造船厂，剩下的船厂时设时停，清康熙七年（1668 年），又将西河厅并入东河厅。到清雍正二年（1724 年），清政府彻底关闭了这里的所有船厂，终止了这里近 300 年的官办造船业。乾隆皇帝下江南过淮河时，龙舟就多驻泊在直隶厂。

龙江造船厂还兼管收税，向过往船只征收造船用的竹木等物，税率是三十税一。起初没有定额，货多则多征，货少则少征，每年大约以 12000 两为标准。征收制造漕船货物的税名，有所谓“抽分”“余羡”“船钞”三种。为运河工程所征的税收，有“由闸”“石价”“梁头”“扣利”“折夫”等几种名目，共抽分银 51225 两一钱。清康熙九年（1670 年），龙江厂归并淮关后即废止。

北京、天津、泰安、扬州、南京等运河两岸重要城市，建筑庙宇的材料也通过大运河运输。清康熙八年（1669 年）二月，布政司施天裔命令重修泰山上的岱庙，所用建筑材料大部分从大运河上运来。在南京，主办人员花费 1600 两白银购买杉木 2000 根，又花费 750 两白银雇用排夫把杉木捆扎成水排，从长江、运河运至济宁。这些水排用纤夫 300 名，自七月十五日从南京开排，到第二年八月才到达济宁，用时将近一年。桐油、银朱、铜绿、宫粉、大绿、赤金、胜黄烟子、黄香等料，也雇船运到南京，再沿长江、大运河运到济宁，用时 36 天。之后，再从济宁雇车运到泰山。在南京请的 64 轴圣像、四身锁金法衣，也都是先从水路运到济宁，再转陆路运到泰山。在北京铸造的“铜香案”有 300 多斤重，也是沿着大运河运到泰山的。

清代，无锡的砖瓦窑有一百多处，这里的砖瓦通过运河运往北京、南京、杭州等全国各地。

4. 图书的漕运

在唐、宋、元、明等各朝代的对外交流中，大量的中外图书通过大运河运输，大运河在中外文化交流上的重要性十分明显。就是在漕运线路上，经过大运河运输的图书，

泰山上的岱庙

无锡运河边的砖瓦窑厂

宁波天一阁

雕版印刷实物照片

聊城海源阁

也数不胜数。自元代会通河开通后，山东运河区域便书院林立，硕儒云集。据明清两朝所修《山东通志》的记载统计，书院兴盛，带来了刻书业、印书业和公私藏书的发展。聊城的刻书业十分繁荣，创始于明初的《好友堂》印卖蒙学课本、通俗读物及唱本之类，行销甚广。清代二十几家书坊集中在聊城。据记载，“书业德”资本雄厚，书板达千余种。在济南、祁县等地设有十多个分号，所刻印的木版书沿运河行销于京师、冀、鲁、豫和江南各省。

扬州更是从唐朝时就成为全国的雕版印刷中心，在扬州印刷并经过大运河运往全国的图书更是数不胜数。苏州也是明清时期的雕版印刷中心，清朝中期，古代四大私人藏书楼之一的东昌府海源阁藏书楼，借大运河航运之便汇集了南北各地珍籍。

海源阁之珍本秘籍中十之八九来源于苏州等地。海源阁的主人杨以增，曾任江南河道总督八年，收购江浙诸藏书家珍善本书甚多。这些江浙旧籍成为海源阁藏书的主体。海源阁第二代主人是杨以增次子杨绍和（1830—1875 年）。杨绍和中进士后在京城做官，清同治五年（1866 年）春，京城的怡府乐善堂藏书散出，他购买了明刊宋元人集及各子书善本百余种，还有元朝末年版本的图书。杨绍和雇用回空的漕船，沿运河南下运回聊城。

5. 丝织品的漕运

在皇帝服装的制作和运输上，清代继承了明代的做法。江宁、苏州、杭州所织造的绸缎，经大运河运输到北京。浙江是官府贡丝的主要地区之一，清代著名的三大织造之一设在杭州，主要织造御用衣服和纺丝绫、杭绸等。例如，清光绪六年（1880 年），杭州年产绸缎 316505 匹。另据记载，清顺治十三年（1656 年），荷兰外交使团在大运河上航行时，发现为皇帝运输丝织品的船只全部雕梁画栋，装饰华美。清雍正五年（1727 年）五月，曹雪芹的叔父曹頫在押运绸缎至北京，路过山东长清时，因未按照规定索要夫马和雇用骡子的银两，被山东巡抚告发，最后被革职查抄家产。

在西北边疆和东南地区的经济交往中，大运河也发挥了巨大作用。新疆和东南等地区的丝绸贸易，得到了清政府的大力支持和鼓励。清初，东部各地区与新疆的贸易是比较单一的茶马贸易。后来，从东部各地运往西北的商品主要有茶叶、江南的丝绸、山东的茧绸、山西的泽绸，以及布匹、铁制农具、大黄、陶瓷、缎匹等。西北运往东部各地区的则有牛、羊、马、骆驼、皮毛、葡萄、羚羊角等农产品。

清代，东部各地区与新疆的丝绸贸易是官办的。清乾隆二十二年（1757 年），清政府开始与哈萨克族进行丝绸贸易。即使在清军平定南疆大小和卓叛乱期间，这种贸易也没有停止过。根据有关历史档案记载，在从乾隆到咸丰年间的近百年里，运往新疆的绸缎大约有 443440 匹，平均每年约为 4619 匹，都是从大运河运输的。江宁、苏州、杭州三织造和其他各地运往新疆的，主要有缎、绸、绫、绢、纱五大类。缎有近 20 种，绸有十几种，纱有三种，绫只有一种。这些丝绸最长的四丈，最短的一尺八寸。通过提供丝绸等物品，清廷加强了新疆各族对自己的忠诚。同时，清廷也从哈萨克族、柯尔克孜族、维吾尔族等民族那里获得大批军马，以及食用的牛羊等。

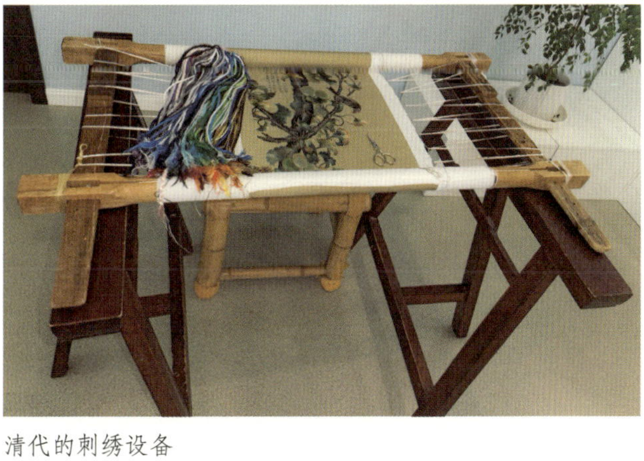

清代的刺绣设备

织布机

江南织造府遗址

第六章 中国大运河漕运的社会功能及影响

“国家大计，莫过于漕。”历史上，每个封建政权的建立、王朝统治的稳固及其对全国的统一，都离不开强大财力的支持，而作为历代王朝重要经济命脉的大运河，则在漕运中发挥着举足轻重的作用。漕运的兴衰，对历代王朝的政治、经济、社会生活等方面都产生了一定的影响。本章重点介绍漕运对大一统国家的巩固作用，以及明代和清代漕运的社会影响。

第一节　漕运对大一统国家的巩固

《中国大运河申遗文本》这样表述：中国大运河是解决中国南北社会和自然资源不平衡的重要措施。它的建成和持续运行实现了南北资源和物产的大跨度调配，沟通了国家的政治中心与经济中心，促进了不同地域间的经济、文化交流，加强了中国南北方政治、军事、文化等方面的紧密联系，在国家统一、政权稳定、经济繁荣、文化交流和科技发展等方面发挥了不可替代的作用，对中国和世界历史都产生了巨大和深远的影响。漕运的作用首先表现在其巩固了中央集权国家的统治。

一、漕运粮仓与楚汉之争

楚汉之争时，秦王朝建立的漕运仓库敖仓关系重大。占领漕运仓库附近地区，是刘邦最后战胜项羽的重要原因之一。

楚汉相争，鸿沟、泗水、濉水、济水、黄河等河流两岸地带，以及秦王朝的漕运仓库敖仓（今河南荥阳境内），是决定双方命运的要地。关键的彭城之战、成皋（今河南荥阳汜水镇）之战等，都发生在这一带。汉高帝二年（前 205 年）“春，汉王部五诸侯兵，凡五十六万人，东伐楚……四月汉皆已入彭城，收其货宝美人，日置酒高会”。彭城是楚的都城，项羽亲自率三万楚军精兵南下，从西向东进攻彭城，大败汉军。汉王刘邦逃到下邑（今安徽砀山县），然后又到河南荥阳，在荥阳收集残部。萧何又发关中老弱去荥阳，汉军复振。汉军在荥阳“筑甬道属之河，以取敖仓粟”。

据《史记·郦生陆贾列传》记载：汉三年（前 204 年）秋，项羽击汉，拔荥阳，汉兵遁保巩、洛。楚人闻淮阴侯破赵，彭越数反梁地，则分兵救之。淮阴方东击齐，汉王数困荥阳、成皋，计欲捐成皋以东，屯巩、洛以拒楚。郦生因曰：“夫敖仓，天下转输久矣，臣闻其下藏粟甚多，楚人拔荥阳，不坚守敖仓，乃引而东，令遣卒守成皋，此乃天所以资汉也……。愿足下急复进兵，收取荥阳，据敖仓之粟，塞成皋之险，杜大行之道，拒蜚狐之口，宁白马之津，以示诸侯效实形制之势，则天下知所归矣。”上曰：“善。”乃从其画，复守敖仓。

汉王刘邦听从了郦生的建议，重点防守敖仓，为最后的胜利奠定了基础。公元前203 年，“汉王则引兵渡河，复取成皋，军广武，就敖仓食。项王已定东海来西，与汉俱临广武而军，相守数月。当此时，彭越数反梁地，绝楚粮食，项王患之。”（司马迁《史记·郦生陆贾列传》）。

淮安建的纪念漕运功臣萧何的酂侯祠

楚汉相持，双方的军粮都靠漕运而来。“楚汉久相持未决，丁壮苦军旅，老弱罢转漕。”负责漕运的老弱者十分辛苦。梁地（今河南商丘一带）是楚军粮食从东南向西北漕运必经之地，受到彭越的破坏，楚军漕运不继。“汉兵盛食多，项王兵罢食绝。”项王被迫与汉王讲和，以鸿沟为界。张良、陈平认为，项王兵疲食尽，是消灭楚的良机。汉王乘机进攻楚军，汉五年，大败楚军，围项王于垓下。项王兵败自杀。除了利用秦王朝储存在敖仓里的粮食之外，萧何还将从关中地区征收的粮食，转漕前线以供汉军食用，保证了汉军的胜利。“关中事计户口转漕给军，汉王数失军遁去，何常兴关中卒辄补缺。”“夫汉与楚相守荥阳数年，军无见粮，萧何转漕关中，给食不乏。”萧何因在后方给前线汉军漕运粮食物资，被汉高祖刘邦评定为开国第一功臣，封为酂侯，赐予带剑履上殿的特权。

二、曹操开运河运粮统一北方

曹魏时为了政治和军事的目的，先后在华北地区开挖了白沟、平虏渠、泉州渠、利漕渠等水道，在淮河流域开挖了广漕渠、淮阳渠、百尺渠等河道。曹操在华北平原

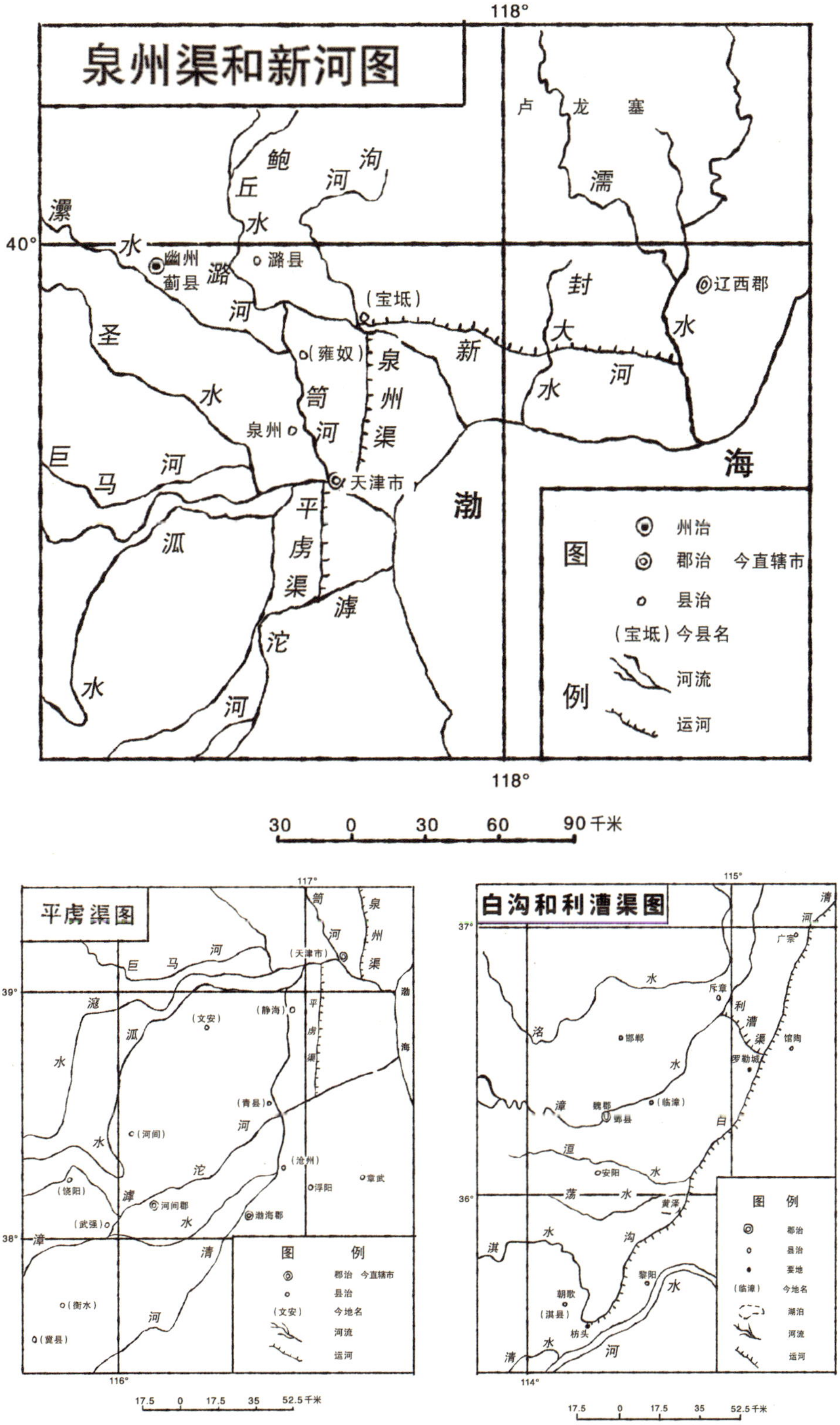
泉州渠和新河图
118°
卢　龙　塞
濡
鲍丘水
泃河
灅水
40°
幽州
蓟县
潞县
潞河
（宝坻）
辽西郡
封大水
新河
圣水
（雍奴）
泉州渠
笥河
泉州
巨马河
天津市
海
渤
平虏渠
沠
滹沱河
水
图例
州治
郡治　今直辖市
县治
（宝坻）今县名
河流
运河
30　0　30　60　90千米
平虏渠图
117°
39°
38°
116°
巨马河
滱水
沠水
（文安）
（静海）
（青县）
（河间）
（沧州）
浮阳
章武
（饶阳）
河间郡
渤海郡
（武强）
滹沱河
漳
清河
（衡水）
（冀县）
图例
郡治　今直辖市
县治
今地名
河流
运河
17.5　0　17.5　35　52.5千米
白沟和利漕渠图
115°
37°
36°
114°
洛
邯郸
斥章
利漕渠
馆陶
罗勒城
漳
魏郡
邺县
（临漳）
白
洹
安阳
荡水
黄泽
淇
沟
黎阳
朝歌
（淇县）
枋头
清水
河
图例
郡治
县治
要地
今地名
湖泊
河流
运河
17.5　0　17.5　35　52.5千米

曹操开凿的系列运河图

上完成了一个庞大的水运系统工程，整个黄淮海平原从南端到北端都有运河可以通达，这在中国运河史上也是第一次。这些区间运河基本形成了隋代大运河的通济渠、永济渠的走向。

在官渡之战中，驻扎在官渡的3万多曹军，粮草都通过鸿沟及浦川道漕运，千船编在一起，以便进行保卫。漕粮有济，为官渡之战的胜利奠定了基础。曹操亲自率领轻骑五千偷袭乌巢（今河南延津南），焚毁袁军粮草。袁军军心大乱，曹军乘机歼灭袁军主力。袁绍及其长子袁谭仅率八百骑，仓皇渡河北逃。在这次战役中，作战的双方都受困于粮食的运输与保卫。从此之后，曹操就非常注意军粮的运输。曹操开凿运河多是为了军事目的。东汉建安七年（202年）正月，在进军黎阳攻袁谭、袁尚之前，曹操首先在睢水基础上开凿睢阳渠。渠自浚仪西至官渡，东下睢阳（今河南商丘），官渡以上利用鸿沟水源，浚仪以下疏拓睢水河床，唯官渡至浚仪段为新开渠。睢阳渠修成，使睢阳、下邳（今江苏睢宁西北）地区的粮食能够顺利西运。东汉建安八年（203年），曹操进攻黎阳，袁谭、袁尚败走邺城（今河北临漳县邺镇）。通过开运河，兴漕运，最终曹操得以统一北方。

三、瓦岗军争夺漕运仓库的战争

瓦岗起义后，翟让劫掠荥阳郡（治所在今河南郑州）、梁郡一带汴水之上的商旅，使通济渠的漕运受到影响。隋炀帝派光禄大夫裴仁基为河南捕讨大使，镇守虎牢（今河南汜水县），保卫漕运仓储和东都。

隋大业十三年（617年）三月初九，翟让、李密率精兵7000出阳城（今河南登封市东南），向北急行军100多里，夜袭兴洛仓（即洛口仓城），被守军击退。第二天集中所有兵力再次攻打，连续三日才占领外城。守军退据小仓城，双方相持一个多月。最后，由于没有外援，守军死伤大半，瓦岗军攻克兴洛仓。瓦岗军开仓济民，男女老幼络绎不绝地前来取粮。因仓米丰富，李密就把这里作为瓦岗军的基地。

同月，在洛阳的越王杨侗部署讨伐李密，派遣虎贲郎刘长恭率步骑25000人从洛阳向东进攻，令河南捕讨大使裴仁基率兵从虎牢向西进攻，最后在洛口仓合击。十二日，刘长恭率领的东都兵先至洛口仓西边，沿着石子河西（今河南巩县东南）排南北十里长阵。翟让率瓦岗军六队在石子河东列阵。隋军大败，裴仁基投降，刘长恭只身逃回洛阳。有了粮仓作为基础，李密决定称帝。十九日，李密即位改元，号称魏公。魏公府设置三司、六卫。赵魏以南，江淮以北，各地起义军都归附李密。李密控制了通济集和永济渠两岸广大的地区，截断了江都至东都的漕运。

同年（617 年）四月，李密派裴仁基、孟让带兵 2 万余人袭取回洛东仓（今河南洛阳孟津区东）。漕运的洛口、回洛两个大粮仓被李密攻取。东都开始缺粮，但原来漕运而来的布匹和丝绸却堆积如山。越王杨侗派人夺取回洛仓运粮，并派重兵把守。十九日，李密带兵 3 万，再次攻打回洛仓。隋军战败，李密重新占领回洛仓。李密大修壕沟，准备长期围困东都。

越王杨侗派太常承元善达潜行去江都，向隋炀帝求援，而隋炀帝却派遣元善达去东阳（今属浙江金华市）催促漕运，结果途中被起义军所杀。二十八日，杨侗派段达、庞玉等，趁夜从回洛仓西北反攻李密的军营。李密大败，弃回洛仓，退回洛口仓城。六月，李密第三次进攻东都。十七日，重新夺取回洛仓。

九月，河南、山东大水，饿殍遍野，隋炀帝下诏开黎阳仓赈灾。官吏拒不执行诏令，每天都饿死几万人。李密的部下攻占黎阳仓后，开仓救济饥民，声威显赫。十二月，东都饥馑更加严重，守卫的士卒大量投奔李密，二十四日，王世充率部夜袭洛口仓城抢粮，被李密军打得大败。李密派徐世勣进屯黎阳，自己则率步骑二万驻扎清洪（今河南洪县）侧面保卫黎阳。六月，宇文化及率军进攻黎阳，徐世勣退保黎阳仓城。宇文化及、李密两军在金墉、洛口仓城、偃师等地激战，李密大败而逃。

数年之中，围绕着东都洛阳和通济渠、水济渠的漕运仓储，翟让、李密率领的农民起义军和隋军前后大小数百战，争夺异常激烈。可以说，隋朝的灭亡与漕运粮仓丢失有直接的关系。

回洛仓遗址的仓窖群

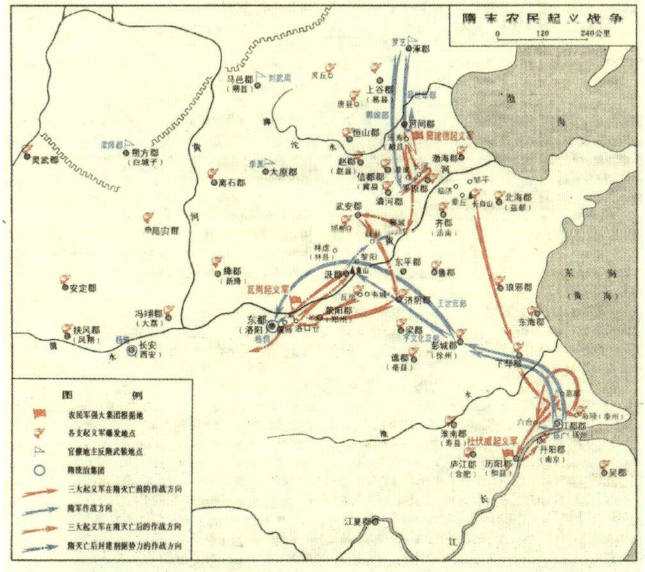

隋末农民起义图

四、转般法带来开元盛世

唐朝继续定都长安，立国之初就面临着严重的粮食问题。有了隋朝运河的基础，唐政府重点在于保障运河漕运的通畅。同时，唐政府还围绕运河兴修水利，形成了关中、关东、河北、江淮四大经济区。这些经济区通过大运河紧密联系在一起，为大唐盛世奠定了坚实的基础。

自高宗以后，由于皇朝官僚机构日趋扩大，军需剧增，漕运数量“岁益增多”。开元中期，天下承平日久，官府膨胀，大兴土木，国用渐广。特别是府兵制的瓦解，使军用粮物的需求剧增。每年的漕运数量翻倍，仍不够用。唐高宗、武则天、唐中宗、唐玄宗等多次巡幸东都洛阳，就食洛阳附近洛口等仓的漕粮，减轻漕运的压力。

唐开元十八年（730 年），京兆尹裴耀卿上奏《漕议》，建议采取分段转输法，整理关中的漕运。第二年（731 年）七月，裴耀卿被任为江淮、河南都转运使，主持漕政。裴耀卿就按《漕议》中提出的新办法，“江南之舟不入黄河，黄河之舟不入洛口”，在漕河沿岸就势设仓，节级转运。裴耀卿在汴河口设置输场。八月，在输场东修筑河阴仓（今河南荥阳东北），西边修筑柏崖仓，三门峡以东设置集津仓，三门峡以西设置盐仓；在三门峡以北开凿 18 里长的山道，进行陆运，以避三门砥柱之险。漕粮自江淮西北溯鸿沟，全部纳入河阴仓，漕船则由此返回江淮。河阴仓的漕粮转入黄河、洛水，由朝廷雇船载运。自河阴仓送东都的漕粮纳入含嘉仓（今河南洛阳北），送关中的先纳太原仓（即隋常平仓，在今河南陕州），然后通过渭水漕运至永丰仓（即隋广通仓）、渭南仓、太仓。这样，就提高了漕运效率。此后三年，漕运粮食合计高达 700 万石，节省大量陆运雇用脚夫的费用。正是转般法的实施，带来了开元盛世。

广运潭遗址

唐代的繁荣从人口的增长可以看出，唐初因为隋末战争，人口急剧下降，河南、河北两道民户由隋代的 493 万户，下降到唐贞观十三年（639 年）的 65 万户，当时全国的人口仅为 1200 百多万人。到了唐天宝元年（742 年），全国共计 852.5 万户，人口接近 5100 万人。

唐天宝年间，水陆转运司韦

坚还在开凿广运潭的基础上，举办了一次广运潭盛会，观众人山人海。唐玄宗看到这一盛况十分高兴，不但嘉奖了韦坚，授予他三品官，而且将韦坚开的运河赐名为广运潭。广运潭盛会是一次以江淮地区为主的农业、手工业重要产品的盛会。三百艘船，所列的郡名以江淮地区为主，说明当时江淮地区的经济已占据全国的重要位置。这也是唐代开元、天宝年间社会繁荣的一个缩影，这种繁荣正是大运河漕运带来的。也正是借助大运河漕运，河北、河南及江淮地区的物产能够顺利地运往长安，造就了当时世界上最大的城市——长安。广运潭盛会成为开元盛世的标志之一。

五、大运河漕运与平定安史之乱

安史之乱后，其他三大经济区遭到严重破坏，唯余江淮经济区，因此江淮经济区向关中地区的漕运不容有失。唐政府在通济渠展开运河争夺战，进行漕运改革，在江南地区大修水利，以保障大运河这条生命线，唐帝国得以又延续 150 多年。

天宝末年，安史之乱爆发，黄河流域绝大部分地区遭到破坏，人口锐减，田园荒芜。八年的安史之乱被平定后，北方农业经济一蹶不振。江淮地区的经济对唐政权来说愈来愈重要。江淮地区藩镇势力弱，战争少，加之北方人口大量南迁，使南方劳动力迅速增加，也促进了江淮地区经济的进一步发展，从而使江淮经济区成为唐帝国唯一的经济重心。从此之后，通济渠、邗沟、江南河的漕路，自然成为唐政权存亡的命脉。

刘晏的漕运改革，加上一系列水利工程的实施，使运河的漕运网络更加健全，大运河的作用发挥得更加充分，为支撑安史之乱后的唐帝国作出了贡献。史料记载，淮南、浙西、徐、蔡、襄、邓等州的良田，只要一年丰收，就可以资助其他几个道。帝国政府的税赋来源、漕粮的征收、军国大计，都仰仗于江淮地区。（权德舆，《论江淮水灾上疏》）特别是藩镇割据，税收不上缴中央，使唐帝国朝廷在北方的经济来源大为缩小，只能依赖江淮地区的经济。曾任苏州刺史的白居易说：“当今国用，多出于江南，江南诸州，苏最为大”（《全唐文》卷 666，白居易《苏州刺史谢上表》）。李翰则说：“扬州在九州之地最广，全吴在扬州之域最大。”正是靠着漕运带来的东南地区物资，唐政府才得以平定安史之乱。

唐代后期，受安史之乱的影响，黄河中下游地区社会生产遭到严重破坏，迫使唐朝政府在财政上更加倚重江南，于是不遗余力地整治南方运河。为了确保江南这个唯一的经济重心向政治中心关中地区“输血”，唐政府在江南地区进行了水利建设和漕运改革。通过代宗、德宗两朝与藩镇的战争，唐朝廷认识到，要想阻遏藩镇的力量，控制汴河的漕运，必须加强徐州的政治地位。于是唐政府在汴州和徐州加强了防务，使汴徐两地成为中原最强大的军事中心。这样就确保了中央对通济渠的控制，确保了中央财赋的来源。即使这样，当时运送漕粮都需要部队护送，否则不可能顺利运到目的地。

786 年 4 月，唐德宗年间，由于安史之乱后国家凋敝，关中仓廪已空，藩镇割据，致使南方漕粮不能运到京城，朝野一片恐慌，禁军甚至放出话来，吃不上饭就要哗变，急得皇帝和太子相拥而泣。山穷水尽之际，皇帝接到奏报：镇海军节度使韩滉押运东南漕粮 3 万斛到了三门峡。皇帝欣喜若狂，竟然抛开仪仗，一溜烟地跑到东宫对太子大呼："米已到了陕州，我们父子得救了……"又派使节传谕神策六军，军士们都高呼万岁。也正是靠韩滉的武装护送漕船，才得以支撑唐德宗对藩镇的战争。可以说，是大运河延长了唐帝国的生命。史料记载，那一年新麦成熟后，有粮食可以酿酒，街头出现醉酒之人居然被当成祥瑞。

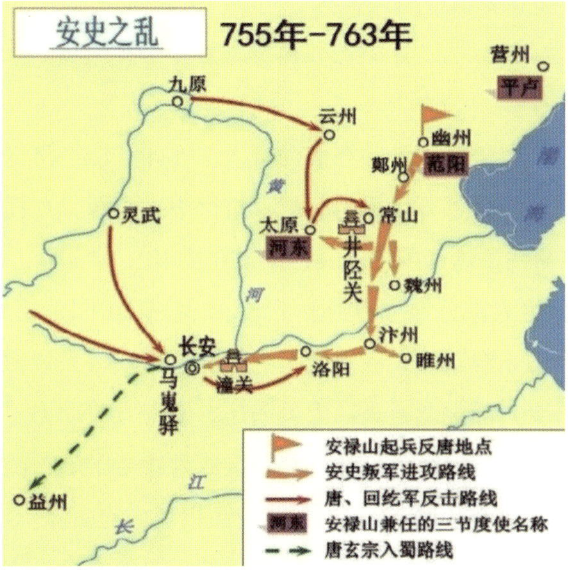

安史之乱示意图

六、漕运衰落和唐王朝的覆灭

唐德宗、宪宗时期，唐朝廷与地方藩镇割据势力进行了激烈的斗争，相互争夺的一个中心，便是控制河、淮漕路。藩镇争夺漕路，一则可以胁迫朝廷以自逞，二则可以劫夺租赋以自肥。唐廷也拼尽全力保持漕路，因为掌握了漕路便是把握了自己的命脉，也就具备了对付强藩的条件。所以双方在河淮之间展开激烈的军事斗争，这不能不对漕路带来重大影响。

唐德宗建中二年（781 年）初，淄青李正已伙同魏博田悦、襄邓梁崇义、成德李惟岳反叛中央。派兵扼守埇桥、涡口，汴渠漕路被截断。至十一月才又恢复通航。唐建中四年（783 年）十二月，李希烈又攻陷汴州，河淮间的漕路完全断绝。这时粮食的供应成为朝廷及其军队最为迫切、最严重的问题。幸赖镇海军节度使韩滉武装护送漕船，才得以支持了德宗对藩镇的战争。在"泾原兵变"后，李晟军一举收兵长安。

韩滉武装押运的漕船走的是淮汴之路。唐兴元元年（784年）十一月，宣武军节度使刘玄佐收复汴州，才从叛军手中夺回了漕运的控制权。

德宗朝对藩镇采取守势，至宪宗朝则对藩镇采取攻势。从唐元和二年（807年）开始，相继平蜀斩刘辟、平江东斩李锜、平潞泽擒史万诚、平淮西斩吴元济、平淄青斩李师道。魏博、成德、横海等镇也归顺朝廷。这就是"元和之政，几致升平"（《旧唐书·穆宗纪》）。穆宗即位以后，唐王朝江河日下。特别是这期间，藩镇叛乱、农民起义、士卒起义不断，著名的有裘甫起义、庞勋起义、王仙芝起义等，发生在唐朝财赋来源地区及漕运两岸地区，严重破坏了大运河漕运。直到唐朝末年，杨行密割据江淮，在扬州称吴王，淮汴间漕路完全断绝。再之后，中原地区的黄巢起义，进一步切断了唐朝洛阳到余杭段的经济命脉，随着大运河被藩镇割据所截断，唐帝国也寿终正寝。

七、漕运引发的北宋农民起义

宋朝时，杭州成为两浙首府，两浙地区赋税更加沉重，加上漕运劳役负担，民有积怨。到了北宋末，宋徽宗在汴京大肆修筑道观，大兴土木，使用工役几十万人。黄河、汴渠流域的民众生活更加困苦。所谓花石纲之祸，也由此而产生。为了充实道观，需要大量珍奇花草石木。宋徽宗诏令浙中进贡。上行下效，贵族、大官僚也争相建筑私家花园，这需要大量南方的花石草木。

一开始，每年三次进贡，到政和年间，漕运者相继于汴河，号花石纲。漕船不足，就截取各道运送粮饷的漕船，也截用商船，又造巨舰2400艘，专用来运送贡物。太重的东西无法在运河上漕运，就改为海运。宋朝廷在苏州设置应奉局，肆意使用公帑。江南数十郡，在江河深渊中的奇石也要千方百计取出。百姓家有好玩的石头和树木，

杨行密建立的扬吴都城就是今天的扬州

也任意取走。漕运巨舰，千人拉纤。凿河断桥，毁堰折闸，数月才能运到汴京。故一花之费数千贯，一石之费数万铟。此花石纲之灾，自北宋崇宁元年至宣和年间，长达20多年。

浙江的方腊家有漆园，造作局屡次残酷夺取方腊家的油漆。北宋宣和二年（1120年）十月初九日，方腊在青溪（今浙江淳安县）起兵反抗，十日之内聚兵数万，十一月，攻克青溪城，随后连克睦州、歙州及寿昌、分水、桐庐、遂安、休宁等县。十二月，攻克杭州、宁国县（今安徽宁国市），进逼宣州，势力迅速影响到江南东部及两浙，方腊还想继续进军金陵，攻取江淮地区。

宋徽宗大惊，令承宣使谭植为两浙制置使，童贯为江淮荆浙宣抚使，率15万大军南下讨方腊。这15万大军本来是准备打辽朝的，现在却只好先用来镇压方腊起义。大军沿着大运河航行到镇江后分成东西两路，西路由刘延庆带领，从金陵南下，东路沿着江南运河进军临安。

北宋宣和三年（1121年）正月，童贯到了吴地，见百姓困于花石纲，遂停止了苏杭造作局及御前纲运、木石采色等物。正月二十一日，童贯率宋军至镇江县（今镇江市），分兵两路：东路由王素率领，经苏州趋杭州，西路刘延庆串领，向宣州。童贯自率中军赴金陵，东路军沿着大运河水陆并进。二月二十九日攻克杭州。这里是方腊起义军的基地，方腊起义军彻底失败。

直到北宋宣和六年（1124年），金兵进攻东京时，宋徽宗才下罪己诏，“罢浙江诸路花石纲、延福宫、西城租课及内外制造局”“罢道官，罢大晟府、行幸局”等，号召各地起兵勤王，可惜为时已晚。

八、漕运使北京成为全国的政治中心

北京从地理位置上看并不在全国的中心点，隋大业四年（608年）开凿永济渠至涿郡（今北京城西南部），向辽东运送士兵与粮草，幽州成为中原政权向东北方向开展军事活动的重要基地及物资中转驿站。由于永济渠的开辟，北京历史上第一次与江淮地区建立了相对便捷而稳定的水路交通，从地理意义上说，北京不再是一个完全孤悬塞外的“端点”，其在地理空间上的“边缘性”因运河得到了修正。金贞元元年（1153年），海陵王完颜亮迁都燕京，改称中都，北京正式成为北部中国的政治中心。海陵王在迁都之前的金天德三年（1151年）将漕运枢纽潞县升格为“通州”，取“漕运通济”之意。后来又引卢沟河之水入运河，并开通闸河连接通州到中都城。北京的政治地位不断提升，运河漕运功不可没。

元代再次形成大一统王朝并将国都设于北京。元朝政府重启大运河漕运，江南的物资源源不断运到大都。因为大运河的存在，国都的确定与迁移可以在一定程度上摆脱地理环境与经济条件等方面的限制，进而有了更广阔的选择空间。明代永乐年间迁都北京前后，先后两度重新疏浚元代的会通河，政治中心的北京与富庶而遥远的江南再次连接，清代在此基础上沿用。

元代每年经由大运河输送的漕粮有几十万石，至明清时已经增至四五百万石。江南大量的财政贡赋源源不断地运到京师，以维持中央庞大官僚机器的运转。元明清三代大一统王朝均建都北京，正是由于大运河漕运的存在，构筑起一套水运交通系统，强化了北方政治中心与南方经济大区的联结纽带，可以吸收各项物资资源，源源不断地将南方的财富输往京城，国都的各项职能得到比较充分的后勤保障。更重要的是，在政治层面，借助大运河，中央建立起便捷的信息收集系统，可以及时捕捉南方各地的社会动态，并有利于政令的通达。

九、农民起义对元代漕运的打击

元末吏治腐败，横征暴敛，苛捐杂税名目繁多，全国税额比元初增加了 20 倍。元政府还推行严厉的民族压迫政策，将民分为四等，蒙古人统治下的汉人、南人是贱民。蒙古人无须劳动就可以享有汉人和其他民族的所有财产，杀一个南人只需罚交一头毛驴的价钱。汉人甚至连姓名都不能有，只能以出生日期为名，不能拥有铁器，连一把菜刀也必须几家合用。这些政策导致了民族矛盾尖锐，终于激起了以红巾军为主的农民起义。

元至正十一年（1351 年），北方白莲教首领韩山童及其教友刘福通等抓住这一时机，发动起义。起义军头裹红巾，称红巾军。起义部队主要分为两支，一支起于颍州，领导人是韩山童、刘福通；一支起于蕲、黄，领导人是徐寿辉、彭莹玉（即彭和尚）。八月，徐寿辉、彭莹玉攻下蕲州，建元治平，国号天完。元至正十五年（1355 年），刘福通拥立韩林儿在亳州称帝，改元龙凤，国号大宋，史称“小明王”，中原各地的红巾军都接受了其领导。元至正十七年（1357 年），刘福通分兵三路伐元。元至正十八年（1358 年）十二月，起义军攻占了上都（今内蒙古自治区多伦附近），烧毁了“富跨塞北”的蒙元宫阙。与此同时，郭子兴、朱元璋在淮河流域、方国珍在浙江、陈友谅在四川等地先后起兵反元。

红巾军龙凤政权的首领刘福通发动起义的颍州位于淮河中游，义军向淮河下游扩张势力，直接影响到运河地区。其间，位于大运河要塞的徐州也爆发了李二、赵君用

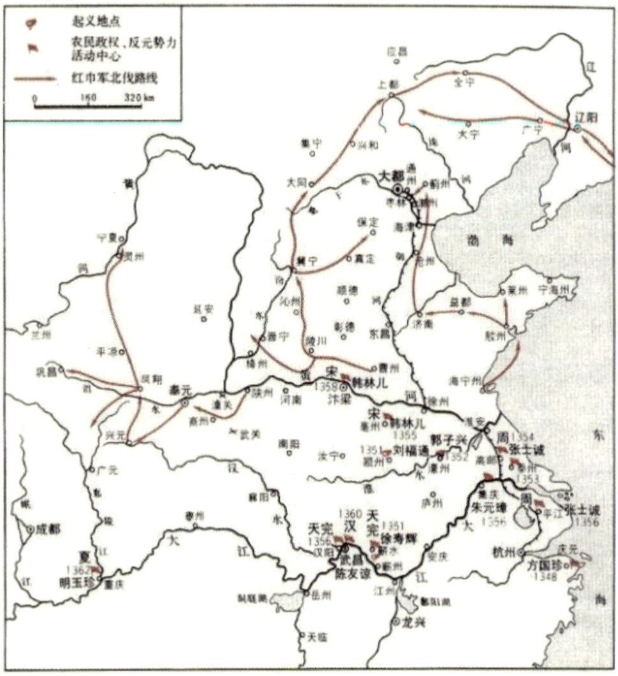

红巾军的北伐路线图

起义。元至正十二年(1352年),安徽定远也发生起义。这样淮河以南的大运河完全被起义军控制,漕运中断。与此同时,元朝出于军事目的征用船只,利用大运河运输军用物资,这也降低了大运河运输其他物资的作用。元至正十八年（1358年），龙凤政权的东路北伐军占领了山东半岛，并攻占了济宁、东平、大名、东昌诸路，进一步切断了元朝南北漕运的通道。同年底，又攻克运河沿线的南皮、清州、沧州等地，直抵北京通县（今北京市通州区），离大都只有几十千米。这样大运河的漕运就被迫全线中断。

于是，元帝国政府从江南运输物资不得不完全依靠海运。以浙江台州为根据地的方国珍抓住了元朝的这一弱点，对元政府提出了苛刻的条件。元政府接受他的要求，并且再次让他升官职以作抚慰。方国珍这才准备好在海路运输的船只，从浙江沿海直接运至大都。

元至正十三年（1353年），盐贩张士诚在江苏泰州发动叛乱。元至正十四年（1354年）正月，张士诚自称诚王，定国号为大周，两年后渡过长江来到江南，定苏州为首都，又切断了元朝政府从长江入海组织的海运。元政府把皇帝才能穿的龙袍赐给张士诚以示拉拢，才勉强与其达成提供江南粮食的协议。

到了元至正十九年（1359年），大

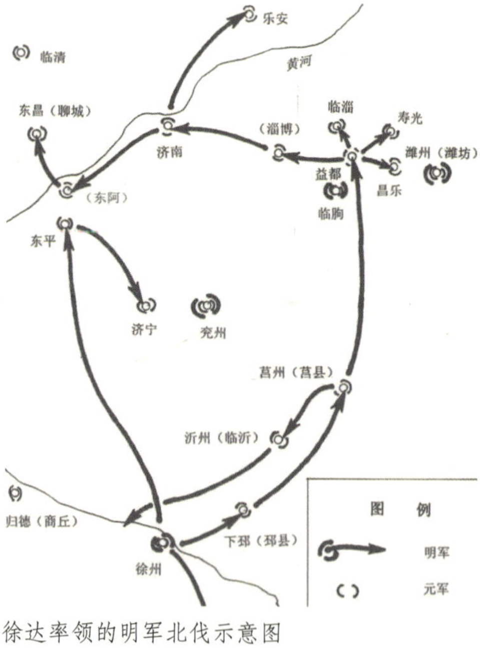

徐达率领的明军北伐示意图

运河区域完全脱离了元朝的统治，被红巾军切断了大运河的运输通道，被张、方等地方割据势力控制了海路运输，大都陷入饥荒状态。漕运的中断，切断了元帝国政府的血脉，元朝很快走向了灭亡。

红巾军龙凤政权中的朱元璋逐渐发展壮大。元至正十六年（1356年），朱元璋占领集庆路（今江苏南京），改名应天，成为红巾军内部一支强大的武装力量。接着朱元璋先后打败陈友谅、张士诚等江南割据势力。元至正二十八年（1368年）七月，徐达率军沿大运河北上伐元，会诸将于临清，连下德州、通州等城，元顺帝率后妃、太子和一部分蒙古大臣从大都北逃，奔往元上都。八月，徐达率领的北伐军进占大都，结束了元朝在全国的统治。这一年，朱元璋建立了明朝，改元洪武。

十、太平天国截断大运河漕运

清朝继续定都北京，沿用元明二代的南北大动脉——大运河，给帝国首都源源不断地运来粮食物资。大运河每年要为清帝国运送数百万石的粮食，成为清帝国的生命线。1851年，洪秀全领导的大规模的太平天国农民起义终于爆发了。1853年，太平军一举攻克江南重镇南京，改南京为天京，正式建立了与清朝对峙的政权。之后太平军占据东南一带的富庶地区，运河沿线的主要城市包括扬州、清江浦、临清、苏州和杭州等遭受重创，大运河被拦腰截断，再也不能正常地将南方的漕粮物资转运到北京。湘军、淮军平定太平天国后，大运河也没能因朝廷军事上的胜利而重现辉煌。1855年6月，黄河在兰考铜瓦厢决口，于阳谷张秋镇穿过运河夺大清河入海，不仅影响航道，还造成了运道补水不足，通航困难，运河山东段逐渐淤废。清政府虽然采取了许多措施，但仍未能从根本上解决问题。太平天国起义另一个重要影响就是对清朝贡赋制度的影响，这直接导致了大运河漕运的终止。

长江以南地区过去一直是清政府重要的漕粮征集地，太平天国在这些地区活动或建立根据地，从根本上掐住了清政府漕运的喉咙。在长达14年的战乱中，仓廒和船只被焚毁殆尽，使大运河没有办法正常行漕，在一定程度上打乱了清政府的漕运秩序，使清政府在江浙一带的漕运几乎处于瘫痪状态。从清咸丰三年（1853年）开始，部分漕粮改由海运至天津。清同治年间（1862—1874年），漕粮改以海运为主，仅十分之一仍由河运。同时，清朝后期资本主义商品经济开始发展，市场上随时能够买到粮食，也使漕运的必要性大大下降。这些因素，最终导致了漕运的衰亡。随着漕运的停止，清帝国失去了输血的管道，清政府也走向末路。

太平天国天王府的金龙大殿

第二节　明代漕运的作用及影响

漕运作为一项经济制度，它的实行对明代的社会经济发展起到了正反两方面的作用与影响。

一、漕运的积极作用

黄仁宇在《明代的漕运》一书中说：“明代宫廷对它（运河）的依赖程度是前所未有的，远远超过了以前的历代王朝。”“漕为国家命脉所关，三月不至，则君相忧；六月不至，则都人啼；一岁不至，则国有不可言者，需漕固不重欤？”大学士徐阶在其《漕运新渠记》中称：“国家建都燕蓟，百官六军之食咸仰给于东南。漕运者，盖国之大计也。自海运罢，而舟之转漕，独兹一线之渠，其通与塞，又国之所谓大利大害也。”

第一，漕运制的实行保障了对北方及京师的物资供应，有利于拱卫京师、保卫边防，对明皇朝的巩固统一起到了积极的作用。燕王朱棣迁都北平（今北京），北平一跃成为政治中心和军事中心，但是却远离了江南这个经济中心，南粮北运成为明帝国的重要任务。为此，明帝国对大运河进行了治理疏浚，特别是南旺枢纽的建设，使大运河重新全线畅通，为北京城源源不断地提供了漕粮物资。

明帝国漕运制度的实施，保障了京师皇室和百官、六军的物资供应，有利于拱卫京师，保卫边防，对明王朝的政权巩固和国家统一起到了重要作用。

如此巨量的漕运物资源源不断北运，不仅保障了京师皇室及百官六军的需要，而且对加强中央集权、巩固国家的统一起了重要作用。正如史家评述的那样：自永乐以后，

明代计量漕粮的方形石权

“漕制渐增，海运遂罢，安危之势易明，内外之形易判”（《明史纪事本末》卷24，《河漕转运》）。

明万历四十六年（1618年），47万明军分成四路大军进攻关外的赫图阿拉。这47万大军大部分是南方人，他们乘船从大运河北上，所需的粮草器械也从大运河向北运输。明朝后期几次战争所需的兵员军资，都是经大运河运送至山海关的。

第二，漕运制的实行促进了商品的流转，使得为漕运而开通的大运河成为沟通南北地区经济的大动脉，对促进运河地区商品经济发展也起到了积极作用。

长达三千多千米的大运河，它的功能不仅局限于转输漕粮，还对沟通各地的商品流转也起着重要作用。这里仅就通过漕运的商品而论，其数量之大也不容忽视。在大运河航运的漕船，多达万只以上。每只漕船除运载供应京师的漕粮及其他物资外，还附带可供沿途买卖的“土宜”商品。明成化年间规定每船准带免税“土宜”10石，嘉靖时放宽到40石，到万历时又增到60石，说明通过漕船每年至少有60万石商品由南向北输送。漕船“回空”返回，又装载北方各种农产土货南运，从而促进了南北两地商品的流通。随着漕运商品流通的发展，自明中期以后，漕运军往往无视“土宜”运载的限额，而私自加载。按规定，一只容载漕粮二千石的漕船，“每船正粮不过五六百石”，而装载的各种私货却“不啻数倍”（《明熹宗实录》卷20，天启二年三月）。漕船回空时，则往往又是“每丁兑粮完后，即满载私货以行，船重如山”（《神庙留中奏疏会要•户部四》，毛一鹭：《题为转饷竣事敬佐末议等事疏》）。为了装载和包揽更多的“土宜”商货，漕运军还“私增”船身，增加装载容量近二分之一。（宋应星，《天工开物》卷9，《漕舫》）大量的商品通过漕运北上南下，进一步加大了各地商品的流转，南北地区的经济交流进一步加强，在运河沿线一批具有工商性质的城镇纷纷兴起，从而推动了运河地区商品经济的兴盛与发展。明代的漕运制度，促进了商品的流通，使得漕运成为沟通南北的经济大动脉，甚至促进了明后期资本主义萌芽的出现。

第三，漕运促进了社会稳定。漕运的粮食既可以用来赈灾，还可以稳定粮价，调剂各地丰歉，从而达到稳定社会秩序的作用。在明代前就经常用漕粮赈灾，唐贞元十三年（797 年）三月，河南府发生旱灾，借含嘉仓粟 5 万石赈贷百姓。十四年（798 年）十二月，河南大饥，令以含嘉仓粟 7 万石出粜。明代浙江道御史左光斗曾指出，辽东在发生旱灾后，如果只是分发白银，只会抬高粮价，实际能购买的粮食很少，因此最好的办法是调拨漕粮，直接发放粮食。在明清时期，虽然商业有了很大的发展，但大规模的粮食贸易仍然较少，这主要是因为运输成本过高，而粮食本身的价值较低，商人贩运粮食获利很少，因此在遇到灾荒时，政府的调剂十分重要。明朝全国各地设立了大量的常平仓，以备灾荒。漕粮可以作为补充，在仓储不足，或仓储较远的时候，截留或拨解漕粮赈灾，成为中央和地方赈灾的重要选择。针对辽东灾情，明政府决定除天津截漕 205000 石为明春运计外，再截漕 20 万。同时截漕米万石赈山东。针对河南寇灾，令发预备仓粮，及事例民兵等因给赈，仍从卫河赴临清仓，动支寄收漕运粮米 3 万石，装至卫辉府，酌发被灾各州县收顿，候明春青黄不接散赈。截拨漕粮俨然已经成为朝廷赈济的重要手段。明嘉靖时期，全国发生重大灾害，户部提出“漕运派征粮未在十月以后，今江北悬望蠲赈，若救焚拯溺，宜速行，各该衙门以凭遵行”。南京户部尚书王镇等以状闻因条救灾十事，一请截留漕粮 30 万石于南京，而“来年南京仓糖令折轻赍之京以偿其数”（《明世宗实录》卷 30）。

第四，漕运对防倭产生了积极的影响。明洪武初年，东南沿海倭寇猖獗，促使明廷在沿海普遍地建立卫所。明嘉靖年间（1522—1566 年），倭患再起，不仅威胁到沿海、沿江地区，而且威胁着大运河的漕运。

大运河沿线是明朝军队保卫的重点之一。从南到北，明廷设立了一批军队卫所，同时承担漕运和出京操（即戍守北京）两种责任。明嘉靖三十七年（1558 年），倭寇沿着大运河袭击了瓜洲、扬州一带，扬州的商人数百人参加了守城的战斗。部姓商人射死了倭寇首领，倭寇才离开，扬州得以保全。沿大运河各卫所的军队在防备倭寇、漕运、屯田之间疲于应付。漕运衙门要求多留一些南直隶卫所的士兵守护运河。明嘉靖三十四年（1555 年），明军在王江泾（今浙江嘉兴北）打败倭寇，斩敌 2000 多人。这是嘉靖年间抗倭斗争中的一次巨大胜利。

明万历二十年（1592 年），明廷出兵朝鲜援助抗日，同时加强京师和沿海地区的防备。明万历二十二年与万历二十三年三月，明廷两次批准南直隶的一些卫所的京操军留戍。据彭勇先生的研究，沿着大运河的卫所，入京的班军可能都是水运的。

二、漕运的消极影响

首先，漕运制的实行加重了人民的经济及劳役负担。对广大的纳粮户而言，在征粮过程中，除当地官府及粮长、里正对纳粮户“大斛倍收，多方索取”“科敛横溢”（《明史·食货志二》）外，正粮的各种“耗米”“耗费”层层加码，也都落到了广大纳粮户的头上，以致“杂费数倍正粮”（焦竑：《国朝献征录》卷9，《平江伯追封平江侯溢恭襄陈公瑄神道碑》），“至有三四石至一石者”（《明史·马文升传》）。特别是缴纳“白粮”的苏、松、常、嘉、湖五府的广大农户，不但要承担沉重的漕粮负担，而且还要承担运漕之劳，又“劳费于正粮数倍”（《古今图书集成》卷175，《食货典·明朝漕运》）。加之“运军之欺凌，洪闸之守候，入京入仓，厥弊百出，嘉靖初民运尚有保全之家，十年后无不破矣”（《明史·食货志三》）。对广大漕粮运军而言，承担漕运虽然能获得一定的耗米和轻赍，但“每岁北上，勤苦终年”（《明史·陈瑄传》），加之又“有修船盘削之费，有监收斛面之加，其他掊克，难以枚举，以致逃亡日多，则拨及全户，使富者贫，贫者终至于绝”（刘大夏，《刘忠宣公集》卷1，《条列军伍利弊疏》）。

其次，为了确保漕运不惜害农，严重损害了一些地区的农业生产，其中尤以山东和苏北地区为甚。山东运段地势高亢、水量稀少，为保运河水源，沿运各河、湖、泉均划为官河、官湖、官泉，并筑堰建闸，用以引流济运，严禁私自开渠引水灌田，“灌田者不得与转漕争利”（孙承泽，《春明梦余录》卷46，《工部》）。致使山东沿运地区的农田不能得到及时灌溉，严重影响了农业的生产。而苏北运段，为黄河夺淮地区，水高陆低，每遇黄汛，河堤便岌岌可危，加之淮扬一线，湖泊密集，水满为患，黄淮下游，淤高难泄，是极易发生水灾之区。但为保全运道，一遇河水暴涨，官府即行分黄导淮，启放闸坝，“以资宣泄”，以致里下河一带年年被淹，淮扬一线田庐尽没，当地人民的生命财产蒙受巨大损失。有时，为了确保漕运还不惜害农，严重损害沿运河地区的农业生产。在淮扬运河沿线，洪水大时为了保运河河堤，官府实行分黄导淮，不惜打开归海五坝，放出运河水冲毁农民的田地，甚至房屋。自明中期以后，不少农民起义

调节南四湖漕运与灌溉的节制闸

淮扬运河上的南关坝

都与漕运弊政有关。在这些农民起义军中，不但有手持锄把的农夫，而且还有大量的运军、漕夫参与。从明正德年间的刘六、刘七，到明天启年间的徐鸿儒等农民义军，均把控制运道与打击漕运作为军事行动的目标即是有力的证明。

第三节　清代漕运的社会功能及影响

“国家大计，莫过于漕”（王命岳，《漕弊疏》）。漕运的兴衰，对清王朝的政治、经济、社会生活等方面都产生了一定的影响。清朝，漕运已发展成为维系帝国命脉的漕政，涵盖管理、税收、军事、治河等多项关系国计民生的制度。清朝年财政收入约七千万两白银，通过漕运可实现五千万两。

一、对国家财政的平衡作用

漕运的目的，主要是解决国家财政问题。清代“京师根本重地，官兵军役，咸仰给于东南数百万之漕粮”（徐惺：《清改运法疏》》卷 47）。清朝以少数民族入主中原，为巩固统治，政府官吏采取双轨制，满汉并列，机构臃肿。在京师附近驻扎着数十万八旗士兵，其家属皆按月津贴他们米粮。

清朝宗室勋戚均按爵支领俸米。清顺治七年（1650 年）规定：亲王岁给俸银一万两，禄米一万二千斛；郡王银四千两，米八千斛；贝勒银二千两，米二千八百斛；贝子银一千两，米一千六百斛；公爵银五百两，米一千二百斛。八旗文武职官都按品级发放米石，赡养家室。领米最多的是八旗兵所领甲米。清咸丰年间，京师八旗官兵 14 万余名，甲米共 173 万余石。为照顾旗人中家庭人口众多及生计困难的，国家另设“养育兵”兵额进行补助，其兵额约 13000 名，其粮额约为 2 万石。旗人从军死之，对其家属养赡终身。另外，在京做官的汉人官吏也按品级支给俸米。

在清代，京城文武百官、王公贵族、八旗官兵及家属等，构成庞大的消费集团。据乾隆年间记载，“大抵京通两仓所收米，曰官俸、曰官粮，亦名甲米，二者去全漕十之六”，京师漕粮分配，“每年支放八旗甲米约二百四十余万石”（乾隆《漕运全

北京故宫

书》卷 17，《京通粮储支放粮米》），占全年漕粮总额的 3/5 以上。此外，如“京官备衙门公费饭食”“京师饲养马驼黑豆”“守陵寝官兵米粮”等，皆依赖于漕粮供应。漕粮在国家财政收支上占有极其重要的地位，因而清统治者一直视“漕粮为军国重务，白粮系天庾玉粒”（范承谟：《清改折漕粮疏》，载《清朝经世文编》卷 26）。尤其是在清代前期，每年都有 400 万石左右的漕粮输入京师，充分保证了清政府的官兵俸饷和宫廷靡费，所谓“正供足”，则“国计日以裕，国用日以纾”（光绪《淮安府志》卷 2，《疆域》）。这也是“康熙盛世”出现的重要原因及其主要表现之一。

二、对百姓的赈恤作用

漕粮还具有调剂各地丰歉、稳定社会秩序的作用。清代疆域辽阔，每年都有被灾歉收的地方。清统治者为稳定社会秩序，防止出现更大的骚乱、暴动和起义，不得不进行一些实际的安抚和救济。除了各地的常平仓存储粮食可供赈济外。最方便、最现成的物资就是漕粮或漕银。清廷曾多次以“截漕”的方式，将其中一部分漕粮用以调剂民食。

早在康熙年间，清政府就采取截漕、京通仓平粜等做法。清代前期，此类事例史不绝书。清皇朝尤其重视畿辅的灾荒问题，偶尔水旱失调粮价上涨，即拨京通二仓赈粮赈粜，数目相当可观。这主要是因为“京师为天下根本，岁歉民饥，尤关紧要”“窃想畿辅饥民十百为群。以均粮为名，藉端扰夺，渐至聚众滋事”（《同治中兴中外奏议编》卷 3，彭祖贤《请筹费赈济疏》），会严重威胁清王朝统治。

根据杨锡绂的记载，截拨漕粮用于各地赈济和平粜米石，康熙朝为 214 万石，雍正朝为 290 余万石，清乾隆元年（1736 年）至乾隆三十二年（1767 年）达 1320 余万石（杨锡绂，《漕运则例纂》卷 20）。清王朝采取的这种截留漕粮实行赈恤和京通粮仓平粜的政策措施，的确收到了一定效果，在解决部分民食和稳定社会秩序方面产生了积极的影响，而且这项政策一直持续到清朝中期。明清时期的漕粮可以分为起运和截留，起运的部分直接通过运河或海运，运输至北京。截留的部分，有的截留在本地，有的拨运其他地方。拨运他处的漕粮，有的用于赈恤灾民，有的用于充实仓库，有的作为地方兵饷，有的用于稳定粮价。

三、对战备的保障作用

清代军事活动频繁。自清初起，不仅要镇压和消灭李自成、张献忠领导的农民起义军，而且还要消除明朝残余势力及人民的反清斗争。康熙年间收复台湾之后，又先后进行了百余年的平定国内一些少数民族上层分子叛乱和反对殖民侵略的战争，以及此后镇压白莲教、回民起义等。如此频繁的重大军事活动，需要巨额的漕米、漕银来支援，因此，有清一代经常拨充或截留漕粮为各地驻军兵饷。

清康熙二十三年（1684 年），清政府在荆州设立满营，所需兵饷从湖广、江南等有漕省份征集，即南粮，又称南米。南米由粮户自己送交州县，再由州县负责运赴荆州仓库。但是有的军队驻防地与南米供应地距离遥远，运输不便，则就近将军队驻地应征漕粮拨充驻防军饷，而将原供此地驻军的南米起运京通，谓之“漕南抵兑”。

所谓漕粮截拨，即将某地漕粮截充驻军军饷，或是截留在征漕本地，或是拨运南方各省，或是仍由漕船起运到需粮地方起卸。在清初的统一战争中，征漕地区负担了沉重的兵饷。以地区论，直隶截拨最多。直隶靠近京师，在险要之处每驻扎大军，饷粮供应较多，截拨遂为常制，特称为“蓟粮”。直隶遵化、易州，为清朝陵寝所在，常设驻防军队实行护卫，拨充于这两个地方的漕粮称为“陵糈”。

清代军饷平时已占到政府全年财政总开支的半数之上，在相当程度上要靠东南的漕运供给，而漕粮的充裕使军队粮饷得到可靠的保证，从而支持了清政府从事统一的政治军事活动，有力地保证了国家的安全统一，进一步巩固了清政府的封建统治。

四、漕运的缺陷及废止后的影响

清代财赋仰给于东南，南粮北运关系到国计民生，因而备受清廷重视，不惜耗费巨大的人力、物力、财力，每年转输“南粮三四百万石，连樯五千余艘，载黄达卫，以行一线运河，层层倒闸，节节挽纤”（包世臣，《安吴四种》卷 3，《庚辰杂著四》）。“其费之出于上者，则有漕艘之修，旗丁之粮，州县之支销，粮道之经费”“闸官卫官之俸，漕标河标之饷”（《清续文献通考》卷 77，《国用考》）。由于对漕粮运输的重视，清政府设立了庞大的漕运管理机构，不断增加官吏数量。“每省有粮道督押足矣，又另委同通为总运。沿途有地方文武催趱足矣，又有漕委督委抚委河委。自瓜洲以抵淀津，不下数百员。各上司明知此等差委无济公事，然不得不借帮丁之脂膏以酬属员之奔竞”（包世臣，《安吴四种》卷 1）。漕弊积习极为严重，各级官吏皆以漕为利薮，层层盘剥。“不肖州县，既囊橐私肥，而该管上司，因而需索漕规，运弁旗丁，因而需索兑费，刁生劣监亦乘机挟制，渔利包漕”（《清仁宗实录》卷 220）。大运河沿途设立的常例陋规更是名目繁杂，不下数十种。即使清末改行海运也始终无法摆脱腐败的官吏胥役之手，漕弊不可能根绝，而所有的这些统治剥削最后都统统转嫁于粮户头上，以至于众怨沸腾，不堪忍受。

河运漕粮首先要保证大运河的畅通无阻。为此，清朝统治者不惜投入巨帑用于治河，却大都被河务官吏中饱私囊。虽然河工经费激增，运河淤浅日甚。加上清代治河以保漕为根本目的，这就决定了不能从根本上治理，大运河危机终不可免，直接影响到国计民生。

漕运的耗费是巨大的，合计“修堤防，设官吏，造船只，廪丁舵，每漕一石抵都，常二三倍于东南之市价，虽不能知其确数，所费岁皆以千万计矣”（包世臣，《安吴四种》卷 3）。嘉庆年间，“协办大学士刘权之疏言，南漕每石需费十有八金，盖合上下浮费而言之，岁漕四百万石之米，是有七千余万金之费也”（《清续文献通考》卷 77）。再加上治河巨帑，可见其浪费之大。用于漕运和治河所耗费的巨大开支也加剧了清政府财政的匮乏，加深了清朝封建统治的危机。

自中英鸦片战争以后，中国逐步沦为半殖民地半封建社会。由于深受内部商品经济发展的刺激和外国殖民主义列强的干涉侵略，使清代原有的传统漕运事业难以继续维持下去。尤其是清咸丰元年（1851 年）爆发的太平天国运动，对漕运制度形成猛烈冲击，仓廒和船只被焚毁净尽。清廷被迫改行海运，后又下令改征折色，终于在清末之时把漕运事业推向消亡。

漕运的变化衰亡，体现了中国封建社会后期赋税的进一步货币化，有助于农村商品生产的发展，符合社会发展的要求。然而，作为封建社会的一项大政，漕运的废止必然对当时社会产生很大的冲击，尤其是对大运河及沿运地区造成严重的社会问题。

1. 河患频繁，运河废弃

漕运的衰亡促使清政府改变以往“治河保漕”的传统做法，大运河不再是清统治

黄河泛滥图

者的生命线，失去原有的特殊地位，在一定程度上加速了大运河的衰落过程。清政府对运河的治理不再重视，甚至放任不管，以致“黄流横决，运河失修，河员之经费大减”（《皇朝道咸同光奏议》卷 62）。尤其是黄河改道山东入海后，漕粮已行海运，河工官吏往往是敷衍了事，几乎年年有洪灾。漕运制度解体后，清政府更是把治河放于脑后，大运河迅速淤废而全线断航，黄河泛滥成灾。

2. 失业人口剧增

漕运的改制和废止还带来严重的社会就业问题。河运漕粮虽有许多弊端，但安置之人极多，水手、纤夫以及靠漕运谋生的沿河下层群众最多能有数百万人。自咸丰初年漕粮河运停顿后，沿运地区失业人口剧增。他们生活极其贫困，大多无家可归，被迫参加农民起义，投入与反动统治者斗争的行列。当时活跃在山东、苏北一带的捻军“伏莽最久，南漕由江淮达通，连樯北上，岁谢千艘，江南、山东之民挽舟佣食及随漕逐末者极众。恒裂布裹首，私相雄长，阴有部曲。……迨粤败东下，运道梗阻，南漕改折，或由海运，游民益无可仰食；又丰北黄河连岁溃决，饥民亦累万，转相勾结，则幅度又涨”（《太平天国资料汇编》）。也有不少漕船水手因失业而参加捻军，更多的则因社会经济凋敝，没有谋生途径而沦为流民，所谓“漕帮”“盐枭”以及后来的“清帮”等，绝大多数是由这些人组成的，成为社会动荡不安的重要因素。

3. 沿运城镇商业迅速凋敝。

清代河运全盛时，每年承运漕粮的船只多至六七千艘。按照清政府的规定，凡漕船出运，准许运丁携带一定数量的免税土产货物，即“土宜”。或沿途出售，或运到北方售卖，结果是“恤丁伍而通商贾”（康文河，《漕河驳辩》）。同时，漕船还夹带商货，“漕船到水次，即有牙侩关说，引载客货；又于城市货物辐辏之处，逗留迟延，冀多揽载，以博微利”（《清史稿·食货志三·漕运》）。这对商品流转起到了重要作用，沿运河的一些城镇的商业活动也借此非常活跃。随着漕运的衰亡，这些地方的商业也明显凋敝下去。例如，临清因濒临运河而曾盛极一时，“每届漕运时期，帆樯如林，百货山积，经数百年之取精用宏，商业勃兴而不可遏。当其盛时，北至塔湾，南至头闸，绵亘数十里，市肆栉比，有肩摩毂击之势”（民国《临清县志》，《经济志•商业》）。但自河漕停止后，临清商业大受影响，迅速衰落。济宁，“当河漕要塞之冲”（乾隆《济宁直隶州志》卷 2，《风俗》），因而商业发达，但“运河自辍运以后，情移势迁，与其为交通之航路，无宁谓为水利之沟渠”（民国《济宁县志》卷 2），济宁的商业也随之减色。再加上战乱等破坏因素，清朝末期沿大运河城镇的商业活动从此一蹶不振，失去了往昔的繁华。

淮安运河景观

漕运时代繁荣的城市张秋沦为一个小镇

清帝南巡图

第七章

中国大运河漕运带来的商业城镇

自大运河于隋代全线贯通之后，作为中国古代具有战略意义的交通大动脉，对于此后中国各朝代的都城及沿线其他城镇的发展都产生了巨大影响。由于漕运的需求，深刻影响了都城与沿线工商业城镇的形成与发展，围绕漕运而产生的商业贸易，促进了大运河沿线地区的兴起、发展与繁荣。大运河与这些城市同生共源、共同演进，城区段运河见证了大运河与这些城镇共同的悠久历史，以及漕运带来的深远影响。那些历代曾扮演过运河重要节点的城镇均受到运河漕运的促进影响，经济不断繁荣，城市逐渐发展，为今天留下了独特的历史文化街区遗产。本章重点介绍大运河漕运带来的经济繁荣，以及大运河沿线的都城、商业城市和市镇，以此来反映漕运对城市聚落形成、发展的推动作用，及其对区域性经济和贸易的影响。

第一节　大运河漕运的目的地都城

都城是中国古代一种特殊类型的城市，它既是政治中心，又是商业和文化中心，在中国古代城市体系中处于最高层级。要供养都城内包括庞大的中央官僚机构和足够数量的常备军以及皇室成员在内的庞大人口群体，就需要有一个持续不断的粮食供应系统。因此，漕运的出现是中国古代王朝政治的产物，主要是为都城服务，以满足都城的物资需求为目标。自大运河开通后，成为历代都城的命脉，并与都城相互依存，互为推动。以都城为中心的运河系统组成一个庞大的漕运之网，紧密地将经济中心与都城联系在一起，从而为都城的发展提供了源源不断的各种资源。隋唐时期的洛阳城、元大都的建设，是在国家意志下与大运河的修建同期规划、同期实施的宏大工程，城市规划者将漕运的便利、皇室的需求与城市的景观统筹考虑，从而诞生了在世界城市规划史上具有典范意义的城市，并通过漕运带来经济的繁荣，使之成为人口超过百万的大都会。

隋唐以前，统一的中国中央政权最为依赖关东与关中平原两大经济重心区，因此都城始终以中原为中心，形成了长安与洛阳的两京格局。隋唐政府延续了这一传统。但这一时期，由于经济重心的逐渐南移，促使统治者构建了以东都洛阳为中心的大运河体系，使大运河对于中国政治、经济、文化的作用上升到一个新的高度，并自此拉开了中国都城发展的“运河时代”。在漕运时代里，运河与运河流域的经济、文化对于都城发展具有决定性意义，构成了都城发展的动力支撑系统和技术、信息与文化交流系统，共同推动都城的发展。

一、洛阳

洛阳地区从夏代开始即成为中原政权的都城。到隋代，由于前代的洛阳城已经损毁严重，因此撇开旧城，另肇新基。作为隋唐东都的洛阳城始建于隋炀帝大业元年（605年），历经隋、唐、五代和北宋，历时500余年（605—1127年），其间城市规模和布局除局部稍有增减外没有大的变化，在中国历史中占有非常重要的地位。

据《隋书·炀帝纪》记载，隋炀帝于大业元年（605年）下令开建东都洛阳。负责规划的宇文恺根据洛阳山川、河流的自然条件，集政治、经济、对外交通和观赏于一体，把东都洛阳城规划设计得十分宏大。在营建新都的同时，隋炀帝下令开凿通济渠，自都城西面的西苑引谷水、洛水达于黄河，构成通济渠的西段。由于通济渠不仅供炀帝出巡各地，更要把东南与其他地区的租粮漕运到东都含嘉仓，然后再转输西京大兴城（唐长安，今陕西西安），因此宇文恺巧妙地利用黄道渠让洛水与通济渠连通，把通济渠的停靠码头延伸到皇城，在东太阳门外与承福门外形成一个宽阔的广场，炀帝多次出巡活动应都是由此处乘船而行的。正是因为洛阳城的规划专门考虑了通济渠的漕运功能，根据考古发掘推测的隋唐洛阳城平面图显示，宫城、皇城以及郭城内的建国门大街等重要建筑，都位于郭城的西半部，即城市中轴线偏在郭城的西半部，这与同为宇文恺规划设计的中轴线位于城市中央的西京大兴城很不相同。

608年，隋炀帝又下令开通了永济渠，形成了以洛阳为中心，向东北（永济渠）、东南（通济渠）辐射的庞大的中国大运河网络。洛阳成为全国水陆交通枢纽，工商业空前繁盛，逐渐成为全国的商业中心和对外贸易中心。同时，皇帝还下令把洛阳故城的居民及各地富商大贾等迁入新城，使洛阳人口达到百万以上，规模在当时的世界上首屈一指。

唐代继续建都长安，由于其所在的关中地区人口不断增长，而当地生产却长期连遭损耗，根本不能满足其官俸、军饷和宫廷用粮的需要。因此政府在隋代大运河的基础上，经过局部变更和整修，建立起发达的运河交通网络，位于大运河交汇处的洛阳的重要性再次凸显，城内中外商贾荟萃，手工业发达，城内市场甚至远较长安大。唐高宗时恢复了洛阳的东都地位，并经常往来于两都之间，以方便就食于富庶的东南地区。武则天当政时，更长期驻跸洛阳，改洛阳为“神都”。正是运河的沟通使政治中心与经济重心密切联系在一起，整个帝国名副其实地凝结为一个坚强牢固的整体，为大唐盛世奠定了基础。

但自天宝末年起，经过安史之乱的破坏，及随之而出现的藩镇割据和军阀混战，北方社会经济遭到惨重破坏，全国的经济重心已基本上转移到江南地区。洛阳也在战乱中遭受烧杀抢掠，残破不堪。据《旧唐书·郭子仪传》记载：“（洛阳）久陷贼中，宫室焚烧，十不存一。战乱后，洛阳又常处在割据势力的威逼之下，唐王朝虽曾几次修复东都，终因财政困窘而没有能力大兴土木，致使东都宫殿内苑始终未能修复，其都城地位也逐渐丧失。

政局的不稳使漕运亦受到严重影响，年运量下降到20余万石乃至10余万石。运河体系的改变使长安和洛阳地区逐渐丧失了全国经济的支撑，由长安和洛阳构成的经济文化轴心区不复存在。五代及北宋虽然仍立国于黄河流域并基本维持了汴梁（今开封）与洛阳的两京格局，但却被赋予了新的内涵，洛阳逐渐丧失其政治中心的功能。随后继起的南宋、金、元、明、清彻底改变了中国古代都城的分布格局，正式开启了都城发展的运河时代。

隋唐洛阳城遗址公园

武则天在洛阳建的天堂

洛阳新建的隋唐大运河文化博物馆

二、开封

开封地处中原腹地，周围平原广阔，河湖交错，战国时即是魏国都城（当时称大梁）。当时，魏国为争雄称霸，对鸿沟进行挖掘改造，北接黄河，南边沟通了淮河北岸的几条主要支流，构成了黄、淮之间的水路交通网络，开封也因此成为中原地区的水陆交通要冲。此后随着魏国的灭亡，开封沦为一个小小的县城，沉寂了数个世纪，直到隋炀帝开挖大运河，才迎来重新崛起的机会。

大运河沟通后，开封（当时称汴州）西通洛阳，南达江淮富庶之地，是南来北往商旅漕船的必经之地，从唐开元年间逐渐繁荣起来。据《旧唐书·齐浣传》记载："河南，汴为雄郡，自江、淮达于河、洛，舟车辐辏，人庶浩繁。"安史之乱以后，由于藩镇割据局面的形成，北方地区的大部分赋税被地方留用，唐王朝的财政收入主要依靠江南，通济渠成为其生命线，使开封作为交通漕运枢纽的地位得到进一步确立，并对其城市发展起到巨大的促进作用。此外，作为保护洛阳的屏障，开封也具有巨大的军事价值，成为唐王朝统治东方的重镇和兵家必争之地。

经济与军事地理格局的变化也带来了政治地理格局的变化。907 年，朱温在开封称帝，建立后梁政权，立开封为国都，洛阳被改为西都。五代时期（907—960 年），虽然国都仍然在开封、洛阳之间来回变动，但多数时间以开封为主，洛阳则降到从属的地位，从而开启了中国都城史的"运河时代"。

公元 960 年，赵匡胤建立了北宋政权，并通过一系列战争结束了五代十国的割据局面。由于当时中国经济文化重心的南移已经完成，因而宋廷在选定都城时，必须考虑如何既能照顾到北部和西北部边防的安全，又能较容易地取得江、淮地区的巨额漕粮以满足上述迫切需要。因此，赵氏君臣几经反复研讨，尽管开封地势平坦，无险可守，由于其地处大运河东南部分北端的重要位置，最终还是不得不继五代（后唐除外）之后，确定开封作为国都。

同时，为了吸取唐朝后期握有兵权的各地方藩镇割据形成五代十国以及五代各朝都是短命的政治教训，宋朝建国伊始就采取加强中央集权措施，将各地方政府的军、政、财、法和监察大权，全都集中到中央，在开封设置了庞大的官僚机构和在京师驻扎了数十万的国家军队。为了供应京师庞大官僚群和军队的给养需要，宋朝一开始就制定了"国家根本，仰仗东南"的国策，即将国家的财赋收入，完全依赖于东南地区对京师的漕运。北宋朝廷曾数次讨论过是否迁都洛阳的问题，结果因洛阳离东南地区较远，漕运不便而被否决。当时开封的水运交通条件十分优越，以汴河为主的运河系统构成以开封为中心的放射状河网，为北宋漕运的发达和京师开封的繁荣，提供了良好条件。而开封作为漕运中心和水陆交通枢纽，还发挥了集东南之粮辎御北方兵马的重要作用，在兵事紧急的时候将漕粮转运到国防前线。

由于汴河的水源主要来自黄河，黄河多沙善淤的特点也影响了汴河。到了北宋后期，汴河疏浚制度渐废，泥沙淤塞日趋严重，漕路不畅，运力大减，再加上金人南下的威胁，使开封不再适合作为都城。1127 年，金军攻破开封，宋统治者放弃中原，南逃临安（今杭州）。宋金对峙，南北分立，汴河长期失用不浚，逐渐湮没。开封的地位也从此江河日下，日渐衰微。而由于历史上黄河数次泛滥，历史上的开封城今天也已被淹没在厚厚的淤泥之下。

鼓楼广场是开封最大的夜市所在地，《东京梦华录》记载了这里的繁华

开封仿照《清明上河图》建的清明上河园

三、杭州

杭州始兴于隋代，隋唐大运河的南北贯通和东南经济的迅速发展，尤其是江南运河与钱塘江及浙东运河的沟通，使杭州从一个滨海小邑一跃发展成为重要的经济都会。唐朝时，杭州已成为国内外通商口岸，贸易兴盛，呈现出“骈樯二十里，开肆三万室”的繁荣景象。907 年，在唐政权被后梁政权取代的同时，唐地方将领钱镠建立吴越国，以杭州为都城。经钱氏数十年的经营，使杭州成为一座规模宏大的名城，并在北宋时期成为全国最重要的工商业城市之一，是对外贸易主要的港口，经济、文化十分繁盛。

1132 年，在经过开封陷落后的数年颠沛流离之后，宋朝统治者终于在临安府（今杭州）安定下来。考虑到杭州自身优越的经济条件和物质基础，以及它作为江南运河、浙东运河及钱塘江三条水路交汇点的便利漕运条件，宋朝廷于 1138 年正式将其定为行都，是为南宋。

南宋政权偏隅南方，北有强敌，但仍然维持了 150 多年（1127—1279 年），经济持续发展，全靠其坚实的财政基础的支撑。而正是由于运河对于各地财赋的转漕，才保证了朝廷的财政需求，并成为其布达政令、遣发军旅、流通物资的重要通道，运河漕运也由此成为南宋得以偏安的重要因素。南宋经济、文化、社会各方面的高度发展，促成了京城临安的极度繁荣。作为全国最大的手工业生产中心，南宋杭州城工商业发达，手工业门类齐、制作精、分工细、规模大、档次高，造船、陶瓷、纺织、印刷、造纸

杭州宋城大街

杭州古街

等行业都建有大规模的手工业作坊。同时杭州还是当时全国商业最为繁华的城市，城内城外集市与商行遍布，天街两侧商铺林立，早市夜市通宵达旦；城北运河樯橹相接、昼夜不舍，城南钱江两岸各地商贾海舶云集、桅杆林立。

经过南宋政府一个多世纪的精心营建，杭州发展成为百万人口以上的大城市，鼎盛时曾达到 160 万人，成为当时亚洲各国经济文化的交流中心，城市规模遥遥领先于世界。甚至在它于1274年沦陷于蒙古军队之后，马可•波罗仍然认为它无疑是世界上最为华丽高贵的城市。

元代，作为大运河上的重要节点，杭州依然保持南方工商业中心的地位。明清以降，杭州除短时间因遭战争破坏而经济萧条外，多数时间都保持了工商业繁荣发展的局面。明万历以后，杭州恢复了昔日的繁盛，商店沿街长达几十里，百物辐辏，商贾云集，千艘万舳，往回不绝。由于经济的高度发展，夜市又开始兴起，“每至夕阳在山，则樯帆卸泊，百货登市，故市不于日中，而常至夜分。且在城阈（城门）之外，无金吾之禁，篝火烛照如同白日”。清乾隆年间，杭州发展成为中国三大丝织业中心之一。其他手工业如棉纺织业、制伞、剪刀等也很兴盛。雍乾年间，杭州城市更加发展，城郭宽广，居民稠密，南北长达 30 余里，成为全国著名的工商业大城市。

四、北京

北京，古称蓟，战国时即为燕国的都城，为北方一大都会。作为中原进入北方和东北地区的门户，北京逐渐成为区域政治中心。随着大运河在隋代的开通，第一次开辟了从江南直达涿郡（今北京南郊）的运道，解决了漕运问题，从而不仅提升了北京地区的政治、经济和军事地理价值，也为其上升为全国政治中心奠定了基础。隋唐王朝对高丽的多次用兵，都以北京为基地。

中唐以后，契丹、渤海、女真等少数民族相继崛起于东北，北京的政治地理价值日益凸显。10 世纪上半叶，契丹族在建立辽朝后升北京为五京之一的南京，是辽国经济文化最发达的城市，几可与宋都开封相媲美。12 世纪上半叶，由女真族建立的金朝取代辽朝，并攻灭北宋，占有淮河以北的领土，与南宋形成南北对峙的局面。鉴于北京的交通发达、物产丰富，1153 年，金统治者正式将都城迁至北京，改称中都，并随即恢复了以中都为中心、以御河（永济渠）为主干、以黄河北流诸水为辅的漕运体系。

1264 年，在即将重新统一中国的前夕，元朝皇帝忽必烈下令在金中都东北郊另建新城，并于 1272 年把新城命名为大都，定为全国的都城。元大都的确立与兴建，使北京由北方区域中心第一次上升为统一国家的政治经济文化中心，成为北京城市发展史上的一次飞跃，对中国历史发展产生重要影响。

而大都城的山形水系，在其规划设计之初便被认真考虑在内。设计者首先选择了城内最重要的水源积水潭东北岸上为全城中心的一点，立“中心台”，又建“中心阁”，从“中心台”向南，紧傍积水潭东岸，垂直南下，形成设计上的城市中轴线。在此中轴线上，又紧傍太液池的东岸，建造宫城“大内”，又以积水潭的东西宽度作为全城宽度的一半，用以决定东西两面大城城墙的位置。

在大都建成之后，为解决南粮北运问题，元政府对大运河进行了一次大规模的整治和开发，重新开通的大运河以大都为中心，直穿山东、江苏全境，径抵江南，把南北方各大经济区更直接地联系起来，由此奠定了此后中国大运河的基本走向及规模。

明清两朝相继建都北京，沿用元代大运河作为连接北方政治中心与江南经济重心的水运通道。为确保这一交通大动脉的畅通，明清两朝都不遗余力地经营运河，使运河的功能和作用得以充分发挥，进而将古代运河的发展推向一个高峰。而作为元、明、清三朝都城的北京，素有“漂来的城市”之说。大运河每年为北京运进数百万石粮食，还把南方的其他物资如木材、铜、铁、铅及百货等，源源不断地运来。可以说，没有大运河漕运，就没有北京的那些金碧辉煌的城阙和宫殿，也就没有北京历史上的兴盛和繁华。

北京元大都遗址

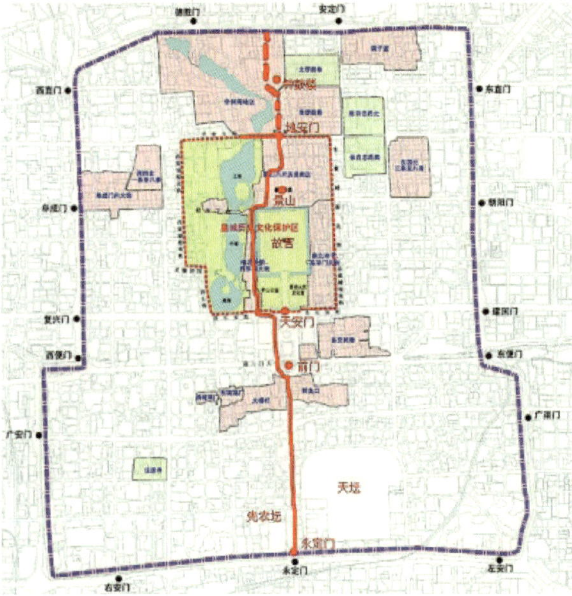

北京中轴线示意图

北京的崛起，有政治、军事、地理等多方面的深刻原因，而大运河沟通南北，连接黄河和长江两大流域，也为北京作为统一中国的都城奠定了经济和地理方面的基础。随着中国经济重心的东移，长江中下游平原、华北平原和东北平原逐渐成为中国的经济政治中心区域，正是由于大运河的沟通，使位于华北平原北端的北京成为连接三大区域的枢纽，南北照应，成为全国的中心。北京作为中国古代两大伟大工程长城与运河的交汇点，既捍卫了中原文明，又努力汲取南方的养分滋育北方大地。长城既未能阻挡北方民族的南进，也没有阻碍中原文明的北上；而运河却有效地保证了南北的统一，促进了中国经济的发展、商业的繁荣和文化的兴盛。

第二节　大运河漕运沿线的商业城市

大运河沿线的众多城镇，由于漕运的影响而逐渐发展成为工商业发达的地区性中心聚落。位于大运河与长江交叉口的扬州，自隋至清，一直是大运河的要地。扬州城与大运河的邗沟段同期修建，至今可见运河对城市格局的影响。唐代扬州就是全国最发达的商业都会，元代则成为重要的国际性都会，明清更由于盐业的发达而更加繁荣。苏州、杭州的历史也与公元 7 世纪江南运河的开通息息相关。宋代的苏州城更是由于以水系为脉络、河道为骨架，塑造了杰出的双棋盘式格局，将大运河之水引入家家户户门前，形成了独特的“水陆相邻、河街平行”的居住模式。农业、丝织业的发达加之漕运带来的便利和商贸机会，使苏杭两地在宋代即被誉为“天上天堂，地下苏杭”［（宋）范成大，《吴郡志》］。明清时期，苏杭两地更成为工商业极为发达地区。北方的天津、南方的明州（今宁波）均是大运河与海运的交汇点，也由此而成为历史上全国南北货物的集散地与重要的对外港口城市。

繁华的扬州

由于中国南北方经济条件差异较大，经济互补性也比较强，客观上有加强经济交流的愿望。虽然大运河开凿的主要目的是漕运，但漕运中的夹带和私货运销活动却刺激了沿岸地区的商业发展，也给运河沿线带来了大量的人流，而且各王朝为了维持漕运的运转，也必须适时开凿和疏浚河道，从而提供了城市兴起所需要的交通条件，为城市兴起聚集了相当数量的物质产品和居民人口，于是在运河沿岸的一些水陆交会点或交通枢纽地区，就兴起了一座座商贸城市。这些城市因运而生，依运而存。不同时期的运河都会带动一批商贸城市的兴起，而其在运河漕运体系中的重要程度，也往往决定了这些城市的规模大小和繁盛程度。

一类是原已为州县级政区治所所在，由于运河所经，商业繁荣，城市更为兴旺，如济宁是会通河开通后最早兴起的城市。元为济宁州，清代升为直隶州。明清时期济宁地处清运中枢，漕船南北往返重要停靠码头，又是总河衙门所在，有庞大的官吏机构，物资需要当甚于其他地方。官私商贾都麇集于济宁，进行贸易。明成化、弘治年间人程敏政云：“凡贸易于两淮、于三吴者，联樯大舶，必生济宁。”清中叶包世臣说：“闸河自台庄入东境，为商贾所案，而夏镇，而南阳，济宁，而张秋，而阿城，而东昌，而临清为水马头，而济宁为尤大。”

每年漕运丁水手与当地商贩交易的南北货物，不下数百万石，“商品粮民之至者乐而忘返，流其之人恒多于土著”。于是“百物聚处，客商往来，南北通衢，不分昼夜”。清乾隆年间，济宁城市人口达到 17012 口，其中“车者、舟者、负者、担者日不下千万计，每年至少有四五十万人次之多”。城市人口的增加，必然促进城市商业、服务行业的发展。又如聊城在元代为东昌路治所，明代改为东昌府，是会通河沿线唯一的府级政治中心城市，由于地理位置不如临清和济宁处于南北交通的枢纽地位，其发展规模不如上述二城市。尽管如此，聊城毕竟在运河沿线，其过境贸易还是很发达的。南来北往漕船所带土宜特产，多在此销售。明代记载，“由东关溯河而上，李海务、周家店居人陈椽其中，逐时营殖”。在清代仍是会通河北段的商贸城市，各省商贾云集，南北贸易繁盛，每年漕船过往，仅收购特产熏枣一项，即达数百万石之巨。

另一类是原为县级或县级以下的一些居民点，由于运河漕运所经，逐渐发展成为重要商业城镇。如天津一地的兴起与大运河有密切关系。天津在元时为直沽，为南北运河交汇处。明代的天津卫，原为军事据点。清雍正年间升为天津府并置附郭天津县，成为府级政区治地。原因是南方各种物产往往先漕运至天津，然后再贩运至京师。天津“城西北沿河一带、旧有杂粮店，商贾贩粮百万，资运京、通，商民均便。河东新创杂粮店，商贾贩粮通济河东一带村庄”。天津城北门外是南北运河交汇之区，“百货倍受往时”。因为天津“为漕运孔道，冠盖之所，往来商贾之所辐辏，舟车络绎，百货骈阗，鼓瑟管弦之声不绝于耳”。直至民国，天津仍是北方第一都会，实因天津地处大运河和北方诸水交汇处。山东峄县原远离运河，自开泇河以后，峄县为运河所经，粮艘过境，运丁水手“多挟南货以易邑煤米”，商旅“岁时往还不绝，奇物珍货衍溢”，本地的麦豆及煤炭诸物易得善价，而行销数千里。清代乾嘉时，“县当干道，商贾辐辏”。

大运河自春秋时期初创开始，即推动着沿线商贸城市的兴起与发展。汉代随着漕运的兴起、运河的修筑，带动了一批城市的兴起。河淮之间有贾逵为豫州刺史，“浚汝水，造新陂，又通运渠二百余里，所谓贾侯渠”。有邓艾“行陈、项以东，至寿春地”。

运河城市济宁

天津古街

建议在河淮间“宜开河渠，可以大积军粮，又通运漕之意”。于是兴修“淮阳、百尺二渠”。系列运河的开凿，沿运城市由原先普通的城市发展成为商业都会。汴泗交汇的徐州彭城因“左右清汴，城隍峻整，襟卫周固”，而成为河淮间具有三十万户人口的都会中心。淮河沿岸的寿州（今寿春）“南引荆海之利，东连三吴之富，北……利尽蛮越”成为一座名城。

而隋代大运河的开通更是掀起了运河沿岸工商业城市发展的第一波浪潮。隋唐大运河不仅带动了东南地区的开发建设，提高了东南地区经济文化水平，而且促进了一批沿岸城市的兴起与繁荣。宋州、楚州、扬州、润州、常州、苏州等是当时最著名的运河城市。宋代以开封、杭州为中心的运河体系的建立，以及农业、手工业的进步，将运河沿岸城市的发展推向一个新的阶段。苏州、扬州、真州、楚州等是这一时期运河城市繁荣发展的见证。

元代大运河的重新开通和南北取直，为运河沿线城市发展开辟了一个新的时代。尤其是自明中叶以后，随着封建社会商品经济的进一步发展，社会生产力水平有了较大提高，社会分工进一步扩大，手工业诸如冶炼、制瓷、纺织、造船、染色、制盐、造纸等行业有较大发展，国内外市场不断开拓，由此将运河城市发展推向一个繁荣发展阶段。在当时全国著名的工商业较发达的30多个大中城市中，就有顺天（北京）、镇江、苏州、松江、淮安、常州、扬州、仪征、杭州、嘉兴、济宁、德州、临清等13个为运河城市，几乎占了半壁江山。其他运河沿线城市如淮安、天津、徐州等也都具有相当规模。明万历《款志·货殖》：当时天下称为都会者，“大之而为两京、江、浙、闽、广诸省会。次之而为苏、松、淮、扬诸府，临清、济宁诸州，仪真、芜湖诸县，瓜洲、景德诸镇”，说明除了都城、诸省省会外，大运河沿线城市是当时最繁盛的都会。

一、扬州

扬州地处大运河与长江的交汇处，自春秋吴国于公元前486年开邗沟、筑邗城起，即成为运河咽喉之地。扬州的兴盛始于隋唐，大运河的开通使扬州成为全国最重要的水陆交通中心之一。南北商人和物资多以此为总汇，江淮荆湖与岭南的物产，特别是东南一带的海盐，大都在此集散。唐中后期，朝廷仰仗东南，漕运的主要来源是江淮地区，扬州不仅是唐朝财赋所赖的重镇，而且也是商贾如织的国际大商埠，时人称“扬一益二”（益州为今天的成都），即除了都城长安和洛阳，扬州之繁盛天下第一。

宋元之时，扬州商业繁盛依然称著于世。是时，“百川迁徙贸易之人，往往出其下，舟车南北日夜灌输京师者居天下之七”（沈括，《平山堂记》）。明清时期，优越的地理位置使其成为当时漕粮北运的门户，扬州的经济和文化再度出现空前繁荣，“四方客旅杂寓其间，人物富盛，为诸邑最”（光绪《漕运全书》卷28、30）。作为两淮盐运使的驻地，扬州集中了大量的盐商及其资金，成为全国的金融中心，时云“扬州富甲天下”。扬州的商业，除盐业外，米行、木行、造船、南北货业、铜器业、茶食业、刺绣、漆器等手工业也很有名。明末清初，扬州因战乱而化为废墟，但由于其漕运枢纽地位和盐业发达，经济迅速得到恢复和发展。清代康熙、乾隆皇帝的数次南巡均以扬州为主要驻跸之地。两淮盐商为接待帝王南巡，大建宫室、园池、台榭，对扬州城市发展起了重大作用。清朝将漕、盐、河称为“东南三大政”，扬州兼三者之利，号称东南一大都会。据统计，到清后期，仅江苏苏松道、浙江、江西、湖南、湖北通过扬州漕船总计2659艘，共计运丁26590名（嘉靖《惟扬志》卷11）。这些数量巨大的运丁及众多官兵为扬州带来极大商机。同时，清代对漕船携带土宜的限制逐渐放宽，土宜数额伴随商品经济发展屡次增加，为扬州带来各种物资，使扬州成为当时全国商品经济最为发达的城市。扬州的繁华使其成为达官、富商、缙绅、豪门的聚居之地，各色商业服务行业如商铺、茶馆、酒楼、戏园等鳞次栉比，城内园林名胜，甲于天下。

二、苏州

位于江南运河与娄江交汇处的苏州，濒太湖、依长江，素称江南水陆交通枢纽。吴王阖闾筑城（前514年），苏州建城后不久，历代统治者就以苏州为起点，陆续向西、北、东、西北、南等方向开凿运河，构成了苏州与外界联系的四通八达的水道。其中，向北、向南两个方向的运河经隋大业年间的进一步开凿，成为大运河江南段的重要组成部分。运河之水，一部分汇入护城河，一部分先融入城内水系，以三横四直的主干水系构成主要水网，成为城市居民重要的生活水源，然后再从城门泄出后汇入运河。苏州像扬州一样，整个城市与运河连成一体。

扬州明清城墙东门遗址

扬州唐城遗址

唐宋以降，随着经济重心的南移、漕运的需求，苏州经济快速发展。至明清，苏州发展成为全国的棉织、丝织业中心和刻版印刷业中心及全国最大的粮食市场和丝棉织品贸易中心之一。明清时期，“苏州江南首郡，财赋奥区，商贩之所走集，货物之所辐辏，游手游食之辈，异言异服之徒，无不托足而潜处焉。名为府，其实一大都会也”（《镇吴录》，转引自韩大成《明代社会经济初探》）。作为粮食、丝棉织品贸易中心，苏州被称为“天下四聚”之一，市场上不仅有全国各地的各种名优特产，而且还有大量的外国商品。

大运河苏州段

这一时期，苏州城内水系也是大运河漕运体系的一部分。历代的漕运，皆依托苏州绵密的水运网络运到苏州城内粮仓储存，而后由苏州发运北上，苏州古城成为漕粮的重要征集地和起运地。依靠运河的滋养，作为明清时期全国工商业最发达的城市之一，苏州的发展规模仅次于北京，到鸦片战争前夕，城市人口将近百万，成为当时世界上最大的城市之一。

三、常州

常州市是一座有着 3200 多年历史的文化古城。春秋末期（前 547 年），吴王寿梦第四子季札封邑延陵，开始了长达 2500 多年有准确纪年和确切地名的历史。曾有过延陵、毗陵、毗坛、晋陵、长春、尝州、武进等名称，隋开皇九年（589 年）始有常州之称。

江南运河西段流经常州，市区段运河长约 23 千米，是南方城区段运河的典型段落。春秋时代（前 5 世纪）是此段运河的始建时代。隋唐至明代之前，常州运河水系伴随着漕运带来的水利建设而逐渐完善；至明清时期，常州运河水系已趋完善，为当时常州城市依运河而盛的发展奠定了基础。“常州为江左大郡，兵食之所资，财赋之所出，公家之所给，岁以方计”。明代时，常州成为转运赋粮中心，开始每年转运一百数十万石，以后逐步增加到 300 万石，故常州有“自苏松至两浙七闽数十州往来南北两京，无不由此途出”的重要地理位置，是“贡赋必由之路”。由于大运河水穿城而过、绕城而行，

大运河常州段

常州受到大运河的重要影响，形成了常州城依水而筑、绿水抱城的城水相依、人水相亲的格局。19 世纪以前，常州段运河一直是大运河沟通太湖与长江水系的主要航道的重要组成部分，也是漕粮北运的重要通道。19 世纪漕运结束后，此段运河作为江南运河的一部分，承担着区域航运功能。

四、临清

位于会通河与卫河交汇处的临清是因运河而兴起的又一重要工商业城市。明代大运河全面通畅后日趋繁盛，四方物资汇集于此，人口急剧增长，集市繁荣，手工业发达，一跃成为区域性商业贸易中心。作为北方最大的粮食市场，临清每年贸易量达千万石之巨。此外还有不少的盐店、典当店、皇店、官店、旅店、塌房等。大大小小的商业街市几乎遍布全城，店铺种类和数量繁多。明清时期城内店铺在五六百家以上，如加上各种类型的市集商贩、作坊店铺，临清各种商业店铺可达千余家。商业的兴盛还带动了手工业的发展。临清的制砖业、毛皮手工业十分发达，砖窑 380 余个，工匠近万名。临清工商业的繁荣给人留下深刻印象，明代著名的传教士利玛窦曾说："临清是一个大城市，很少有别的城市在商业上超过它。不仅本省的货物，而且还有大量来自全国的货物，都在这里买卖，因而经常有大量旅客经过这里"（《利玛窦札记》第四卷第四章）。

从临清路牌可以想见临清当年的市场繁荣

五、济宁

济宁作为会通河上的重要枢纽，城内外也是商业街区遍布，其人口比例最大的部分是商人，其次是手工业者，是一个典型的因大运河漕运带来的转口贸易而发展起来的城市。据《济宁直隶州志》记载，明末时，济宁位于“南北咽喉、子午要冲，我国家四百万漕艘皆经其地。上绅之舆舟如织，闽、广、吴、越之商持资贸易者，又鳞萃而猬集。即负贩之夫、牙侩之侣，亦莫不希余润以充口实。冠盖之往来，担荷之拥挤，无隙晷也”。

济宁太白楼

六、淮安

淮安地处黄、淮、泗、运众河交会之地，为运河航运交通枢纽，每年数以万计的商船、漕船云集码头，牵挽往来，百货山列。明清两代在淮安设有漕运总督，总管天下漕粮。清康熙十七年（1678年），又将河道总督迁至淮安，淮安遂成为全国性的经济调控中心。明清时期，淮安与扬州、苏州、杭州并称运河沿线的“四大都市”，是当时具有全国影响力的特大城市。

淮安府衙

清光绪二十六年（1900年），漕运全罢，漕粮改折现金，传统运河体系解体，多数运河城市因丧失对外联系的主要通道而衰落下去，规模变小，百业萧条，人口锐减。淮安因“漕运改途，昔之巨商去而他适”。

七、天津

1214年，由于对保障金中都（位于今北京城西南）及漕、盐储运安全至关重要，金朝政府在三岔口建立了军事设施直沽寨，成为天津城最早的建制。作为河、海漕运的交通枢纽，元代重开大运河和开展海运，使天津一跃成为京师门户。元代庞大的漕运促进了直沽（天津）的繁荣发展，直沽因而被马可•波罗誉为“天城”。漕运、海运相汇集，使其呈现出“晓日三岔口，连樯集万艘”（元代张翥：《代祀天妃庙次直

北、南运河天津三岔口段

沽作》）的壮观景象。到明代中期，天津的商品经济出现飞跃发展，并由漕粮转运枢纽发展成为北方商业重镇。三岔口作为运河漕运中转站，当年船舶云集，元朝廷于三岔口两岸敕建有天后宫，成为船工酬神、聚会场所。

随着大运河漕运的终结，位于渤海湾岸边的天津也凭着海运码头和京师门户的地位，一跃而成为近代民族工业的发源地之一和北方最重要的工商业都会之一。这一段的天津因地处运河畔而成为当年的繁华地区，大运河造就了运输的便利，运输使得商贸发达，商贸促使各类会馆、货栈、商行、银号、钱庄鳞次栉比。像竹竿巷、针市街、小洋货街等，其名称的由来都是因运河舶来的商品在这里销售而形成的。《津门杂记》中记载的："河路码头买卖广，繁华热闹胜两广"就是对当时最贴切的描述。五大道等处成为天津近代建筑风格的多元构成，突出地反映了中西文化交汇的时代特征。

八、无锡

无锡，简称"锡"，古称梁溪、金匮，被誉为"太湖明珠"。江南运河无锡城区段是南方城区段运河的典型段落。此段运河最早的河道（即"古运河"）始建于春秋时代（公元前 5 世纪）。隋代初期（610 年）重新疏浚和拓宽此段河道，使江南运河无锡城区段成为沟通南北的中国大运河江南运河的一部分。隋唐宋时代（7—12 世纪），随着漕运的发展，沿着无锡江南运河河道，城镇市集持续发展并进一步增多。自 13—19 世纪（元明清三代时期），此段运河作为江南运河的主要航道，承担了北上运输漕粮的主要功能，并对无锡城市发展产生了巨大的促进作用。明清时代，

无锡古街

运河漕运促进了无锡米市的形成和发展。这些粮行堆栈都在古运河两岸沿线，形成了布码头、钱码头、窑码头、丝都、米市等兴旺的城镇发展景象，反映了运河漕运与地域社会经济发展密切相关，在很大程度上促进和带动了城镇的发展和区域经济社会的繁荣。大运河漕运功能结束后，无锡凭借其靠近上海，航运发达等优势，成为中国民族工业的摇篮。

九、绍兴

绍兴，简称“越”，古称越州，是浙东运河沿线的重要城市。浙东运河杭州萧山—绍兴段包括如今的西兴运河、绍兴城内运河、绍兴护城河、山阴故水道等河段，西起杭州西兴的钱塘江边，东至上虞县（今绍兴上虞区）东关镇曹娥江边，全长约 90 千米。

山阴故水道始建于春秋时代（公元前 6—前 5 世纪），是此段最早修建的一条人工水道。南北朝时期（公元 4 世纪）逐渐形成了以渠化天然河道为主的运河体系，唐宋时期在工程与制度上进行了较大的完善，形成了完整的水运体系（包括西兴运河、绍兴城内运河等河段）。而绍兴护城河由北宋皇祐年间（1049—1054 年）开凿的护城壕发展而来。后来此段运河作为连接海上丝绸之路与大运河的交通要道不断受到疏浚和维护。南宋时期，朝廷管辖的地方大大缩小，漕运主要来自南方的省份，浙东运河成为漕运主要通道之一。北方贸易道路被切断，原先的丝绸之路被阻断，迫于形势和发展的需要，被迫转向以商业经济尤其是远洋贸易为主的商业经济模式。得益于造船技术和航海技术的提高、指南针的发明使用，海外贸易成为南宋经济繁荣不可或缺的一环。这就催生了海上丝绸之路的繁荣，同时促进了位于杭州附近的绍兴的发展。由

绍兴段运河

于杭州湾和长江口的浅滩和潮汐影响，来自中国东南的远洋大帆船大多在宁波卸货，转驳给能在运河中通航的小船，再由这些小船转运到杭州、长江沿岸港口以及中国北方沿海地区，绍兴成为商业繁华的城市。

十、通州

通州商业的繁盛与漕运的关系是毋庸置疑的，如《嘉靖通州志略》所言："通州密迩京师，当东西南北之冲，水路要会，天下财货集焉。是以逐末者多，务本者少。"清代通州漕运更盛，据《康熙通州志·封域志·风俗》记载："走集之交，聚会之所；习为商贾，勇于奔竞。"漕运促进通州商业繁荣的因素之一就是"随船土宜"制度。

所谓"随船土宜"，就是在漕船运粮的同时，可以捎带点当地土特产，政府规定一定数量的土特产可以免征税钞。这种制度早在明代已经形成，但是数量不大，明成化（1465—1487 年）时期，每船准带土宜 10 石，明嘉靖（1522—1566 年）末，允许带 40 石，明万历（1573—1620 年）时期，增加到 60 石。到清代，朝廷对漕船携带"土宜"的限制逐渐放宽。因为朝廷知道运输成本太高，途中各种花费太高，运丁太苦，放宽政策，可以从一定程度上保护运丁的积极性。如清雍正七年（1729 年）谕令："放丁驾运辛苦，若就粮艘之便，顺带货物至京贸易，以获利益，亦情理可行之事"（《清朝续文献通考·征榷》）。

清雍正朝准许每船可带土宜 100 石，清嘉庆朝达到 150 石（《清朝续文献通考·征榷》），清道光八年（1828 年）增加到 180 石，道光年间漕船以 6320 艘为计，共带免税土宜总计为 138680 石。当然，漕船实际携带的货物比这个数目要多出很多，因为每艘船往往要超过规定的量，超过的部分只需按规定缴纳税钞即可。

南方来的漕船携带南方商货到北方，所带货物部分沿途出售，余下的都运到通州。所运货物种类繁多，主要有农产品、棉纺织品、丝织品、油类、酒类、干鲜果品、各种食物、纸张、竹木藤器、杂货、铁铜器、药材十二大类货物。其中每一类下面又有若干小类，共计近千种货物。仅纸张就有几十种。

漕船到通州土、石二坝交兑完毕后，将北方的商货带回南方，所带商货，主要是农产品及农副产品，诸如梨、枣、核桃、板栗、瓜子、柿饼、豆、麦、棉花、烟草等。据《清代漕运》考证，携带数量，准带 60 石免税，在规定之外须按章纳税，每石税银 4 分。漕船由北而南系回空，携带商货税额又很低，大运河沿线城市，尤其是南方经济发达的城市，需求量之大，可想而知，所带商货为数必然更大。

北京通州大运河森林公园

遥想当年，万舟骈集于通州城东门外，南来货物汇集于东关码头，然后再从此处运到北方各地。漕船交完粮后，捎带北方货物。北方各地商品也聚集在通州，由通州上船，运回南方各地。

这样一来，五岭南北的“广货”，川黔地区的“川货”，塞北的“皮货”，各地的粮食、土特产，经漕船、商船以及驼队运至通州。南北物资咸集于此，通州不仅成为漕运仓储中心，也是名副其实的南北商贸中心。通州的粮食交易产业、日用百货产业、运输业都十分繁荣，形成了几个商业繁华区域，至少形成了东关商业区、鼓楼商业区和闸桥商业区。随着清末社会动荡、漕运的终结，通州的漕运仓储重镇的地位就不复存在了。

第三节　大运河漕运催生的商业城镇

除了大运河沿线的城市，繁忙的大运河漕运还催生了一批商业市镇。即便沿河小城镇，均有层楼叠阁，耸立河滨。兹后中国的商品流通、人口聚散、南北经济和文化的交流，几乎都集中在这条运河沿线的城市带上。大运河漕运带动了商业市镇的发展，为运河沿线的商业市镇发展开辟了一个新的时代，一批新兴的运河市镇，如张秋、窑湾、夏集、河下、南阳等，在中国北方逐渐崛起；南方则出现了一批江南水乡商业市镇，如盛泽、震泽、塘栖、南浔、濮院等。除了较大市镇外，沿运各坝闸处，亦因漕船的来往滞留，形成不少的商业聚落。例如汶上县的开河闸，元时所建，到明代已成为会通河沿线的重要集市，每逢十月下旬“百货萃焉”。阳谷县的阿城上闸是“盐贾骛焉”。下闸亦为小市，“梨枣弥望”。济宁州（今山东济宁市）赵村闸旁有居民数百家，新店闸“居人更盛”。

1. 微山湖中的南阳古镇

微山县的南阳古镇位于南四湖北侧的南阳湖，由于大运河穿湖而过，所以，在这狭长的湖面上伴河形成了一个曾经显赫一时的运河名镇南阳古镇。从地图上看，古镇由东西长 3500 米、南北宽 500 米的主岛和多个自然的小岛组成的，周围碧水环抱，运河从中间穿过，小巧玲珑，犹如一幅美丽的水墨画。

南阳古镇是微山湖中运河线上最有特色的历史城镇。在古代，城镇依运河而建。元至顺二年（1331 年），这里建起南阳闸，开始建镇。明隆庆元年（1567 年）漕运新渠竣工，南阳成了运送货物的码头，人口骤增，商业日盛，遂成市镇。清代以后，南阳为南北漕船、商船必驻之地，是湖区商货集散中心，南阳“渔船、酒船、商船、米面船、往来相接、群聚檐樯林立如街市”。在鱼台县商贸业仅次于谷亭，有“小济宁”和“小苏州”之誉。清政府曾在此设守备及管河主簿。据说，乾隆皇帝下江南也曾在镇上逗留，并为马家店题写匾额。

南阳街有史以来就是以商贸交易繁华而著称的，至今仍然经久不衰。老街上分布着大大小小的店铺商号，现在仍可以查询出旧时的老字号名，还有清代钱庄、水神庙等遗迹。游客可一路游览南阳繁盛之时的遗迹，如皇宫所（现存）、皇粮殿、二爷庙、古运河闸、魁星楼、文公祠、大禹庙、杨家牌坊、不沾地旗杆等。还有据说乾隆皇帝走过的、被珍藏了 230 年之久的门槛。

鲁商集聚的山东南阳古镇

2. 苏北水域胜江南：徐州窑湾古镇

徐州的窑湾古镇位于中运河边，这里唐代时位于邳州、海州交界处，因周边窑多，故称窑湾。窑湾古镇素有“东望于海，西顾彭城，南瞰淮泗，北瞻泰岱”之说，号称“黄金水道金三角”，有“苏北水域胜江南”之称。依托水运的优势，窑湾逐渐发展成为大运河上的重要码头和商业重镇。在明清漕运鼎盛时期，窑湾为南北水陆要津，往来的漕船经过窑湾航行，南达苏杭，北抵京津，工商贸易曾昌盛一时。到民国初期，镇上常住人口达 3 万人，流动人口达 1.5 万人，故又被称为“小上海”。随着明清漕运和盐业的兴盛，窑湾商肆栉比，商贾云集，街上行人如织，水上舟楫连绵。清末民国初期，窑湾镇有商号、工厂、作坊等 360 多家，其中钱庄就有 13 家。东三省货物经窑湾远销南洋、日本等地。英国、法国、荷兰等国的商人、传教士来窑湾经商传教，当年镇上设有美孚石油公司、亚西亚石油公司和五洋百货等外国公司。外国的汽艇、国内的小货轮在窑湾码头来往穿梭，河面桅樯林立，当时有商铺、宅院、教堂、庙宇 8000 多间。

窑湾古镇的商业遗存有吴家大院、赵信隆酱园店、中国典当博物馆、窑湾民俗博物馆、大清窑湾邮局、江西会馆、山西会馆、苏镇扬会馆、天主教堂等。窑湾因运河而兴，运河文化也孕育了窑湾独特的饮食文化，窑湾船菜就很出名。这种餐饮模式起源于明代，后随着漕运不断发展。由于窑湾靠近骆马湖，水产品丰富，水运也发达，于是人们便在船上烹饪，食客也在船上品尝菜肴，形成了一种以新鲜的水产品为主要食材的特色餐饮。至今，在窑湾还有吃船菜的习惯。

徐州窑湾古镇的赵信隆酱园店

3. 邢台清河县油坊镇

河北省邢台市清河县油坊镇位于卫运河畔，大运河油坊码头是明清时期大运河漕运重要码头。《中国经济年鉴》称，油坊“为直隶河间、南宫、山东夏津、邱县（今属河北省）各处通商之中枢，银钱杂货之大宗交易，皆定期为之。届期货品辐辏，商贾云集，河之左岸为民船停泊之所，常川来往者在四五百只左右”。曾经的油坊古镇内店铺林立，并有多家出名的老字号。明清之交，山西人还在油坊镇建起“山西会馆”，会馆内设有戏楼。在大运河的流水声中，油坊镇迎来了她的黄金年代。这里满河船桅、纤夫盈堤，沿岸纤夫启航的号子声声动十里。小船划向大船，大船靠向码头，游商走贩的吆喝声此起彼伏，真是一派热闹繁华的景象。“商人嗜利暮不散，酒楼歌管相喧阗”便是对其最贴切的描述。

益庆和盐店为大运河油坊码头存盐货场，是清代道光年间由山西蒲州商人所建，

邢台清河县油坊镇

占地近十亩，遗址现存道光年间盐店账房5间，距今已有近200的历史，是清河县境内现存最早的房屋建筑，也是大运河的重要遗产之一。

4. 通州张家湾古镇

北京通州的张家湾古镇是因为运河漕运而成镇的。同时作为海运和河运重镇的通州张家湾的得名，始于元代。元至元十六年（1279年）大都（今北京）蝗灾乏粮，张瑄等自东南“造平底船六十只，运米四万六千石，从海道至京师”，溯潞河北上，因停船于此，命名“张家湾”。

张家湾位于北运河边，是因漕运而繁荣起来的大运河码头。辽代萧太后运粮河的河口即在此处港湾。张家湾古镇以漕运发达闻名天下，有着近千年的历史，是通州运河区的一处重要的码头和货物集散地。张家湾因漕运而兴，白河、通惠河、萧太后河、凉水河、港沟河五大水系穿镇而过，镇域内水系交错、路网发达，是北京十大古镇之一。元世祖建立大都城，粮用依赖江南。元至元二十二年（1285年），万户侯张瑄首次指挥海船运输漕粮自渤海溯海河而上，再沿潞河（时称白河）逆流至此湾，然后换成小船，或调用大车陆运到大都城。元代大运河开通后，河运、海运漕粮都要经过张家湾才能转运大都，皇家码头的功能进一步强化。建造北京城所用的大批石料、木材以及南方出产的商品货物大都是由运河水路经张家湾运送的，民间一直流传“先有张家湾，后有北京城”的说法。历史上张家湾有着多重身份，首先是地理上的码头，其次是商业上的市集，由此形成文化汇聚之地。同时，张家湾还要接纳水运而来的商货和行旅，也成为商贸货运和客运码头，这种情况一直延续了近250年，这里因而形成巨大的集镇。明清时城内商号林立，有“大运河第一码头”之称。明嘉靖三十一年（1552年）筑张家湾小镇，在此先后设有漕运通判衙署、巡检司、宣课司、大通关、防守营、驿站等漕运衙署，还有各类仓场、诸多坐商，商业经济十分发达。一直到清嘉庆七年（1802年）潞河（北运河）改道才停止使用，用作大运河北端码头达500多年。

5. 聊城张秋古镇

张秋，地处临清、济宁之间的大运河与大清河的交汇处。张秋古镇因为地跨运河，

张家湾古镇的桥

为寿张、阳谷与东阿三县分属，明代即为江北商贸首镇。张秋古镇宋元时称“景德镇”。明弘治七年（1494 年），运河决口，景德镇惨遭淹没，临塞决口告成后，更名安平镇。明末又改称张秋古镇。

张秋原本是很普通的市镇，因为漕运，经济社会发展走向繁荣昌盛，被称为“江北小苏州”，享有“南有苏杭，北有临（临清）张（张秋）”的美誉，这得益于它既是一个典型的“三界首”市镇，为东阿、阳谷、寿张三县所共辖，又是“漕河要冲”，位于会通河和大清河交汇处，不过“张秋商业的繁荣几乎完全依赖于运河交通与外来商人”，如徽商在这里除了从事棉布生意之外，重点经营绸缎业，“盛时江宁、凤阳、徽州诸缎绸铺比屋居焉，其他百货亦往往辐辏，乃镇之最繁华处”。

明代，因大运河的开通，张秋成为南北交通要道：“镇夹运河而城，旧为贡道之通渠，实扼南北之咽喉，襟带济汶，控引江湖，盖鲁齐间一重镇也”，素有“南北转运锁钥”之称，自明代以来就为政府所重视。明景泰年间，寿张、东阿、阳谷三县主簿分署张秋，张秋始立三县管河主簿厅。成化年间张秋又设有都木分司署。自明弘治四年（1491 年）后，“张秋河厅始有专设，注以通判任”。至明嘉靖四十三年（1564 年），又添设捕盗通判用以弹压一方，这样张秋又设有捕务管河厅署。此外，在张秋的管理机构还有都察院、布政司、巡检司、税课局等。

明弘治年间张秋就已是一座“夹渠而室者以数千计，五方之工贾骈集而滞鬻其中”的商贸重镇了。嘉靖、万历时期，张秋古镇的商贸经济达到鼎盛。据康熙《张秋志》记载，其时，镇中专业化商业街巷多达二三十条，如，“盐店街”“行盐贾人所聚也”；“清香市街”“市香者肆列居之”；“竹竿巷”“诸行杂货所集也”；“南京店街”“江宁、凤阳、徽州诸缎铺比居也，其地百货亦往往辐辏，乃镇之最繁华处”。镇内拥有二三十种规模大小不等的各种商行。其中，交易最盛的是屠宰、粮食、杂货与绸缎四行。全镇有牙行二三十个，仅牙行经纪人即多达 280 人。于慎行在《安平镇志序》中说，张秋“北二百里而为清源，而得其贾之十二；南二百里而为任城，而得其贾之十五；东且三百里而为深口，而盐荚之贾于东兖者十而出其六七”。张秋不但通过运河吸收来自临清、济宁的商货，而且还利用通大清河之便转输从渤海湾盐场来的食盐。便利畅达的商路交通致使各地货物，像“齐之鱼盐、鲁之梨枣、吴越之织文纂组、闽广之果布珠琲、奇珍异巧之物，秦之罽毳，晋之皮革，鸣棹转毂，纵横磊砢，以相灌注”，然后再从张秋转贩其他地区。而周围地区的棉花、枣梨、阿胶等农特产品，也多在张秋集中，由南下商船“贩鬻江淮”。因此，张秋的转贩贸易极为兴盛，被时人誉为“小济宁”。清代张秋经济继续繁荣，发挥了“绾毂南北百货”的商贸作用，人们所见是镇内“半城乃商贾所聚，土产毡货为天下甲”（民国《东平县志》卷 3，《交通志》），为临清与济宁之间最大的中转贸易市场。

张秋古镇的清真寺

6. 微山夏镇古镇

夏镇，位于济宁市微山县的昭阳湖东岸，大运河的一段南阳新河自西向东南蜿蜒穿过。与其他古镇相比，夏镇比较特殊，由戚城、部城（西城）和夏镇寨（东城）这三个部分组成。

明清时期，夏镇界连苏鲁，为两省分治，镇北属山东滕县管理，镇南为江苏沛县管辖，有“一镇区分南北疆”之谓。曾因清咸丰元年（1851 年）黄河决口，沛县县城被冲，而作为沛县县城 11 年。素有“一步两省三座庙，一条大街两县分”之称。清代的宋思仁《过夏镇》诗写道：“片帆风利挂残阳，一镇区分南北疆。花色暗思滕县白，钟声遥送沛城凉。”

戚城在秦代就是戚县的治所。汉代戚城筑有土城墙，周长四里，建有砖石结构的四个门楼。南北朝时废戚县并入留县，这一区域的繁华渐渐消退，但到了明代，大运河改道东迁使这里重新焕发生机。

部城原名夏村，明嘉靖年间新开了夏镇至南阳的运道——漕运新渠（也称南阳新河或夏镇新河），夏镇成为沿运码头，工商业日趋繁荣起来，明隆庆三年（1569 年）改村为镇。同时，工部、户部分司移驻夏镇。明万历十八年（1590 年），筑起四面土墙，建成四座城楼。清顺治十八年（1661 年），又改建成砖城，因为是工部在此建的城，因此称“部城”。

运河东岸即夏镇寨，又名东城，约在清康熙十年（1671 年）于运河东岸筑土圩成寨，故称夏镇寨。清咸丰时期，西以运河为障，筑三面城墙。清朝曾于此设置“夏阳巡检司”，也是运河管理机构。这样，就形成了三合一的夏镇。

自从漕运新渠通航后，夏镇商业随之兴起。夏镇段的运河自西北向东南蜿蜒穿行，随着水运的繁荣，形成了一串以河为线分布的街道。一条古老的顺河街，原名运河涯，南端的小闸口，后来建成夏镇闸。夏镇的商业在明万历年间，首先兴起于夏镇闸西，以服务于漕船和过往客商的饮食业为主。明万历十七年（1589 年），夏镇各商号陆续设立，此时衙署所设官商店铺居多。后来沿着运河来夏镇经商的人不断增多，在夏镇北门外又发展起一条商业街——太平街。清朝康乾期间，夏镇闸口至水月庵间的平正街、一六街，运河东岸的顺河街、三八街、文昌街、盐当街，都是由于服务漕运的商业兴起而逐渐发展起来。清康熙七年（1668 年）地震，夏镇四门城楼震塌，城内和太平街的房屋大多数倒塌，居民和商户陆续移至大运河东岸。清乾隆年间在疏通运河时挖成一条半月形的河道，供漕船和商船停泊、绕行使用，后来人们围绕小河居住，房屋呈弧形排列，俗称月河圈。

微山县夏镇古镇

清代，夏镇商贸颇为兴盛，从夏镇闸口向东至水月庵及运河东岸一带，是新兴商贸聚集地，商贸辐射达苏北鲁南数县地。到清末，来夏镇经商的人更多了，形成了山西、河南、浙江、安徽、章丘五大商帮，经营的粮行、布店、药店、烟店、茶叶店、客房、银匠铺等达200余家。周边苏鲁皖三省的客商都来夏镇趸货，附近各县商人来夏镇开店销售土特产的络绎不绝。夏镇古镇成为周围数百里内的商品集散地。

7. 淮安河下古镇

"中国运河之都"——淮安，由于地处漕运枢纽、盐运要冲和河道治理中心，从末口到清口就有十多个城镇沿大运河主航道一字排开，"夹岸数十里，街市栉比"，河下古镇就在这里。河下古镇位于淮扬运河的北端淮安市淮安区，这里是古邗沟的北端末口所在地。古镇形成于春秋末期，距今已有约2500年历史，河下曾名"北辰镇"，明清两代这里曾出过67名进士、123名举人、12名翰林，素有"三鼎甲齐全"之称。

河下镇的发迹也源于运河管理机构的设立，清代两淮盐运使司在河下设分司，主管淮北地区盐政，河下成了两淮食盐的重要集散地之一，有"两淮盐，天下咸"之说。当年盐运兴盛时，大运河、淮河上来往的舟船，去时载盐，返回时捎带石板压舱卸于河边，富有的盐商便购来铺路。数十年下来，这里的街道上就铺满了来自全国各地的石板。而石板上一道道深深的印痕正是当年一辆辆盐车碾压的痕迹。

到河下古镇，肯定要尝一下淮扬菜。河下的厨师特别多，"会说淮安话，能把厨刀挎"。这一句当地流传的谚语不仅说明河下人对于厨艺的自信，更源于淮扬菜千百年的传承与发展。有首《淮阴竹枝词》唱道："南船北舸此经过，去去来来唱棹歌。好记山阳

淮安河下古镇

城下泊，西湖湖嘴酒家多。”湖嘴大街上首创“屠龙绝技”长鱼席的宴乐楼与独创“面点刹尖”蟹黄汤包的文楼，以及经营清真肴馔的武楼，即是个中翘楚。河下古镇成为淮扬菜的一个主要发源地。在河下，几乎每家都有几道拿手菜。河下古镇的主要商业点有湖嘴大街、状元楼、文楼等。河下美食有长鱼宴、汤包、茶馓等。

8. 杭州塘栖古镇

塘栖古镇位于杭州临平区，塘栖历史悠久，始建于北宋，因漕运形成码头，自元代起商贾云集，明清时成为“江南十大名镇”之首。大运河穿镇而过，使其成为苏、沪、嘉、湖的水路要津和杭州的北大门。因漕运的影响和大运河的滋润，塘栖以其独特的地理环境，形成了一个著名的水路码头。大运河穿镇而过，四邻八乡的物产都顺着河流去到这里来贸易，“官舫运艘、商旅之舶日夜联络不绝，矻然巨镇也”，以至于“财货聚集，徽杭大贾视为利之渊薮，开典顿米、贸丝开车者骈臻辐辏，望之莫不称为财赋之地”，且“同人之商于斯者，不下千数，休（宁）、歙（县）、绩（溪）为盛，婺（源）、祁（门）次之”。

塘栖古镇店铺林立，百货充盈，其中以枇杷、甘蔗、荸荠、鲜鱼为大宗。清代至民国，镇内集市贸易尤为兴旺，朝市、晚市、香市、庙会支撑起半壁江山，成为江南水乡著名的水路码头。塘栖古镇还有着深厚的文化积淀，文化遗产众多，走在塘栖古街上，一间间林立的店铺也让人回忆起水运时代的荣光，一旁的广济长桥、乾隆御碑也在默默向人们细述当年的塘栖繁华。今天的塘栖镇不但富有水乡特色的景观，而且沿运河形成了一条美食街，吸引四方游客前来。

杭州塘栖古镇

第八章 中国大运河漕运带来的科学技术

中国大运河符合世界文化遗产列入标准的第一条就是：代表人类创造精神的杰作。随着大运河漕运的发展，多种科学技术在大运河上使用并传播到运河沿线甚至海内外。大运河是人类历史上超大规模水利工程的杰作。大运河以其世所罕见的时间与空间尺度，证明了人类的智慧、决心与勇气，是在农业文明技术体系之下难以想象的人类非凡创造力的杰出例证。因为漕运，要将大运河建设、维护、管理好；因为漕运，要造出适合不同水域的漕船；因为漕运，粮仓的修筑特别是粮食储存技术得到了极大的提高。大运河的选线、定位、施工与维护在当时的历史时期和科技条件下，是难以想象的创举，它在科学技术方面的历史功绩直至现在仍令人叹服不已。

第一节　大运河修筑工程中的科学技术

大运河的科技价值是它的历史功绩之一，这一点首先表现在大运河修筑工程上，无论是隋唐运河，还是元明清运河，为了适应漕运，大运河工程都集中了当时最强的技术成就。大运河所解决的工程问题之复杂，投入的人力和物质之巨大，是世界任何地区运河难以比拟的。它解决了在严峻自然条件下修建长距离运河面临的地形高差、水源供给、水深控制、会淮穿黄、防洪减灾、系统管理等六大难题，保证了大运河漕运的长期持续。大运河从创始至今延续使用，其间一直在不断修建和更新，保持了技术的适应性与先进性。大运河的作用随着社会的发展在不断增加，从最初的运输物资、运送南来北往的各色旅人，到输水、灌溉、防洪，一直都是中国大地上最重要的、有生命力的文化遗产。

位于江南运河段的长安闸建于 1068 年，由三座闸门和之间形成的两间闸室以及两座水澳组成，是建于宋代的具有代表性的复闸式船闸。长安闸具有完善的工程设施，达到了引潮行运、蓄积潮水、水量循环利用的多重工程目的，具有保障程度较高的输水功能，是世界水利史上现存建筑年代最早的复闸实例，是这一时期中国水利技术领先世界的标志性工程。欧洲大约在 300 年后才出现类似工程。

开凿于元明两代的会通河工程是 13 世纪前地形高差最大的越岭运河。会通河北起临清，与南运河、卫河相接，南接黄河运口，是大运河全段的关键河段，它穿越大运河全线地势最高的一段——山东地垒，是地形高差最大的河段，南北端点与全段最高点南旺高差约 30 米。通过水源工程、节制闸群，成功实现了多条河流的水源调配和水道水深的控制。因会通河的开凿，构成了北京至杭州距离最短的南北走向的大运河。会通河的水道和水源工程规划，以及水资源调度管理，代表了在没有石化动力的水运

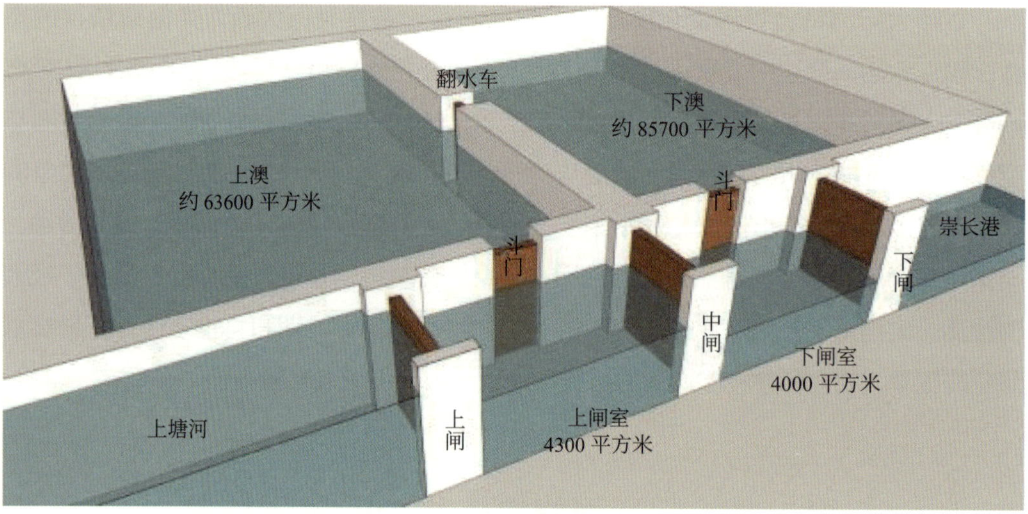

长安闸

运河上用牛拉船翻坝（WL•格罗夫斯 摄）

时代，大运河具有的杰出技术成就。

始建于明代的南旺工程是世界运河工程史上较早的一座大型综合性水源工程，比欧洲早期运河建造史上最有影响力的为法国米迪运河提供水源的黑山引水与分水工程早了约 200 年，它创造性地通过筑坝、引水、蓄水、分水等一系列互相配合的工程措施，利用地形地势等自然条件，完成对大运河水源流量与流向的定量控制，长期性解决了为大运河全线最高河段的供水问题，保障了大运河在之后 300 余年的顺利通航，代表了大运河蕴含的卓越的地理测量、水利设计、施工等工程技术，是中国古人所具有的超凡创造力的见证，将中国运河的水利工程成就推向了历史顶峰。

1. 三湾抵一坝

在大运河沿线，老百姓都知道“三湾抵一坝”的说法。这是因为大运河上有的段落利用天然河流改造而成，如南运河在自然河道的基础上增加了人工作弯，减小比降，使流速平缓，保障航运安全，起到了“以湾代闸”的功效。“三湾顶一闸”这种运河修筑工艺，利用迂回河道解决运河水位差，是先人的一个智慧杰作，像扬州古运河的三湾段、河北沧州—山东德州—临清的弯曲河段等均是独具匠心的作品。扬州城区段运河北起扬州市区东北郊的湾头镇，曲折向西南流到长江边的瓜洲渡口，直线距离只有 23 千米，但通过拐成大“S”形的弯道后，使河道延长到 30 千米。古人为什么舍近求远，做这种吃力不讨好的事？原来，南宋年间由于黄河改道夺淮入海，把泥沙大量推向淮扬运河扬州段，改变了现在古运河扬州城区段原先南高北低的地势，变成了北高南低，而且在 10 千米内落差竟达 15 米。如果挖成直道，就得筑堰修闸，否则难以保证水面平稳。古人经过不断地探索实践，发明了将河道迂回曲折的解决办法，解决了不置闸埭条件下的水位落差问题。

大运河沧州段的弯道抵闸技术

2. 糯米大坝工艺

南运河地势较高，有些河段高于两岸地面，全靠堤防约束。而堤防多弯曲，易导致堤岸塌落，险段甚多。为解决这一问题，南运河多采取夯土加固工程措施，对堤岸进行加固。南运河这种险工段加固工程，以及河道工程管理中利用洪水冲淤、泥沙固堤等措施，都体现出古代河工技术中以堤治河、以河治河的特点。

南运河沧州—衡水—德州段上设置了众多的弯道，以达到减缓纵比降，降低河水流速方便行船的目的。由于弯道能较好地阻碍水流，弯道处也成为防洪的重点。为了保护弯道河岸附近的村镇聚居区，弯道附近的河堤被不断加固加高，成为运河沿岸的附属防洪设施。其中连镇谢家坝和华家口夯土险工是南运河上仅存的两座夯土坝，是大运河河堤防洪设施的典型代表。

连镇谢家坝位于沧州市东光县连镇处的南运河东岸，建于19世纪。在运河五街、六街交界处。历史上洪水也曾多次在此处决口。清朝末年，连镇当地谢姓乡绅捐资从南方购进二万余斤糯米，组织人力，用糯米浆与白灰、黄土，按相应比例混合筑堤夯实，一层接一层筑堤，夯土以下为毛石垫层，基础为原土打入柏木桩筑底，整个坝体长218米、厚3.6米、高5米。筑成的大坝非常坚固，此处再没有出现决堤状况，并留存至今。地方政府曾在2012年对此坝进行过整修加固工程，当时施工人员都无法用锤子将木楔钉入，必须借助电钻打孔，足可见坝体之坚固。

华家口夯土险工位于河北省衡水市景县安陵镇华家口村南，建于1912年。现存坝体全长250米，呈梯形，南北走向，顶宽13米，全段高程5.8米至6.7米不等，堤内坡采用黄土、白灰加糯米浆夯筑成坝墙，坝墙每步宽1.8米，厚18厘米，分步夯筑，底部采用坝基抗滑木桩施工工艺，外坡与顶部为素土夯实而成。密度高，硬度大，坝体浑然一体，弧形曲线符合流体力学原理，受力面合理，具有耐冲刷、防渗漏、抗水压的特点，是中国古代利用夯土技术建设水工设施的实物证据。险工修好后，大运河华家口段从此再没有决堤记录，沿用至今已有102年。两坝均为灰土加糯米浆逐层夯筑，夯土以下为毛石垫层，基础为原土打入柏木桩，夯土层每步厚18～22厘米，平均收分20%。两处险工保存了特殊历史时期的材料、工艺特征，是大运河利用夯土技术建设水工设施的实物证据。

南运河上的连镇谢家坝

3. 埽工工艺

埽工是以软性材料为主的临时性工程。中国古代水利工程历史悠久，具有鲜明的个性特点，其中以软性材料为主的临时性工程最为常用。软性材料主要指竹、草、秸秆、木等，临时性工程主要包括护岸、围堰、减水泄洪坝等。此类工程具有就地取材、施工方便、拆除容易、适应河床变形、防渗性能好等优点。代表性工程案例包括草土围堰（即以麦草、稻草和土料为主要材料构筑的临时性挡水施工围堰）和竹木笼堤坝（以都江堰为代表，即以竹篾或木构架编制笼，装入散石，形成大体积的构件，提高堤坝稳定性）等。目前在大运河上留存较好的主要是埽工遗存。

埽工在清口枢纽工程中有较多的应用。埽工具有显著的优点，它是水下工程，但是可以水上施工，它能在深水情况下（水深 20 米上下）施用，可用来构筑大型险工和堵口截流，但又可以分段分批施工；具有良好的柔韧性，便于适应水下复杂地形（尤其是软基）；在多沙河流上使用，便于泥沙充填进埽体，凝结坚实。但埽工也存在缺陷，主要是梢草、秸料和绳索等易于腐烂，需要经常修理更换，花费较多。古代生产力较低，石料加工不易，尤其缺乏水下胶结材料。埽工适应这一特定情况，在两三千年间一直是重要的水工构件。在现代小型防洪工程、引水工程以及施工围堰工程中仍有应用。清口枢纽经考古发掘发现的黄河堤防采用了埽工的护岸工程，其材料、工艺清晰可见，是中国古代埽工技术的典型例证。

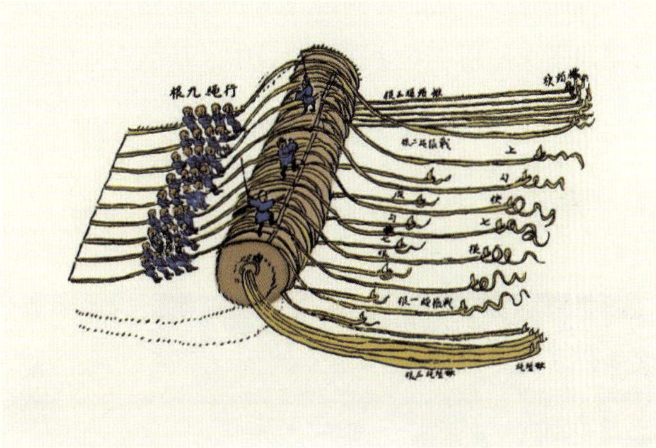

清口枢纽用来沉积泥沙的埽工

4. 分层筑堰测量法

宋代科学家沈括所著的《梦溪笔谈》记载了北宋熙宁五年（1072 年），采用“分层筑堰法”，测得开封和泗州之间运河地势高度相差十九丈四尺八寸六分。这种地形测量法把汴渠分成许多段，分层筑成台阶形的堤堰，引水灌注入内，然后逐级测量各段水面，累计各段水面的差。利用水平对地势高度进行计算时，其单位竟精细到寸分，反映了我国古代卓越的科学

汴河遗址

技术成就。

5. 木岸狭河技术

隋唐大运河的水源主要来自黄河，黄河自古以来泥沙较大，因为水流缓和，日积月累，宽阔的河道被泥沙淤塞。为解决这种状况，从宋代开始，水利专家就对河道进行治理，方法是将宽阔的河道变窄，让水流变急。同时为保护河堤，会用成排的木桩护岸，这就是古代“木岸狭河”的由来。

“木岸狭河”是古代治理隋唐大运河的一种技术，具体方法是在河堤中打入成排的密集木桩用以加固河堤，形成的木岸使河床束窄，水深加大，激流冲走引黄河水作为水源的泥沙，从而达到自然清淤以改善航运状况的目的。根据史料记载，北宋在通济渠段多次使用“木岸狭河”技术，从而有效保障了这段黄金水道的漕运功能。这项先进的河道护岸工程体现了 11 世纪中国人在治理运河时对泥沙理论的掌握与运用。

安徽柳孜宋代“木岸狭河”遗存的发现，让古老的水利技术“木岸狭河”在安徽得到了印证。原来的宋代运河的宽度在 40 米至 60 米之间，而在考古发掘中，发现河道仅 20 米左右，周围还有大量成排的木桩，经过发掘、推断及验证，专家认定此处是宋代“木岸狭河”遗存。这一技术体现了在宋代时期，古人就已认识到泥沙问题与河流流量、流速的关系。

柳孜遗址的木岸狭河遗存

第二节　大运河的船舶制造科技

大运河漕运是中国古代最重要的内河运输方式，因此中国的造船技术也是随着大运河而发展成长的。

漕船是中国古代船舶发展史上数量最多、影响最大的一类船舶。经秦汉、历隋唐宋元、终至明清时期，漕船的制造和维修技术日益发达，工艺不断进步，制度不断完备。行驶在大运河上的形制丰富的漕船，不仅是古代中国经济和技术发展的重要象征，更是祖先留给我们的宝贵的文化遗产。

1. 唐代水密舱技艺

扬州博物馆展出的从运河中发掘的唐代沉船

1996年3月，扬州施桥镇出土了一艘唐代竞渡舟，船长13.6米、宽0.75米、内深0.56米，用整根楠木造成，反映了唐代扬州已具备了高超的造船技术。唐宋时期，无论从船舶的数量还是质量上，都体现出我国造船业的高度发展。这一时期造船业的发达和变化，主要表现为三个特点：一是船体增大，结构合理；二是造船数量不断增多；三是造船工艺更加先进。唐朝已普遍采用先进的钉接榫合的连接工艺造船，大大提高了船的强度。1960年在扬州出土的唐代木船已设置有水密隔舱，这是世界上至今所发现的最早的水密隔舱。水密隔舱技术是中华民族对世界造船业的又一个重大贡献。

2. 淮北舵

在淮北柳孜运河遗址考古中，考古专家发现一艘唐代货船尾部设立了拖舵。根据武汉理工大学古船研究专家席龙飞教授研究，这个像大扫把一样的尾舵，在中国造船史上有着重要的研究价值。这种尾舵是原始手握舵到北宋时期垂直转向舵的过渡型舵，实物为首次发现，席龙飞教授亲切地称它为“淮北舵”，并认为“淮北舵”的发现在船舶操纵器发展史上具有里程碑地位。现在，这艘唐代货船作为淮北市博物馆（隋唐大运河博物馆）的“重量级文物”，陈展在运河神韵展厅，可以让人们近距离地观瞻、品鉴。

3. 元代船只先进的接合法

1978年，河北邯郸磁县南开河村出土了6艘元代木船，均为用于内河运输的漕船，船体都不大，最大的一艘5号木船长16.6米，宽2米，有11舱，各舱长在1～1.9米之间，宽在2～2.15之间。这些船都由杆一、大腊一、占板二、水占板一、边底板一和底板十一所组成。与近代船相比，这些船的特点是：船板的接合是采用齐头错缝平接法，梁板的接合则是采用子母口接合法。这种先进的接合法代表了元代造船技术的成就，在当时世界各国中处于领先水平。

4. 明清沙船防水技术

沙船是明清时期最主要的漕运船。沙船是浅吃水型船只，适应漕运的需要。防沙、平底等特点是沙船的典型特征。因此，水船又称为防沙平底船或平底船，明朝将这类船只统一称为沙船。沙船独特的造型，决定了其具有良好的航行性能。主要在北方浅水航线，因其运载能力强、稳定性高、不惧浅滩等优点被较多的应用在漕运中。沙船具有平头、方尾、平底、长宽比大、多桅多帆、吃水浅、载重量大等特点，不仅可以在浅水的区域航行，还可以在风浪较多的大江大河中远航。沙船上有腰舵，增强船只在逆风行驶或在大风大浪的环境中的稳定性，防止横漂的发生。沙船作为漕运船还可以防潮，清史记载：“沙船舱有夹底，去船底甚高，船之两旁皆有水槽，下有水眼，水从槽入，即从眼出，舱中从不沾潮”。沙船载重量大的优点为沙船的普及和推广创造了条件。一般沙船的载重量约500吨到800吨，大的沙船载重量可达1200吨以上。沙船适用性很强，其优良的性能也受到了政府的青睐，被广泛的应用为官船、漕船、军船等。

沙船

明末宋应星的科技著作《天工开物》中有具体的漕船图案和介绍，标示了漕船各部分结构的剖面图片。在剖面图中可见诸多细节，例如披水板的位置和形态、尾舵的形态和结构、升降锚云车的位置以及将军柱的结构等。《天工开物》所绘制的明代漕舫图显示，漕船是明代官作的货船，与普通货船的区别有五个方面：一是从水手数量来说，漕船由于运送的是官粮，需要军队护送，漕运每船应设12人以上运兵；二是由于在运河上行船，各段运河深浅有所差异，因此必须篙、橹、舵等不同的动力方式齐备，而且由于载重在500～3000石，在运河水浅处还需要结合岸边拉纤；三是根据漕运制造规则，漕船一般应该是两桅帆船；四是漕船一般使用席帆；五是货仓部分是木结构而不是整体的圆弧形棚状。1956 年，在山东省梁山县原黑虎庙区馆里乡贾庄村（现为杨营镇贾庄村）出土了明代漕船，距今已经有 600 多年的历史，是山东博物馆镇馆之宝之一。该船无楼子，全身松木制成，船身呈柳叶形，长 21.8 米，中部最宽处 3.44 米，头部为 1.9 米，尾部为 1.56 米，排水量为 32 吨。船上文物共计 174 件之多。经考古专家认定，该船为一艘有武装护航的运粮漕船。据计算，此船能承载大约 15 吨货物，是我国目前为止大运河中出土的体形最大、保存最完整的明代漕船。

5. 清代的西漳大船适应江南运河运输

清代，无锡人独创了适合运河运输的“西漳船”，以无锡西漳这个地名命名。“西漳船”是无锡徐姓船厂综合多种船型改良而成的：船头船尾从方形改为圆弧形，减少了航行阻力；官船上的“龙骨挺”也加装进来，增加了船体强度；同时船体船舱加宽，扩大了装载量；船上固定顶棚也改为可灵活拆装，方便了上下货。改进后的“西漳船”更为实用，具有自重轻、舱容大、吃水浅、阻力小、航速快、易装卸等特点，一般的船可载货 3 至 4 万斤，一只大船可载货物 15 万斤。尤其适宜在水浅湾多的江南航行，成为江、浙运河地区的主力货船。因优势突出，广受市场欢迎，很快被各船厂仿造，名播大江南北。2019 年无锡一批老船匠复原了西漳大船，并正在规划建设舟船博物馆。

无锡西漳船

6. 古代漕运中的食品保鲜技术

古代运河上的漕运也为皇宫和地方官府运送生鲜物品。在明代，仅是为皇帝运送鲜活物资的船就有 160 艘。因为运输时间长，在没有电冰箱的古代，这些新鲜食品的保鲜成了问题。中国人很早就学会了储存和利用冰来保鲜，历史上各个朝代都开凿了冰窖、冰井用于存冰和为食物保鲜。古代制冰方法主要是在每年的大寒季节凿冰储存，然后把冰块运输到深山和地下的冰窖里，以保持冰的低温。因为难以保存，当时的冰很贵，唐代夏天的冰价等同于黄金。因此，在运河上运送的生鲜物资，只有皇家才有用冰冷藏的条件。在北宋时，朝廷有专门设置的“冰井务”掌管冰事。为了给贡品保鲜，朝廷规定，沿途各地都要设置冰窖，以供过往船只冷藏食品。到了明代，已采用了在船上用冰保鲜的技术。明人何景云在一首诗中说道："白日宛尘驰驿路，炎天冰雪护江船。"但更多的冷藏措施还是靠在运河沿线设置冰窖，清代在京城就设有4处18座冰窖。依靠冰鲜船和沿线的冰窖提供冰块保鲜，南方的生鲜物资可以通过运河送到京城，让皇宫里和贵族们享用到新鲜的水产、时令果品等。

第三节　大运河粮仓的科技价值

地窖储粮是我国古代劳动人民在长期的生产斗争实践中创造出来的一种方法，其科技价值至今仍有借鉴作用。首先，窖仓形制结构科学，采用口大底小的设计，增大了仓窖稳固性和存粮容量；其次，采用了完备的防潮技术，窖仓刚性防水和多种防潮措施并用，粮食存储效果好；最后，低碳的仓储形式，确保自然状态下低温、恒温、低氧的绿色储粮效果。因此，含嘉仓、回洛仓的建造技术彰显了我们古代先民的储粮智慧，所展现出的技术水平和建造工艺均超越了时代，并对后世窖仓建设工艺和粮食存储技术产生了深远影响。

一、规划建设上的运河元素

大运河沿线的隋代回洛仓、隋沿用至宋代的黎阳仓、唐代皇城中的含嘉仓，都是国家性漕运粮仓。这些仓储设施展现了不同历史时期，在大运河关键节点设置的仓储设施体系规模和形制，实证了大运河作为国家漕运通道的主体功能，也展现出隋唐时期的粮仓建造与粮食保存技术。

回洛仓仓窖遗址

隋代开皇三年（583年），开始设置水运仓储。其中黎阳仓建于隋代早期，位于黎阳县西南大伾山麓，西临永济渠，东临黄河。永济渠开通后，这里成为漕粮的集散地，并成为永济渠和黄河之间的转运仓。隋炀帝征辽东时，黎阳仓曾作为北运军粮的重要漕运枢纽。黎阳仓沿用5个世纪，在建筑工艺上，见证了由地下仓至地上库的粮食仓储方式变化过程。

回洛仓建于隋大业二年（606 年），位于洛阳北七里，规模宏大，仓城周回十里，包括 200 多座仓窖，是隋代洛阳周边最重要的粮食仓储。

含嘉仓是一个转运仓，据记载，含嘉仓不仅供应洛阳城里的粮食，还起着关东地区和关中地区之间漕米转运站的作用。同时，唐王朝还规定，东都洛阳以东的租米都先集中在含嘉仓，再由含嘉仓通过陆路运至陕州（今河南三门峡市陕州区）。含嘉仓仓窖个体储量惊人，发掘时发现窖内堆积着大半窖的炭化谷物，按 160 号仓窖内出土的谷物量推算，它们在当年储藏时的体量约有 250 吨。

二、大运河漕运的储粮技术

1. 含嘉仓特殊的防潮工艺

含嘉仓 160 号窖被发掘时，窖里的粮食粒粒分明，有的呈棕色，有的发黄。考古工作者利用仪器检测，发现这些粮食颗粒 48% 被炭化，52% 是有机物。其中在粮窖的木板缝隙中发现的谷子样颗粒，竟在取出的第二天发芽。惊讶之余，专家又将这颗发了芽的种子送往洛阳农科所培养，不出所料，这些在地下埋藏了千年之久的种子，竟神奇般地成长结穗，与正常新鲜的谷物一般无二。地下仓窖最大的技术难题就是防潮，究竟是什么使仓窖内的种子依旧保存完好，甚至千年之后仍然可以种植呢？

考古学家与地理学家共同研究认为：

第一，含嘉仓的选址十分科学，含嘉仓所处的位置是洛阳城内地势较高的地方，地势高土质就较为干燥，地下水位也比它处要低许多，因此不容易受到湿气的侵袭而导致发霉。当遭遇雨水天气时，囤积的谷物不会受到水分的侵蚀，且谷仓距离地下河水位较远，能够更好地保护粮食。考古实践也表明，含嘉仓 160 号仓窖位于仓城中部，1972 年经发掘清理，仓窖口呈圆形，直径 11.1 米，窖底有两层，上层为平底，下层为圜底，上层窖底是在下层窖底废弃后的面上填土筑成，窖总深 6.2 米。

第二，含嘉仓的建仓方法十分独特。第一步是从地面向下先挖一个口大底小、中部有点弧形外鼓的圆缸形土窖，并将窖壁和底部仔细夯实，防止窖底下沉。第二步就是给仓窖做防水防潮处理：先对窖壁和窖底进行火烤，让其变得相当坚硬致密，这样做能起到防潮作用并进一步加固窖体；然后铺抹一层青膏泥防水层，窖底铺设木板和草，上面再铺竹席，起防潮作用。第三步是在四周窖壁镶砌护壁木板，有的窖在木板和储粮之间，还夹有围席和谷糠；据研究壁板的镶砌可能和储粮是同时进行的，随储粮随镶砌壁板；镶砌壁板可以使窖内所储粮食的压力，通过壁板分散在仓窖的周壁上，

含嘉仓仓窖示意图

减轻下层壁板的荷载，使仓窖更坚固；待装入粮食后，再用席、谷糠、土盖顶密封。最后一步则是搭建窖顶建筑，常用的是木架圆锥形草顶结构，然后铺筑木板或草，上面再加铺谷糠和席。

第三，在放置粮食时并没有一次性全部倒入，而是在两层草席中间夹了一层谷糠作为分隔层，粮食被分成了很多层。既避免了因一粒米而导致整仓粮坏了的情况，又防止了过厚的稻谷层发热的情况。

此外，当仓窖被封土封存后，人们还会在仓窖封土上方种上一棵小树苗，如果仓窖内的粮食发热或者发芽，小树苗就会随之泛黄。正是在这环环相扣的设计与保护之下，才成就了含嘉仓“储粮千年而不腐”的奇迹！

2. 明清粮仓的防潮、防蛀、防鼠技艺

作为漕运的地上仓，明清粮仓的建造技术与隋唐粮仓的防潮、防蛀工艺又有显著的不同。南新仓，又称东门仓，位于北京市东城区东四十条 22 号，始建于明永乐七年（1409 年），是明、清两代北京粮仓之一。清代南新仓仓廒的建筑十分讲究，其技术较明代有较大改进。

一是在选址上，仓廒的位置选在地势较高、阳光充足、通风透气的地方建房舍，四周筑有高大的围墙，地下修有排水管道，各仓内外还凿有水井用于防火。

二是为了防潮，每座仓廒的地基都是三合土夯筑的，然后均匀铺撒一层白灰，再用砖铺作地面，上加楞木，铺满松板；墙壁有护墙板，门有门罩。

三是为了保证廒内的空气流通，廒墙上部有窗，墙根双向都有气洞。屋顶开有气楼，房屋内周圈贴樟木板，以防止虫蛀。怕鸟儿啄食，窗上还插有竹篾编成的隔孔。

四是廒的墙体很厚，底部厚约 1.5 米，顶部约为 1 米，墙体收分很大，建造如此之厚的墙体，可以使粮仓内部保持相对的恒温。南新仓的建筑方法和措施，既防潮又保证通风，使仓粮历久不坏。

南新仓外表看似普通民房，实际上廒房建筑有着许多科学的特殊设计，其建筑与普通民房最大的不同是可以用高、厚、斜来概括。高指的是廒房高度可以达到 7.5 米，

南新仓厚重的墙

加上气楼超过 9 米。房屋结构基本采用独棵圆木组合成中国传统木架结构，中间四梁八柱，五花山墙，两山插柁，前后有柱，中间排山柱直达屋顶。两边砖墙高大约 4 米，不是一般民房可及的。厚指的是墙厚，仓廒的墙厚度在 1.0 ~ 1.5 米，可以保证不被太阳晒透，内部温度基本均衡，而普通的民房墙厚最多 0.45 米。斜指的是墙斜。为了承受巨大荷载，仓廒墙全部用大块城砖砌筑，每块砖长 45.5 厘米，宽 22.5 厘米，高 11.5 厘米，重 25 千克。不但廒墙厚度下大上小呈梯形，四侧外墙立面也并非直立而呈梯形。详见南新仓示意图。

杭州富义仓选址在大运河与胜利河的交汇处，方便粮食的进出运输。富义仓的门厅坐北朝南，占地面积达十亩，主仓东西相向，四列三进，一层砖木结构，硬山造。精美的建筑风格充满了浓厚的古典气息。富义仓内部由五六十间粮仓组成，每间约 20 平方米，可存储四五万石谷物。此外，还有砻场、碓房、司事者居室等辅助设施。作为古代运河仓储建筑群，防潮

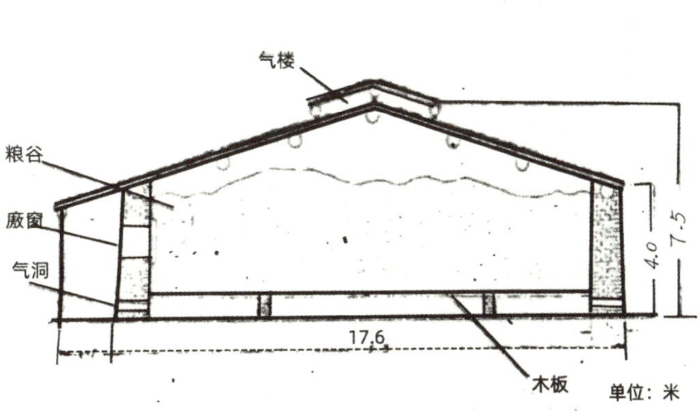

南新仓示意图

富义仓的防霉架空层

富义仓的通风技术

防霉是一道必须攻克的难题。因此富义仓的建筑跟民居、官府都很不一样。仓库南北向，都只有一层楼，砖木结构，尖尖的屋顶。每排平房都狭长而规整，面阔8间，宽度可达30米左右，方便空气流通。仓库室内地坪高出室外60厘米左右，竟然到了普通人膝盖以上的位置，就是为了防止水淹，仓库四周还有排水明沟，沟宽约3米，条石砌筑。夯土墙墙体厚达60～80厘米，转角、门边用砖墙加固，建造厚墙，可以使粮仓内部保持相对的恒温，使仓粮历久不坏。储粮的2号至10号楼地板是一根根的木档，然后用木板做隔层，就像现代人装修打地垄一样。因为这些房间都是储谷用的，所以防霉防潮很重要。富义仓的地板是用榆木做的，非常结实，经过那么多年人来货往的折腾，还是牢牢地钉在那儿，一点儿也没有松动的迹象。富义仓下面，曾经还发现过一层50厘米高的防霉架空层。

三、阮元的漕粮测量法

一代大儒阮元曾担任过漕运总督，而且在任时发明了一种新的漕粮测量方法。清代，每年漕运总督盘查的漕船有五千余艘，每船十余舱，每舱载米数十石至百余石不等，以尺量舱的宽、长、深而得出载米质量。过去漕运书吏以此“三乘四因”之法，依据所报尺寸，用珠盘计算米石之数量。但这种方法繁陋，既耗工时，又难以准确计算，运输漕粮和负责核验的官吏都嫌麻烦。因此，官吏对运粮漕船不严格检查，少报、虚报、漏报现象相当严重，漕粮账面与实际数字出入很大。为扭转这种不正常的现象，阮元亲自下舱实测，研究出新的核验方法“铺地锦乘法”，即以漕粮的体积折合米石斗之数。此法简便易行，较旧法节省一半，而且画界填数，只用纸笔，不用珠盘，笔笔俱存，不能改变。从此漕米计量准确，漕吏徇私枉法的行为有所收敛，再不敢明目张胆地徇私舞弊。不久，阮元将这一办法颁布到各省，并用石头嵌刻在淮安漕运总督衙门院壁上，以此作为运粮漕船的计量标准。

曾任漕运总督的阮元像

为了给漕船验粮，漕运管理部门还专门备有验粮小舟。

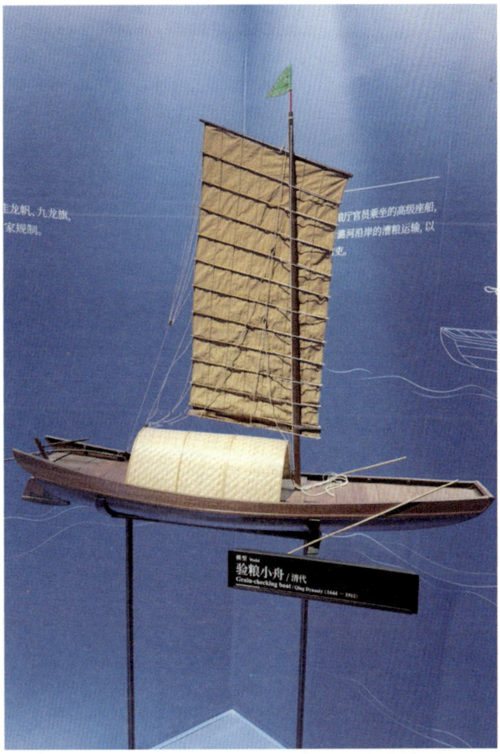

验粮小舟

四、先进的管理技术

隋代通济渠、永济渠的开通，形成了政治中心与经济重心的连通，位于水运枢纽的洛阳，成为漕粮与物资转运的集散地。为适应漕粮从江南各地集中运输到北方的中转，隋代开始建设一系列漕粮储存仓和中途转运仓场，并初步形成了水运储仓体系。唐代这一体系不断完善，形成相对独立的管理体系。含嘉仓先后发掘了 19 座粮窖，其中 9 座出土有刻铭砖。铭砖实际上是随同粮食密封于仓窖内的账簿，如含嘉仓 19 号仓窖中发掘出土的唐代记载仓窖贮粮情况的铭砖，长、宽各 33 厘米，厚 6 厘米，上有 10 行字的刻文，记载了窖内储粮的时间、数量、品种、来源、仓窖位置及受领粮食的官员姓名，从中可以溯源漕粮的供应地，从含嘉仓窖内出土的刻铭砖上记载的内容看，含嘉仓的储粮来源主要是河北、山东、河南、江苏、安徽等地。从含嘉仓的刻铭砖记载的仓窖位置、粮食来源、品种、数量、时间及仓窖的管理人员等信息，可以看出当时粮食储存管理已经实现制度化、科学化。含嘉仓的规模有粮窖 400 座以上，每座粮窖储约 50 万斤粮食。据此推断，含嘉仓约储粮 12.5 万吨，并沿用至唐末。回洛仓是隋代大运河沿线的大型国家性漕仓之一，具有完整的仓城格局和众多仓窖遗址，全面反映了隋代漕运粮食储藏的情况。根据 2012 年的最新考古成果，回洛仓仓城可分为管理区、仓窖区、道路等几个部分。

第九章 中国大运河漕运留下的历史遗迹

两千多年的漕运历史，在大运河沿线留下了众多的漕运文化遗迹。大运河河道遗产见证了漕运线路的走向，各类水工设施的工艺、技术、规模、变迁，体现出历朝历代政府对漕运的精心维护。淮安总督漕运公署遗址是漕运管理行政系统中最重要、具有代表性的遗产。龙王庙行宫、天宁寺行宫等遗址为清朝多位皇帝沿运河巡视和考察漕运设施的行宫和遗迹，见证了清代中央政府对大运河的维护和漕运运行与管理方面的重视，佐证了大运河与漕运的紧密关系。含嘉仓、回洛仓、黎阳仓等大型国家性质的漕运粮仓，规模与储量巨大，展现了当时国家对粮食运输与储备的重视与依赖，是大运河作为漕运首要交通线的直接见证。大运河沿岸的城市街区、商业设施等，均见证了漕运对城市聚落形成发展的推动作用，及其对区域性经济和贸易的影响。此外，与之相关的大量历史文献和出土文物进一步佐证了大运河与漕运的密切关系。本章主要介绍大运河相关漕运文化遗存及其文化意义。

第一节　漕运管理机构遗迹

《中国大运河申遗文本》这样表述：大运河沿岸的多处漕运遗产，例如衙署、钞关、粮仓、码头、城市街区等，大运河沿线现存的河道、水工设施、配套设施都是漕运这一已消逝的文化传统的最有力见证。漕运这一社会制度运行了 2000 多年，在大运河两岸留下了众多的漕运管理机构遗存，有漕运衙署、盐运衙署，还有钞关、驿站等遗存。

一、漕运衙署

1. 淮安总督漕运公署遗址

总督漕运公署遗址位于江苏省淮安市淮安区老城中心，毗邻原淮扬运河河道，是明、清两代主管南粮北调等漕运工作的朝廷派出机构，是统管全国漕运事务的漕运总督的官署建筑群。

淮安自明初就是连接南北漕运的转输中心，为了适应漕运之需，明政府特设漕运总督于淮安，督理漕政。明代朝鲜崔溥所著的《锦南先生漂海录》中记载了作者于明成化年间沿运河北上，途经淮安所见的“钞厅”“常盈仓”“漕运府”等情况，佐证了淮安总督漕运公署遗址的历史重要性（《燕行录全集·锦南先生漂海录》）。

淮安漕运公署，始建于南宋乾道六年（1170 年）。12—13 世纪（元代时期），这里是淮安路总管府。14 世纪时（明初），陆续改为淮安府署、淮安卫指挥使司署。明万历七年（1579 年），改为漕运总督府。直到 19 世纪末 20 世纪初（清末）迁并裁撤漕运总督，此处公署逐渐废弃。

考古发掘工作表明，整个遗址呈长方形，南北长 133 米，东西宽 30.55 米，整体分为东、中、西三路。中轴线上由南向北依次为大门、仪门、大堂、二堂、大观楼、淮河节楼、后院等，与南面的北宋镇淮楼、北面的淮安府署在同一条中轴线上。另外遗迹下 3 米处发现有宋元代文化层。目前大堂、二堂、大观楼遗址已按原状保护。

淮安总督漕运公署遗址

现存部分建筑房基、础石等遗址已经完成保护工程，并对外展示开放，可完整呈现建筑群总体格局。如今，淮安市政府还在遗址对面建起了漕运博物馆，供市民和游客参观。

2. 扬州两淮盐运使司衙署

“两淮”是个方位地理概念，一解为“淮南”“淮北”之合称，泛指今日苏皖两省淮河南北的地方，是纵向概念；一解为“淮东”“淮西”之合称，分别指代苏皖两省江淮之间的地方，是横向概念。就江苏来说，“淮南”的范围大致和“淮东”重合。这里“两淮”指的是淮南、淮北，两淮盐运使司在扬州。两淮盐运使掌握江南盐业命脉，向两淮盐商征收盐税，下辖淮安分司、泰州分司等。

“盐运使”这个官名，始置于元代，设于产盐各省区。明清相沿，其全称为“都转盐运使司盐运使”，简称“运司”。其下设有运同、运副、运判、提举等官，有的地方则设“盐法道”，其长官为道员。这些官员往往兼都察院的盐课御史衔，故又称“巡盐御史”。他们不

扬州两淮盐运使司衙署

仅管理盐务，有的还兼为宫廷采办贵重物品，侦察社会情况。

现扬州两淮盐运使司衙署仅存门厅，为省级文物保护单位，位于扬州市国庆北路。门厅建筑坐西朝东，悬山结构盖筒瓦，面阔三间，进深五檩，门厅两侧筑有八字墙，门前有石狮一对，保存完好。2001 年已整修，作为东圈门历史文化街区的西入口景点。

3. 阿城盐运司

阿城盐运司始建于清乾隆十三年（1748 年），位于山东聊城阳谷县阿城海会寺西侧，亦称运司会馆、山西会馆，是聊城运河沿线仅存的古代盐业管理机构遗存，也是明清时期聊城运河经济繁荣的见证。建筑群占地面积 2623 平方米，南北长 72 米，东西宽 47 米，是一组类似中国北方传统四合院布局的建筑，现存建筑有山门、前殿、后殿、配殿等。

盐运司建筑技法精湛，大殿柱础雕刻精细传神，木构件制作精巧，彩绘流畅生动。作为大运河沿岸的重要文物建筑，它集房屋构造、雕刻、书法、油饰彩绘等精华为一体，是清乾隆时期中国盐运司建筑的代表作之一，具有较高的历史与艺术价值。聊城文物主管部门对盐运司进行保护、维修，现为山东省级文物保护单位。

阳谷县运河边的盐运司

4. 坐粮厅

在元明清漕运的终点北京通州有坐粮厅遗址。明正统三年（1438 年），在京城的旧太仓内正式设立了总督仓场公署。但巡视仓场者仍“兼理部事”，直到明正统十二年（1447 年），因户部官上言“仓场事繁，宜专官理之”，才罢兼理之制，“命户部右侍郎张睿专巡视京师仓场”，此后渐成定制。除在京设有公署外，通州新城南门内也设有总督衙门，称尚书馆，以供总督仓场尚书或侍郎巡视通仓时临时居住。

总督仓场公署之下，设有京通二坐粮厅，在京者称京粮厅，在通州者称通粮厅。此制始于明成化十一年（1475 年），后来虽略有变动，但一直延续。通粮厅实际就成为仓场总督管理通州粮仓的执行部门。除坐粮郎中或员外郎之外，户部另派有各仓监督主事，专管收放粮斛，禁革奸弊。通仓监督主事，起初差四人，或七人，或九人分理，后定为四员，即大运中、东、西、南仓各一员。

到了清代，在仓场事务管理制度上，基本延续了明代形成的制度。稍有不同的是，户部设满汉侍郎各一员负责管理京通仓场事务。顺治初年，满汉侍郎在户部办公。清顺治十五年（1658年），户部在崇文门外设立仓场衙门，每年春季开始，南方漕粮抵达通州之前，负责仓场衙门的官员出巡通州，驻扎在通州新城南门内的总督仓场公署，处理与漕运有关的各项事宜。

户部在通州设坐粮厅，满、汉各一员，凡省、地方粮食过坝、水陆盘剥、河道事务、漕粮验收、河运税收等，均由坐粮厅管理。坐粮厅下设八科（东、西、南、北科和税科、漕科、铜科、白粮科）、六股（头宅、二宅、三宅、社人、运役、经纪）、三班（里班、外班、轿仗班），还有七十二行业、六十四巡社（外勤）等。此外，还有苏、浙、豫、赣、皖、鄂、湘、鲁等九省直隶的漕运局也都设在通州。

清光绪二十七年（1901年）北运河停漕以后，位于通州的庞大漕运管理机构一律裁撤。1904年，官府拆卖坐粮厅、仓场总督府署及两仓，并由毅军在两仓处改建兵房驻守。据民国《通县志要》记载，仓场总督街门所在位置已成为义和团运动中死去的外国人的墓地，户部坐粮厅及大运西仓监督署已被人占用。东路厅署在民国五年（1916年），被知事汤铭丽改建为潞河公园，民国十七年（1928年）二月，又改为河北省立通俗图书馆。

北京市通州博物馆收藏的军粮经纪密符扇，就是当时坐粮厅官员验收漕粮时使用的密符扇。当时朝廷为了整治漕粮经纪在验收和转运时作弊，就制造了这样一种画满秘密符号的扇子。扇子上的每个符号都具有特殊含义，是坐粮厅官员依法验收漕粮的依据。一旦漕粮出了问题，就可以依照这些符号标记找到相关的责任人。

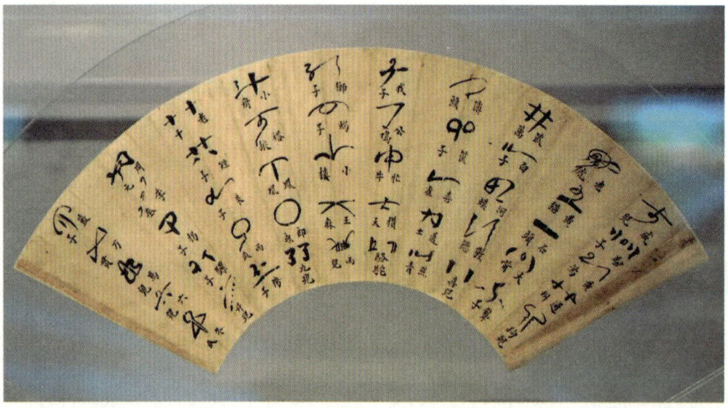

军粮经纪密符扇

5. 大光楼

漕运终点的大光楼（又称验粮楼）与通州地标燃灯塔邻近，始建于明嘉靖七年（1528年），为巡仓御史吴仲督建。用于漕运验粮，每年开漕节的祭坝、祭神仪式都在此举行。“大光”取自于《易经·益卦彖辞》“自上下下，其道大光”之义，因此叫大光楼。

因明清两朝，户部坐粮厅官员在此验收漕粮，又称为验粮楼。由于紧邻石坝，亦称为石坝楼、石坝大光楼、河楼。清同治十一年（1872 年）重修。

大光楼不仅有实用功能，在闲暇时节，也是文人墨客观景的好去处。据《石坝大光楼行》（收录于《光绪通州志》）记载，来到楼上，“蓟郡盘山诸峰出没隐见于槛前，如列屏，如绾鬟，阴晴寒暑，千态万状”。

随着漕运的衰落，大光楼也失去了往日的辉煌。八国联军血洗通州城期间，大光楼毁于战火。到 20 世纪 30 至 40 年代，大光楼基址已无存。2008 年复建时，在楼西南侧发现了不同时期的通州城遗迹和漕运遗迹。目前，复建后的大光楼屹立在通惠河畔，在原址东北不远处。其北侧是通惠河与温榆河、北运河交汇处。

复建的大光楼

二、钞关遗存

明清两朝设的钞关，系中央设在地方的税务机构，民国年间裁撤。明代禁海，中国大运河是全国商品流通的主干，全国八大钞关有七个设在大运河沿线。

设在运河沿线的七大钞关，从北至南依次为：崇文门（北京）、河西务（清代移往天津）、临清、淮安、扬州、浒墅（苏州城北）、北新（杭州）。万历年间运河七关商税共计 31 万余两，天启年间为 42 万余两，约占八大钞关税收总额的 90%。

清初运河七关全部保留下来，并大体沿袭了明代的税额。其后随着沿海、沿江贸易的发展，清政府又在沿海和长江沿岸新设立了一批税关，清代中叶全国性税关已达 20 余个。

清代前期运河、沿海及长江诸关关税在全国关税总额中占有一定比重。其中，运河诸关包括崇文门、天津、临清、淮安、扬州、浒墅、北新等；沿海诸关包括江海、浙海、闽海、粤海四关；不过天津既是运河税关，也是沿海贸易的重要港口，故将该关税收以各 1/2 的比例分别计入运河和沿海。长江诸关包括夔关、武昌关、九江关、芜湖关、龙江西新关（南京）等。这三条水道合计，税额占全国关税总额的 80% ~ 90%，是全国最主要的流通干线。

从清康熙至嘉庆的 100 多年间，运河诸关税收总额虽有增长，但它在全国关税总额中所占比重已从清初的 50% 降至 30% 左右；而沿海诸关所占比重则从 15% 上升到 37%，税收额更是大幅度增长，为清初的 9.2 倍；长江各关税收额增长了 2.6 倍，所占比重则变化不大，基本保持在 30% 上下；沿海与长江合计，税收额达 310 余万两，约占全国关税总额的 65%。

1. 临清运河钞关

临清运河钞关位于会通河临清段西岸，是 15 至 19 世纪时期（明清时期）在大运河航线上设立的一个专门针对运河上来往的商用载货船只征收船税的机构，隶属于户部，户部在此设立户部分司管理收税事宜。

明代初期开始，临清是黄河以北运河沿岸南北货物的重要集散地《漂海录卷二·三月十四日》记载：“在两京要冲，商旅辐辏之地。其城中及城外数十里间，楼台之密、市肆之盛、货财之富、船舶之集，虽不及苏杭亦甲于山东，名于天下”（《漂海录卷二·三月十四日》）。当时，临清也是中国大运河沿岸南北货物的集散地。因此，明代政府于明宣德四年（1429 年）在此设立向民用商船征税的机关。至明代万历年间，临清钞关年征收船料商税银八万余两，居当时全国八大钞关（崇文门、河西务、临清关、淮安关、扬州关、浒墅关、北新关、九江关）之首，占全国钞关课税额的四分之一。临清钞关见证了通过中国大运河进行的规模巨大的水路运输与繁荣的贸易活动。

临清钞关现存有仪门，南、北穿厅，公堂，巡拦房，船料房，官属舍房等 80 余间古建筑，占地面积约 0.7 公顷，是大运河沿线现存唯一保存完整的钞关旧址。

2. 扬州钞关遗址

扬州钞关在城南运河边，现在地面以上已没有建筑，只有遗址。明清时期，扬州

临清运河钞关

临清钞关工作场景

城南面朝大运河的城门中，有一座城门叫挹江门，也就是钞关所在地。扬州有钞关自明宣德始，那时钞关还在旧城的南门。到明嘉靖时为防倭寇而筑新城，才立新城的挹江门为钞关。到清朝，作为收税关口的钞关，一直保存了下来。

当时的钞关是船舶集中的地方，有商船，也有客船。嘉靖《惟扬志•卷二十七》记载“留都股肱夹辅要冲之地，西京、诸省官舟之所在，东南覲贡之所入，盐舟之南迈，漕米之北运”（嘉靖《惟扬志•卷二十七》），都要从这里经过。每每到了漕运的高峰期，“帆樯如林，百货山积”。等待过关的行商往往在钞关附近的榻房、官店、私店内居住，附近商业和服务设施应运而生并迅速发展，形成了时称“埂子口”，今称埂子街的商业街。扬州钞关附近也成为热闹喧嚣的交易市场。

明代扬州钞关是明朝运河沿线七大钞关之一，而清代扬州钞关又是户部著名的二十四关之一。清代前期扬州钞关征税口岸有大关口、由闸、中闸三个；此外在便益门、芒稻河、邵伯、白塔河、仪征闸等设立稽查口岸，检查过往船只缴纳关税情况。明清时期选择扬州作为征收商品流通税的榷关，是与扬州发达的水运和繁荣的商品贸易分不开的。通过大运河，仪征、瓜洲与扬州城相连，形成了以扬州为中心、以运河运输为特点的商业转运网络，扬州成为著名的商业转运中心。据清关税档案统计，清代前期，扬州钞关的年均货税在 18 万两白银以上，在二十四关中排名第二。

在《清宫扬州御档》相关奏折中，明确记载经扬州钞关流通的商品种类繁多，尤以粮食杂货等项为大宗。扬州市档案馆有两江总督高晋的两份奏折。第一份是清乾隆二十三年（1758 年）的，上面写道：扬州钞关过关米豆、棉花、饼船共 18816 只，杂项零星货物船 26331 只，梨枣船 8242 只，各类船只共 40336 只，加上代管的闸关，总计过关各类船只 93725 只。第二份是清乾隆二十四年（1759 年）的，上面写道：扬州钞关过关米豆、棉花、饼船 14543 只、杂项零星货物船 300436 只、梨枣船 6219 只，各类船只共 51546 只，加上代管的闸关，总计过关各类船只 89118 只。两份奏折说明，正是数量众多的商船在扬州钞关中转，使得扬州钞关成为南北地区商品集散要津，从而使处于不同发展阶段的各个经济区域结成一个整体，形成分工与互补。

扬州钞关遗存

作为中国大运河沿线最重要的城市之一，来自各地的商品要在扬州钞关中转，扬州为来自各地的货物提供了一个很大的消费市场。同时扬州钞关也将运河沿线发达的工商业城市有机连接在一起，形成了手工业市场、粮食市场和原料市场的一种互动互利的交换机制，促进了运河南、北地区间经济的发展，扬州钞关由此成为运河流域重要的商品流通枢纽之一，也在一定程度上维持了清代前期扬州的中国大运河中心城市的地位。

三、漕运驿站遗址

作为漕运的管理机构遗存，还有一种形态就是驿站。

1. 元代大运河沿岸的驿站

元世祖定都大都后，在陆路和水路上建立了许多驿站，形成了以大都为中心的四通八达的驿道，大都是全国交通线路和邮驿的总枢纽。当时，水路驿站非常发达，根据《元史·地理志》和《经世大典·站赤》记载，全国有水陆驿站 1519 处，其中在江海水陆要冲设置驿站 424 处，占驿站总数的 28%。全国水路驿站总共拥有邮船 5921 艘。而在大运河经过的河南、江北行省、江浙行省，共有水驿 172 处，船只 3139 艘，占全国水路驿站总船只数量的 53%。水路驿站所用的船只种类很多。按照载重量分类，可分为二三十料船、五十料船等几种。各驿站大小不同，按规定备置的船只数量和种类也不同。

利用邮船或其他船只在大运河上航行的，有各种各样的人员。朝廷和地方官吏、僧侣、商人、贡使、工匠、淘金人、采珠人、进香诵经者等，无所不包。元仁宗延祐元年（1314 年）三月，诸王派遣使臣到杭州印刷佛经和烧香，杭州城的驿站有常驻使臣 53 批，日支分例中统钞 400 余两。驿舍客满，租赁民房，常年不走。这些使臣每天所乘小铺马就有 120 多匹。

2. 明代大运河沿线的驿站

明洪武元年(1368 年)正月二十六日，朱元璋颁布诏令，设置“各处水马站及递运所、急递铺”。驿站的任务是递送使客，飞报军务，转运军需物资等。洪武二年，朱元璋颁诏，将“站”改为“驿”。洪武九年（1376 年）四月，因元时全国驿名“俚俗不雅”，令翰林学士考古订正，更改驿站俗名 232 处。如“扬州驿”改名为“广陵驿”，“镇江驿”改名为“京口驿”，等等。

大运河从张家湾到仪真（今江苏仪征）之间，总共有 42 个驿站。它们之间的距离相当，都是大约一天的行程。按照明廷的规定，每个驿站需要 5 ～ 20 艘船只供换乘，每艘需要 10 ～ 11 名船夫来驾驶。驿站不仅为官船提供纤夫等苦力，而且按照等级向途中的官吏提供食品。大运河沿途的驿站，曾向日本贡使提供大米、肉、豆浆、酒、蔬菜、胡椒、茶叶，还有蜡烛和木炭。有的驿站还提供鸡蛋、鹿排和乌龟。

驿站还是通信中心，是全国整个通信系统的组成部分，负责传递官文和其他信件。明末的漕运衙门，在漕河沿岸的地方，每 60 里设置一匹快马，专门传送往来河漕的紧急公文，诸程接力，每日限行 300 里，并有严格的交接制度。

明洪武元年（1368 年）规定，每 60 里或 80 里设置一个驿站。水边的驿站有马船、站船、红船、座船等。驿站设船数量不等，有的设船 20 只，有的设船 15 只，有的设船 10 只。一般每船设水夫 10 名。水夫由户纳粮 5 石以上、10 石以下的人充当，合格的农民轮流充任。明代州县的驿站设驿丞，主管驿站事务，为一驿之长，官秩为未入流。驿丞由吏部任免。水驿站有驿夫叫水夫，数量庞大，来源复杂。驿夫有职业的，有自备口粮轮流服役的贫苦农民，有士兵，有囚徒。他们分工很细，承担繁重的劳役。

军夫，也叫“驿军”“军充站户”，在军站中充任驿差的军卒，有两种：一种是卫军拨充驿站走递差使，本人是军人，有军籍；另一种是因犯罪发配充军，而在驿站充任驿差。

驿站都设置在大小交通要冲，而且位置固定，里程划一。因此，驿站又有计算路程的作用。明代商业繁荣，商人还流传一些记忆驿站里程的歌谣。著名的通州水马驿，为京东咽喉要路。通州水马驿站后来合称通州潞河驿。大运河沿岸其他著名的驿站还有：三河县三河驿站、兖州滋阳县昌平驿站、南直隶徐州黄河东岸驿站、丹徒县京口驿站、苏州姑苏驿站、嘉兴西水驿站、杭州武林驿站等。苏州运河边上的姑苏驿，在明代进行了移建，建屋六十楹，前有皇华亭，后有重屋，名昭赐楼，尽得山川之胜，成了苏州一大景观。

明朝初年，按照规定，五府、六部、都察院、都司、布政司、按察司等衙门所派遣的公务人员，可以乘水驿的驿船。都司、布政司、按察司自己委任的官员或承差人等，到各府州县催办公事者，都司所委官乘军卫快船；布政、按察二司所委官及承差人等乘递运船。

除了驿站之外，明初还在大运河上设立过递运所，专司运送军需物资及贡物，兼运逃军、囚徒及补役军丁，每所设防夫二三十名。递运所也分水路和陆路两种，设于全国较大的水陆码头或交通枢纽。水路通运所的船只是“红船”。船只大小不等，定员也不同，载重 600 料的船只每船置水夫 13 人，载重 500 料的船只置 12 人，载重

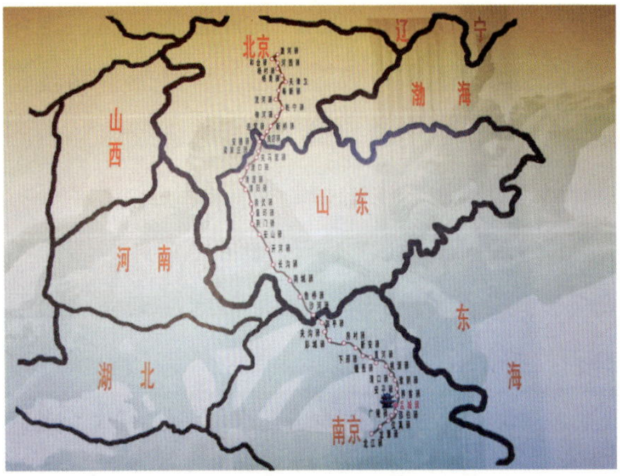

明代大运河沿线驿站分布图

400料的船只置11人。每船置牌一面，开写本船字号、料数、水夫姓名等，以便官员检查。

长江上有三个渡口可以进入江北的大运河。东边是白塔河，中间是瓜洲，西边是仪真。仪真递运所设座船12只、红船47只、铺陈59副、额设水夫413名、防夫30名，规模很大。明成化十年（1474年），大运河的航运条件得到了改善，仪真安装了水闸。据仪真县志记载，大约在明万历五年（1577年），上千艘装满漕粮的船只，抛锚在仪真进入大运河的入口处，等候水闸打开。船只通过闸门时，每一艘漕船要配备500人拉纤。为了鼓舞水手纤夫的干劲，旁边有人敲锣打鼓。

3. 清代的大运河驿站

据清光绪三十二年（1906年）统计，全国有驿站1861处，其中水驿115处。根据《清会典事例》载，在115处水驿中，只有江南九省55处驿站才配有船只，船只名目繁多，各地不同。江南、湖北有宣楼船、站船；浙江有站船、渡船，船只一般三年小修，六年中修，九年大修，十年拆造。站船一般每十船编为一甲，每甲立一甲长，开船时，船只按号首尾相连停泊，不许离帮。每艘船给一面保甲牌，上面注明船上人员的姓名、籍贯、年龄、相貌，悬挂在船首，一甲之内各船互相稽查保结。在驿船不够用的情况下，可以雇用民船，每里给银三分。需要雇佣纤夫的，以百里为一站，每名一钱银子。

现今中国大运河上保存完好的驿站只有一座，就是高邮的盂城驿。

4. 盂城驿

明代迁都北京后，作为陪都的南京和北京之间交通往来十分频繁。因此在北京和南京之间沿大运河建了46座（其中长江以北42座）水陆驿站，每隔30千米左右建一座驿站，供传递官府文书和军事情报的人或来往官员途中食宿、换马，也用于短途的漕运。高邮盂城驿是明代北京、南京之间的重要驿站，位于高邮南门大街馆驿巷13号，占地面积约16000平方米，房屋整体坐北朝南，整体格局保存较好。据记载，驿站鼎盛时期有厅房100多间：正厅、后厅各5间，库房3间，廊房14间，马房20间，前鼓楼3间，照壁楼1座，驿丞宅1所。同时还有驿马65匹，驿船18条，马夫、水夫

200 多人。

孟城驿是目前大运河沿线保存较好、规模较大的古代驿站遗存，驿站位于高邮南门大街历史地段范围内。孟城驿开设于明洪武八年（1375 年），后不断加建，逐步形成了明清时代大运河沿线规模最大的古代驿站。现存部分保存完好，门厅、三间西耳房、后厅五间基本完好，正厅柱础完好，现作为邮驿博物馆对外开放。明洪武八年（1375 年），在高邮城南门外建孟城驿；永乐年间，知州王俊重修。

高邮孟城驿

南门城外的皇华厅，先后由清康熙五十七年（1718 年）知州张德盛重修；清嘉庆十四年（1809 年），知州冯馨将地基加高四尺后，重建并添建差房三间；清道光二十年（1840 年）知州朱荣桂重建，州署专派一名吏目负责，驿舍迁入城内州正堂西偏北行三十步的州署马厂（今马棚巷处），用马神堂三间、东西马棚各十二间改建而成。

辛亥革命后，孟城驿奉命撤销。1949 年后，孟城驿用作居民住宅，1985 年孟城驿在文物普查中发现，1993 年高邮市人民政府主持修缮，修复了驿站的主体建筑，与南门古街组成了古朴的明清民居建筑群。修复后的孟城驿现已辟为邮驿博物馆。

1996 年，孟城驿被国务院公布为第四批全国重点文物保护单位。

5. 潞河驿和黄亭子

潞河驿位于通州旧城东门外运河西岸，亦称为潞河水马驿。明代十分重视运河驿传系统的建设，从顺天府（今北京）到应天府（今南京）设置水驿四十六所。《钦定日下旧闻考》记载，潞河驿于“明永乐中置”。外国使臣和友人拜谒明清朝皇帝，要先下榻于此，由礼部官员在此迎接。使臣离开，也由礼部官员护送至此，再沿大运河离开。

关于潞河驿的结构布局，明《通州志略》记载：“潞河水马驿有正厅七间，后堂十间，正厅前廊房东西各五间，后堂前廊房东西各三间，仓库厨共二十四间，驿丞厅三间。”潞河驿西为总会铺，也叫递运所，是放置传递物品的地方。其东为来宾馆，后改为抚夷馆，功能类似于今天的接待室或者招待所。从名称看，最初外来宾客都可以在此下榻。

在潞河驿南侧有个亭子，内立“潞河水马驿”碑，就是驿亭，又因为其外形为四角攒尖带宝顶，用的是黄色琉璃瓦，所以又称为“黄亭子”。黄亭子是潞河驿的标志，也是漕船与民船的分界线。黄亭子以北，只有漕船和黄船可以进入，分别到土石二坝和黄船坞。而商船、客船则不能进入。黄亭子虽然体量并不高大，但是在通州城具有标志性的意义。

清康熙三十四年（1695 年），因保证漕船运粮，将此驿南移到张家湾城南门外萧太后河南岸，与合河驿合并。乾隆年间于此改为东路御酒厂。民国间仍作酒厂，但改建颇多。1949 年后，潞河驿仅余递运所院落，改为商业用房。随着时代变迁，潞河驿已不存。

6. 行宫遗址

天宁寺行宫、龙王庙行宫等遗址为清朝皇帝沿运河巡视和考察漕运设施的行宫和遗迹，见证了清代中央政府对大运河的维护和漕运运行与管理方面的重视，佐证了大运河与漕运的紧密关系。

（1）天宁寺行宫

扬州天宁寺位于扬州明清城北郊外城河边，是清代帝王南巡时在扬州的行宫，即皇帝在扬州的驻跸之所。至今，篆刻着《南巡记》的乾隆南巡御碑，仍巍然伫立在寺内山门殿的北侧，“南巡之事莫大于河工”，乾隆自己撰写的《南巡记》，点明了帝王南巡的主要目的。南巡御碑也成为定格于特定历史时期的独特物证。天宁寺现状保存完好，由山门殿、天王殿、大雄宝殿、华严阁、东西廊房及配殿组成，现作为“双宁”世界文化遗产园对外开放。

重宁寺与天宁寺隔路相望，并称“双宁”，建于清乾隆四十八年（1783 年）。现

扬州天宁寺行宫

存天王殿、大雄宝殿、藏经楼建筑三进。重宁寺位于长征路 15 号，南邻天宁寺，寺中主体建筑与天宁寺位于同一轴线，亦为清代八大名刹之一。重宁寺是清代皇帝南巡的重要史迹，乾隆皇帝赐“普现庄严”“妙香花雨”两额及大量诗文、楹联。寺中佛像照内供作法，表现了皇家因素对寺庙艺术的影响。

（2）龙王庙行宫

宿迁龙王庙行宫位于大运河中河宿迁段皂河镇附近的运河南岸，原名为“敕建安澜龙王庙”，始建于 17 世纪末（清康熙年间），清雍正五年（1727 年）和清嘉庆十八年（1813 年）两次重修。清乾隆皇帝六次下江南，五次宿顿于此，并建亭立碑。经雍正、乾隆、嘉庆等各代皇帝的复修和扩建，形成了现在占地 36 亩（2.4 公顷）、周围红墙、三院九进封闭式合院的北方官式建筑群。

龙王庙行宫是大运河沿线保存最完整、规模最大的皇帝南巡行宫遗址之一，具有极高的历史、科学和艺术价值，见证了运河水神崇拜和中国古代国家对漕运的持续重视。龙王庙行宫现保存完好，总占地 2.2 公顷，有三进院落，殿宇 14 座，建筑面积接近 2000 平方米。中轴线上有山门、御碑亭、献殿、龙王殿、灵官殿和大禹王殿，两侧有钟鼓楼和配殿。主体建筑龙王殿立于须弥座台基上，面阔七间，进深四间，重檐歇山顶，内部梁枋饰以苏式彩绘。

宿迁龙王庙行宫维修后全景图

第二节　漕运设施遗迹

大运河沿线还有漕运码头和漕运粮仓等漕运设施遗存。

一、运河粮仓遗址

历史上，为适应漕运的需要，中国大运河沿线建有众多的粮仓。现存粮仓遗址主要有三类。

第一类是秦汉时期粮仓遗址，多呈考古遗址状态，据《三门峡漕运遗址发掘报告》，从三门峡出发，沿黄河大约十八里以北的地方，有一座三面环山、面临黄河的高地，这一地区散布着大量的灰色绳纹瓦片。在其附近的龙岩村，相传是“秦代运粮城”即龙岩仓遗址。汉代华仓遗址即《汉书·王莽传》中所说京师仓的遗址，是西汉时期较为重要的一处粮仓遗址，有多组仓房建筑。仓区周围有围墙，并设仓城以作防卫。其遗址已在1980—1982年由陕西省考古研究所进行发掘。从已发掘出的6座粮仓观察，其建筑结构可分为三种：一号仓是地面一层木构建筑；二、三、四号仓是半地下式建筑；五、六号仓是地面二层建筑。

第二类是隋唐运河沿线的含嘉仓、回洛仓、黎阳仓等，这类修建于隋代和唐代的粮仓都是向地下挖掘后、建在地面以下的。回洛仓仓城保存完整，规模宏大，仓窖已探明数量达200余个，仓城面积为22公顷。含嘉仓仓窖个体储量惊人（发现时尚遗存25万千克）。黎阳仓沿用时间由隋至宋达5个世纪，见证了由地下仓至地上库的粮食仓储方式变化过程。仓城内的水道与码头遗迹，体现了运河水道可直达仓城内部进行漕粮装卸的历史场景。

第三类是元明清大运河沿线的富义仓、南新仓，这类粮仓建设于明清时期，是建于地面上的砖木结构建筑。

1. 含嘉仓

含嘉仓建于605年，是隋炀帝建东都洛阳城时在城东所建，供东都百官、皇室之需，后来在唐代又进行了扩建。含嘉仓的规模有粮窖400座以上，每座粮窖储约50万斤粮食。

含嘉仓160号仓窖位于隋唐洛阳城皇城内，是含嘉仓迄今发现的最完整、储量最大的仓窖遗存。唐以后含嘉仓正式作为东都洛阳的大型粮仓沿用。文献记载，唐天宝年间，全国储粮约1200万石，而仅整个含嘉仓的粮食储量就达到580万石。

1970年，洛阳博物馆对含嘉仓遗址进行了钻探和重点发掘，找到仓城的东西长612米、南北宽710米、总面积43万平方米，探出粮仓287座，发掘粮窑40余座。据统计，含嘉仓共有圆形仓窖400余个。大窖可储粮1万石以上，小窖也可储粮数千石。据《中学教学实用全书·历史卷》介绍：“唐天宝八年总储粮量约为5833400石。仅唐德宗贞元十四年，一次出粜粟就达7万石。其主要积江淮之米，西运至太原仓，以实关中。”储存粮食最重要的是防潮湿。含嘉仓储粮的窖都在地下，最深为12米，一般为7～9米。粮窖口大底小，窖口最大直径为18米，一般为10～16米。据《中国古代最大的粮仓——含嘉仓》一文介绍：“在已发掘的仓窖中，出有刻字砖，记载仓窖位置、租粮来源、入窖年月以及授领粟官的职务、姓名等。砖文所记大都是唐高宗、武则天和唐玄宗时期，有调露、天授、长寿、圣历和开元等年号。粮仓储存的粮食品种有糙米、粟、小豆等。其来源有苏州、徐州、楚州、润州（江苏镇江）、滁州、隋州（河北邢台）、冀州（河北衡水冀州区）、德州、濮州（山东鄄城）和魏州（河北大名）等地。其中一个窖里存有北宋时放进的250吨谷子，至1969年考古发现时大都颗粒完整”（《中国古代最大的粮仓——含嘉仓》）。

2. 回洛仓

回洛仓是隋代大运河沿线的大型国家性漕仓之一，位于洛阳北七里，是隋代洛阳周边最重要的粮食仓储，全面反映了隋代漕运粮食储藏的情况，是隋代大运河漕运情况的实物见证。

回洛仓始建于隋大业二年（606年），《隋书·食货志》载：“炀帝即位……始建东都……每月役丁二百万人。徙洛州部内人及天下诸州富商大贾数万家，以实之。新置兴洛及回洛仓。”《资治通鉴》卷180记载：“炀帝大业二年十二月，置回洛仓于洛阳北七里，仓城周回十里，穿三百窖。”

回洛仓后毁于隋末农民战争，沿用时间较短，之后逐渐荒废埋于地下。回洛仓遗址位于隋唐洛阳城宫城以北3.5千米，今洛阳市北郊瀍河区邙山南麓，现为村民的耕地。2004年6月，在第一拖拉机厂东方红轮胎有限公司整体搬迁改造工程中，考古钻探人员发现仓窖71座、古代道路3条、古代墓葬数百座。

回洛仓遗址

据史书记载，回洛仓的粮食到了唐贞观年间依然可以食用，回洛仓保存粮食水平之高让后人惊叹不已，仓窖的制作工艺一直令外界着迷。目前，洛阳文物部门正在回洛仓遗址建设一座仓窖博物馆。

3. 黎阳仓

黎阳仓是隋代永济渠沿线规模最大的官仓，与洛口仓齐名，是隋代运河漕运的历史见证。位于河南省鹤壁市浚县伾山街道办事处东关村东，地处大伾山北麓，东邻黄河故道，东北距黎阳城遗址约 1 千米，西距卫河约 1.5 千米。遗址因地处大伾山山麓，总体呈南高北低地形。遗址多处断崖有砖瓦残块叠压，地表发现有绳纹瓦、方格纹瓦、绳纹陶片、带菱形花纹的薄砖、带有“官”字印记的布纹板瓦、带有装饰图案的筒瓦碎块等。

2011 年 12 月，河南省文物考古研究所对黎阳仓遗址进行发掘。截至 2012 年 6 月底，共发掘大小探方 25 个，探沟 4 条，发掘总面积 2252 平方米。据《探访浚县古文明之黎阳仓遗址》一文介绍：“通过勘探发掘，已摸清黎阳仓仓城平面布局近正方形，东西约 260 米，南北约 280 米，总面积约 78800 平方米；已探明粮仓中心区仓窖 84 座（其中发掘仓窖 2 个），占仓城面积的五分之四，仓窖直径多在 8 ～ 14 米之间，按平均容积计算，黎阳仓总储粮量超 3000 万斤，可供 8 万成年人吃一年。出土陶、瓷标本残片万余件，编号在册出土文物 400 多件，其中建筑材料板瓦、筒瓦占 90%以上，带‘官’字款板瓦 200 余件”（《探访浚县古文明之黎阳仓遗址》）。

从出土的陶瓷标本和地层叠压关系看，自隋朝建立起，黎阳仓横跨隋唐宋三代，沿用了 600 年。隋开皇三年（583 年）置，利用黄河向京师长安转运关东粮食。黎阳仓规模很大，宋代张舜民《画墁录》：“余曾过大伾，仓窖犹存，各容数十万，遍冒一山之上”（张舜民，《画墁录》）。元代汲郡王恽《游东山记》：“遥径北麓，穿苍（仓）城，按观隋唐廪制”（王恽，《游东山记》）。杨玄感在黎阳仓起兵反隋、瓦岗军攻占黎阳仓、宇文化及与瓦岗军争夺黎

黎阳仓遗址

阳仓大战等一系列重大历史事件，更使黎阳仓名垂青史。唐宋两代沿用黎阳仓，利用大运河漕运河北粮储以供应京师。北宋政和年间（1111—1118 年）黄河改道，黎阳仓渐废。

鹤壁市文物部门对黎阳仓进行了整体保护与展示，向世人展示黎阳仓的独特工艺。

4. 南新仓

南新仓位于北京东四十条 22 号，是明清两代皇家仓库之一。据《皇家粮仓》一文介绍："明永乐九年（1411 年），征调 30 万民工疏通元代的河道，开展漕运，使江南粮食得以源源不断运至北方，为此，后来在通州及北京逐步修建了包括南新仓在内的许多粮仓。清代仍实行南粮北运，官家仓廒仍盛。每院仓房主要建筑有：廒座、龙门、官厅、监督值班所、官役值班所、科房、大堂、更房、警钟楼、激桶库、太仓殿、水井、辕门、仓神庙和土地祠等。清初时南新仓为 30 廒，后屡有增建，到乾隆时，已增至 76 廒。清乾隆中期以后，贮粮日益减少。到清道光年间，该仓贮粮比清初大幅度减少。民国时，南新仓改为军火库，中华人民共和国建立后成为北京市百货公司仓库。由于近十数年新建频仍，又拆了几座仓，现剩 9 廒。"

如今，北京南新仓被辟为南新仓文化休闲街，街区占地面积 2.6 万平方米，建筑面积 3.2 万平方米，步行街总长千余米。由南新仓古仓群、仿古建筑群和南新仓商务大厦底商组成。南新仓文化休闲街主打文化创意牌，在"皇家粮仓"上演的厅堂版昆曲《牡丹亭》，吸引广大昆曲爱好者纷纷前往观看。

南新仓旧址

5. 富义仓

富义仓是江南运河杭州塘运河沿岸保存较完整的古代城市公共仓储建筑群，位于杭州市拱墅区运河主航道与支流胜利河的交叉口附近，便于粮食的收储与转运。

富义仓始建于清代光绪年间，占地约 2.36 公顷，是清代国家战略粮食储备仓库。原有四排仓储式长房，现尚存三排，基本格局尚存，卸货的码头仍在，是杭州城北部地区重要的仓储建筑群，见证了历史上米市、仓储和码头装卸业等经济业态曾经的发展、繁荣。

富义仓创意文化园

杭州市对富义仓的利用主要是作为历史文化的展示，南面是反映接驾文化的御码头，往北是佛教文化气息浓厚的香积寺和大兜路历史文化街区，东为特色临水古街——胜利河美食街，西面则与运河特色画舫“乾隆舫”隔河相望。

目前，富义仓被用为创意文化产业园，从单纯的古建展示供游人参观到打造以体现“运河文化”“仓文化”“慈善文化”的富义仓创意空间。

6. 镇江宋元粮仓群遗址

2009 年，南京市博物院和镇江市博物馆在镇江发现了宋元粮仓、元代石拱桥、明清驿站和衙署遗址，这也是镇江作为运河漕运枢纽的实证，该项目也因此入围了 2009 年度全国十大考古新发现。当时大运河申遗正处于价值研究阶段，镇江宋元粮仓的发现，让专家们齐声欢呼。此处遗址前临宋元时期的运河，后枕长江，规模宏大，布局规整。根据考古发现与文献对比考证，很可能就是转般仓和大军仓遗迹，是宋、元、清三个朝代的遗迹。这处遗址的发现，丰富了镇江作为转运港口的历史，对于大运河全线的漕运体系具有特别意义，其中粮仓、桥、河道、驿站、衙署机构等建筑遗迹的丰富性，也非其他沿线粮仓遗址所能相比的。

但镇江有关部门对宋元粮仓遗址进行了强拆，造成镇江宋元粮仓遗址的破坏，致使大运河遗产系列中一处重要的漕运遗产不复完整。因此，镇江在大运河申遗的遗产点名单中颗粒无收，无缘世界遗产。

镇江宋元粮仓遗址

二、漕运码头遗址

在大运河沿线布满了各类码头遗存，有很大一部分是漕粮运输的码头，特别是在元明清三代漕运终点的通州城，漕运码头遗址保存较多。明清通州城的形成、发展和完善与漕运息息相关，甚至可以说，明清通州城的主要功能就是漕运仓储中心。所以明清通州城的相关配套设施都是漕运的产物或者是为漕运仓储而服务的。

1. 黄船坞

这是停泊皇家用的龙船的码头，为了与普通码头分开，体现皇家的尊严，故称黄船坞，民间称之为皇家码头。根据《钦定日下旧闻考》记载："通州城北五里有黄船埠，河水潆洄，官柳荫映。永乐中设黄船千艘，以其半轮往江南织造，俗名黄船坞。"《大明会典》关于黄船的数量、修造等事宜也有明确记载："国初造黄船，制有大小，

小黄船

预备大黄船

皆为御用之物。至洪熙元年，计三十七只。正统十一年，计二十五只。常以十只留京师河下听用。成化八年奏准、照快船事例、定限五年一修、十年成造。其停泊去处，常用厂房苫盖，军夫看守。”由此可见，京师的黄船停泊在通州的黄船坞。在黄船坞周围“官柳荫映”，而且“柳荫龙舟”还成了“通州八景”之一。

2. 石坝码头

通州石坝码头遗址

石坝码头设在通州城北门外、通惠河口南、大运河西岸。现已无存，只能根据文献资料考证。《光绪通州志•漕运•坝闸》记载：“嘉靖七年（1528年）置。明万历三十二年（1604年），题定通州通判管辖。每年正兑京粮自此街入通惠河，由普济、平津、庆丰等闸递运至大通桥，以实京仓。国(清)朝因之。”此段记载说明了石坝码头的设置、年代、功能、管理及运送方式等。在清中期，每年大约有250万石粮食由此转运，平均每天约3万石。“七省正兑漕米运京仓者，从此盘入通惠河。岁计二百四十四万石有奇。扛夫喧轰，昼夜不息。日以起运三万石为率。专责经纪百人董之”。最初的石坝码头是土质的，只不过采用版筑的方式，用三黄土夯筑。为了与起运通仓码头相区别，称为石坝码头。后来在夯实的土地上铺石板，所以在史书中又称为“板坝”。为便于管理，在石坝旁设办公管理设施一座。明代称为“督储馆”，清代称为“石坝掣斛厅”。除了掣斛厅，还有号房等配套附属设施。清代最多的时候有百余间号房。

3. 土坝码头

土坝码头也是漕运码头。明清时期，改兑漕粮由土坝上岸，入通仓。其运输方式，以明万历二十二年（1594年）为界有变化。之前是车运至各仓，十分不便。之后，采用水运至各仓门口，然后再车运至各仓内。关于由土坝运至通仓的水道，《光绪顺天府志•河渠志二•水道二》有明确记载：“自旧城西水关流入城内，至东水关出，绕城南流，至南浦闸泄水，至张家湾入运河。其土坝运漕至中西粮仓水道即由此。”为便于管理，在石坝旁设办公管理设施一座。清代称为“土坝掣斛厅”。每年南粮抵达通州时，负责官员州同移驻于此。在土坝的工作人员，最初有“书吏四，车户向置五，船户十五名”，后来屡有变化。除了掣斛厅，还有号房等配套附属设施。清雍正二年（1724 年），将运役未领历年二成烂米价银内动支，在土坝建造号房 25 间。

4. 石道

通州的漕运码头相关遗址还有京通间及连接各粮仓的石道。清代雍正年间，为解决京通间的陆路运输，雍正皇帝命令修通州至朝阳门的石道。该工程始于清雍正七年（1729 年）八月，至清雍正八年（1730 年）五月告竣。石道“计长五千五百八十八丈有奇，宽二丈；两旁修土道各宽一丈五尺，长亦如之。其由通州新城、旧城至各仓门及东西沿河两道，亦皆建修石路，共计长一千五十余丈，广一丈二尺及丈五尺不等。费帑金三十四万三千四百八十四两有奇”。

这条石道是什么样子的？清咸丰十年（1860 年），法军上校杜潘曾在《远征中国》中有这样的描述：“路面由大块的石板铺成，路的两边，每隔一段距离有几座白色大理石雕，这些雕像的形态奇特且充满想象力。石雕的主题都是相间的：下面是一个巨大的大理石乌龟，乌龟的背上驮着一根方形石柱，石柱上雕刻着一些五爪的大龙，它们弯曲着相互缠绕在一起，形态奇怪。”

从这段记载中可以看出，石道不仅有实用功能，还体现着王朝的威严和盛世气象。京通石道在清朝漕运事务中发挥了重要作用，便利了运送漕粮的车辆，而且加强了通州与京城的联系，是漕运的重要设施。遗憾的是石道在民国年间被破坏殆尽。

通州永通桥和石道碑

5. 邵伯大码头

位于淮扬运河扬州段邵伯古镇的邵伯大码头在大运河沿线很是出名。邵伯明清大运河故道东堤上共有四个古码头遗址，自北向南分别称为竹巷口码头、大码头、朱家巷码头和庙巷口码头。这四座码头是往来大运河南北的漕船和商船在邵伯镇的主要停

邵伯大码头

靠之处，也是邵伯镇及大运河以东地区进行对外货物贸易的主要场所。

四座码头的功能各自不同，大码头和朱家巷码头主运八鲜货和商店物资，竹巷口码头是装卸竹木器的，庙家巷码头主要是运输粮、蛋、桐油等物资，同时大码头又是官商两用的。邵伯镇在清代以前的繁荣，很大程度上依赖于这四座码头。1936 年运河改道之后，这些码头也被逐渐废弃，现作为遗址展示。

6. 邢台油坊镇的码头

河北省邢台市清河县油坊镇运河上的油坊码头，总长 933.8 米、高 10.2 米，由青砖砌筑，是明清时期大运河漕运的重要码头。油坊码头成为漕船经过和休息地，也是远近客商经营的场所。油坊码头益庆和盐店是大运河旁有名的盐业批发零售集散地，清道光年间由山西蒲州商人置地建造。盐店东靠大运河码头，西临南北大街，占地近 10 亩，20 余间仓库经常装满食盐，散盐垛还堆放在院子里，日销量 3 万余斤。当时码头上舟来船往，商贾云集，是河北清河、威县、南宫、故城以及山东高唐、夏津、武城等运河沿线城镇的商品集散地，被人们誉为“北方的小上海”。现存码头 6 个且保存完好，主要有客运码头、百货码头、运粮码头、运盐码头、运煤炭码头等。

油坊镇码头

7. 道口运河码头

河南滑县道口古镇现存 9 个漕运码头，分别对应不同的货物。码头用规则的青石和白灰垒砌而成。此码头不仅设有防护门道和防洪闸槽，门道上方还镶有阴刻匾额，上面刻有“山环水抱”四个大字。

8. 商丘运河码头发现隋唐时期多个窑口的瓷器

隋唐大运河商丘码头遗址坐落在商丘市睢阳区商柘公路与 105 国道之间。隋唐大运河的开通，促进了运河两岸城市的发展，宋州睢阳城（今商丘）就是依靠着大运河逐渐繁荣起来，成为繁华的商业大都会的。到明代中期，隋唐大运河商丘段河道淤塞，该河道彻底废弃，后因黄河多次泛滥被掩埋于地下。2008 年文物部门开始了千年码头的考古挖掘工作，发现大量隋唐时期漕运的瓷器，有钧瓷、汝瓷、哥瓷等多个窑口的。

道口古镇的码头

商丘南关码头遗址

第三节　因漕运产生的运河漕帮、盐帮

自隋唐大运河贯通以来，运河沿线地区社会经济快速发展，有关漕运、济运的社会群体日益活跃。除运军外，在船舶上从事掌舵、划桨、装卸货物、升降桅杆、探测水情等工作的劳动者，可统称为“水手”，古代文献往往将这类人称为“舵工水手”。他们是运河船只的驾驶者，也是运河社会中数量庞大、活动频繁的群体之一。为保障运河漕粮等物资的转运和河道的畅通，运河沿线分布有大量的役夫，协助运输、维护河道，由此形成数量庞大的济运群体，如纤夫、浅夫、泉夫等。除此之外，运河沿线地区还活跃着沿运河上下贩运货物的行商群体，在运河城镇中开店经营的坐贾群体，

以劫掠运河船只、店铺为生的盗匪群体等。这些社会群体往来于运河上下，或寓居于运河城镇之中，逐渐结成了相对稳定的社会组织，大致可分为商业组织、宗族组织、帮会组织三种。在具体组织形式上，有以运河工商业者为主形成的行会，以在运河经商的商人为主导而兴起的家族，以漕粮船帮水手为主体形成的罗教，以及由运河水手、盐贩、盗匪等发展起来的各种帮会组织等。这些社会组织既因运河而兴起，也因运河而发展、衰落或变迁，成为理解运河社会文化的重要路径。延续了 2000 多年的漕运，催生了我国古代社会两个帮会组织，那就是漕帮和盐帮。

一、运河漕帮

漕帮因漕运而来，在雍正初年取得合法地位，在取得合法地位后迅速发展壮大，改组后又转入地下。漕帮是雍正四年（1726 年）间翁岩、钱坚及潘清三人所创。徒众皆以运漕为业，故称粮船帮。大江南北，入帮者颇众。漕帮是中国民间帮会的统称，漕运停止后，漕帮发展成青帮，是清初以来流行最广、影响最深远的民间秘密结社之一。

明清两代依靠大运河南粮北调，供应京师和边防，维持漕运近六百年。围绕着漕粮的征收和运输，生长出一套盘根错节的潜规则体系。因漕运汇集在一起的踩工、海员、纤夫构成了在大运河上讨生存的一个特别群体。这就是漕帮形成的社会基础。在漕运中，各地的运军和漕船，按所属地域营卫划分为不同的“帮”，如德州帮、兴武三帮、凤中二帮、赣州帮等，名目繁多，数以百计。每帮所具有的漕船数目多少不一，多的有七八十艘，少的不外二十多艘。

明末清初，大运河南端的杭州临运河一带出现了一些传播罗教的庵堂，供水手们食宿。罗教的创始人为罗祖，名“清”，他著有 5 部经卷，综合了罗教的教义，于明正德年间创立罗教。据说，罗清是山东即墨人，也曾是一个运河漕卒。翁岩、钱坚及潘清都是罗祖的徒弟，在杭州一带设立庵堂，他们供奉佛像，吃斋念经，传播罗教。于是有钱庵、翁庵、潘庵之名。因该处逼近粮船水次，有水手等借居其中，以至日久相率皈教。这是罗教和水手结合的途径。据帮内文献记述：雍正帝通令各省，挂榜招贤办理漕运。翁、钱、潘三位祖师得到这个消息，心中大喜，便到抚署揭了黄榜。那时河南巡抚名田文镜。三位祖师见了田巡抚，说明来历，便条陈整顿漕运办法。田巡抚大喜，立即与漕督同本上奏。雍正帝下达旨谕，饬三位祖师归漕河总督张大有节制，并听从勘视河工钦差何国宗指挥。三位祖师便辞别田巡抚，来到清江浦，拜见张漕台及何钦差。何张二人，即命三位监造粮船，并督理浚河修堤工程。三位祖师复请张何二人转奏，请恩准许开帮收徒，以便统一粮务，清廷批准所请。

漕帮的产生有一定的社会基础，大运河为漕运的主要水道，粮船集结于大运河南端启程北上，每运一次漕粮路途费时数月之久，空船需返回南方。由于运粮有季节性，空船在大运河南端待命，约等好久才有下次漕运。这批水手远离故乡，有家不能归，食住在运河边的庵堂。水手人数众多，庵堂数量也相应地多起来。庵堂成为水手们生老病死的靠山，生活上供食宿，生病时供医药，死后有义冢安葬。水手们运粮北上时，把南方这些庵堂作为后方的根据地。水手们聚集于庵堂中，遵照“在家靠父母，出外靠朋友”的传统观念，相互帮助求生存，以庵堂为生活依托，以罗教为精神依托，形成了水手们互助性的秘密结社。由此可见，漕帮这一民间下层社会秘密结社的出现，根源于广大水手故乡的苦难，不得不从事漕运苦力，又为了求生存，而不得不仰赖秘密结社。以罗教为精神依托的水手秘密结社，被清政府视为不安定的因素。清乾隆三十三年（1768 年），清政府对罗教采取了严厉取缔政策。33 座罗教庵堂全部被摧毁。这使秘密结社淡化了宗教色彩，转入船上活动，促使罗教秘密结社向帮会转化，成为漕帮形成的重要步骤。

清政府还设立了一套特殊的组织制度。这套被漕帮利用的组织系统为粮帮。粮帮总公所在杭州武林门外拱宸桥边。粮帮公所有二，一在南京，一在扬州；卫所有四。“粮船帮 128 帮半，分属 10 大总帮”。其中江苏省 21 帮、浙江省 21 帮、安徽省 16 帮、松江府 9 帮，泛长三角地区即占了 67 帮，为总数的一半以上。粮帮是按地区、地段分类的，各帮都有名称。各帮有特定的兑粮地点，所属地区与粮帮名称有关，其分类名称为：江淮四、兴武二、兴武四、兴武九、嘉白、嘉兴卫、杭三、苏前卫、海宁卫、绍兴卫……合计 34 个名称。全行业水手结成“帮”，采取师徒相承的纵向伸展，“凡投充水手，必拜一人为师，派列辈分，彼此照应”。实际上全体漕运水手都纳入“帮”中。清嘉庆、道光年间，漕帮中的翁、钱两派数量萎缩，而潘门弟子大增，形成了翁、钱两家皆由潘家承祀的局面，正所谓“三家并一家”。

漕帮入帮仪式

漕帮有三个特点：一是成分单一，以无产的青壮年男性船工为主，并吸纳了一部分底层读书人；二是组织严密，有残酷的漕规、家法和江湖义气维系着体系的严肃性；三是准军事化，旗语、暗语和帮规，侧面表现漕帮的准军事化部署。这些特点，为日后发展为陆上黑社会组织提供了基础。漕帮有严格的帮规，“十大帮规”的第三条“不准扒灰倒笼”，是“死刑”的一条，处置是缚在铁锚上烧死。

漕帮内又分为各个帮派，各个帮派也各有特点，山东漕帮至清康熙年间号称“十帮半”，有济宁前、后帮，临清前、后帮，东昌前、后帮，德州头、二、三、四帮。江苏则有二十一帮。漕帮以“江淮四”（在江苏二十一帮以内）为首，关于打旗有严格规定：江淮四头帮在无锡兑粮，平常打八卦旗，初一、十五打杏黄旗；进京打黄色龙旗，出京打淡黄色凤旗。金顶金丝盘龙桑枝雀杆，上红下黑，三道紫金箍，清门锡壶顶，阴阳紫金所，如意头子，刘海戏金钱，双披红花，顶四飘带。

漕帮各个帮派之间还有协约。山东临清发现的《协公济约碑记》记载：“合同议约，协运豫漕，山东德、临、平、任六帮，同事二百六十八人。曹晖等缘念乡里，有守望相助之谊，帮亲亦宜有休戚相关之道”（李赛南，《协公济约碑记与山东漕帮移聚临清初探》）。

协公济约碑

漕运在清光绪二十七年（1901 年）完全停止，漕帮被迫上岸，到运河沿线发展，凭借其严密的组织性和江湖义气，成为运河沿岸地区的准军事化的黑社会组织。民国后，漕帮正式改称清帮（青帮）。清帮到了中期，大都是旱码头入帮，成分复杂，走向了盗匪化、流氓化。清帮在上海被称为青帮，出现了张啸林、黄金荣、杜月笙等大亨，一手遮天，直到民国结束。

二、运河盐帮

盐帮的由来，有其特殊的历史背景和意义。中国古代的盐，从开采到贩卖都由官府控制，私人是不准进入这一领域的，这有明确的法律规定。但有的朝代国家缺钱时，如果有商贾之流主动捐款，甚至主动承包完成工程，朝廷就颁发其一个贩盐许可证，准许其贩卖运输官盐，甚至还可以得到徭役减免等豁免。这就逐步演变为私人贩盐，为盐帮的形成提供了条件。

盐帮建立于汉朝的江淮流域，趁着汉武盛世的经济富足大行其道，四处贩盐得以蓬勃发展，因此最初的盐帮是得到官府正式认可的贩盐帮派。由于封建社会的法制不完善，官员间相互勾结，官盐管理部门和盐帮之间产生了千丝万缕的关系，于是就有了所谓的“私盐”。

盐帮之兴，自汉朝起于江淮流域，贩运活动路线分南北和东西两线，南北线路一般沿大运河北上至漠北，东西线路一般沿长江直到西北青藏地区。自古以来盐铁官营，在封建社会，官僚体系腐化堕落，他们往往利用垄断盐业贸易的特权牟取私利，盐价极高，利润十分丰厚。江南一带的富商巨贾多是草莽之辈，往往一起贩运私盐以图牟取私利，这些私人的贩运团伙就被称为“盐帮”。

盐帮成员也产生于为私盐业主产盐的盐丁及运输盐的船工中，元末明初的义军领袖、地方割据势力之一的张士诚曾是盐帮出身，元至正十三年（1353 年），因受不了盐警欺压,张士诚与其弟士义、士德、士信及李伯升等十八人率盐丁起兵反元,史称“十八条扁担起义”。

清代的盐帮与漕运有着密切的关系。大运河漕运停止后，漕帮被迫分化，大部分沦为盐枭集团。据记载：“自咸丰初年，河徙漕停，粤氛猖獗，无业游民，听其遣散，结党成群，谋生无术，势不得不流而为贼捻。”漕帮脱离漕船后，转变为“盐枭集团”者为数甚多，他们二三百人乃至五六百人一伙，武装贩运私盐。其首领称为“大仗头”，副首领称为“副仗头”，下属有秤手、书手，总名称是“当青皮”。他们在许多码头设立据点，由于集团行动，官府打击很困难。流窜到安徽巢湖的漕帮武装集团称为“巢湖帮”，又称“巢帮”，他们利用船只贩私盐为业，集结数百人。以刘正宇为总领，渡江南下，起初在苏南活动，后进入太湖一带活动。另有一支在太湖一带和大江南北的漕帮称为“青皮光蛋”。这二者和“盐枭”在组织上互相参差，有时三者混为一体。

扬州盐宗庙供奉的三位盐宗

辛亥革命时的扬州军政分府都督徐宝山就是一个贩私盐的盐帮首领。清末,徐宝山在仪征十二圩独占山头，长江流域上自芜湖下抵江阴等城市，千余里都是他的领域，船只多达七百余艘，弟兄上万。1911 年辛亥革命爆发后，徐宝山抛弃清政府，率部并动员往日兄弟一起投身革命，任扬州军政分府都督。1912 年元旦，中华民国临时政府成立，徐宝山被任命为第二军上将军长。后来因国民党的内部斗争，他被炸死。扬州瘦西湖的徐园就是徐宝山的私人园子，后来成为祭祀徐宝山的祠堂，1949 年以后被收归国有。

盐帮首领徐宝山的祠堂——瘦西湖徐园

第十章 中国大运河漕运人物

2000 多年的中国大运河漕运历史，涌现出一批杰出人物，他们为保证大运河漕运通畅，为国家的统一与富强作出了杰出贡献。这里面既有大运河的开凿者、维护者，也有运河漕运的管理者、使用者。本章选取大运河历史上的相关人物，按照年代顺序，以讲故事的形式，叙述这些运河人物为大运河漕运作出的贡献，为运河人物立传，让读者更加直观地感受到古代运河的开凿修建者、漕运的组织者克服重重困难，保障漕运维护国家统一的丰功伟绩。

第一节　首开邗沟的夫差

夫差（？—前 473 年），吴王阖闾之子。公元前 486 年，为北上与齐国争霸，他在刚刚占领的干地（今扬州附近）筑邗城，开挖邗沟。邗沟沟通了长江与淮河水系，是中国历史文献中记载的第一条有确切开凿年代的运河，也是中国大运河最早的河段。组织邗沟开凿的吴王夫差因此成为中国大运河漕运历史上的第一人。

周敬王三十四年（前 486 年），吴王夫差为了北上攻打齐国，在长江北岸营建了规模宏大的邗城（今江苏扬州），在修建邗城的同时，从邗城向北开挖了一条邗沟。这条邗沟又称韩江、邗溟沟，是春秋时连接长江与淮河的唯一通道。据郦道元在《水经注》中记载：“昔吴将伐齐，北霸中国，自广陵城东南筑邗城，城下掘深沟，谓之韩江，亦曰邗溟沟，自江东北通向射阳湖，西北至末口入淮。”就是说邗沟的开挖路线是从邗城下挖沟，引长江水经茱萸湾（今扬州市广陵区湾头镇）北上，在武广湖（今邵伯湖）和陆阳湖（今绿洋湖）之间，下注到樊良湖（今高邮湖），转向东北流入博芝、射阳二湖，出湖西北经夹耶（今宝应）到达末口（今淮安）流入淮河。

古邗沟由长江北岸的今扬州一带至淮安的末口，沟通江、淮水域，成为中国历史文献中记载的第一条有确切开凿年代的运河，也是中国大运河水系中最早的河段。开凿邗沟，成就了吴王夫差的霸业，第一次让长江以南的国家能够北上中原与中原各国争霸。邗沟也成为后来中国南北漕运的重要通道，为日后中央集权的中华帝国的建立奠定了物质基础。无论是哪个朝代，邗沟都是中国大运河体系中最关键的一段，发挥了沟通南北的重要作用。

邗沟开凿的第三年（前 484 年），吴国又开凿了一条沟通泗水和济水的水道，后人称为菏水。菏水的开凿，开辟了夫差西进与晋侯争雄的水上通道。当时，泗水是淮河的支流，济水与黄河相通，作为连接泗水和济水之间的人工水道，菏水联通了淮水和济水，再由济水通到黄河，加上先前开凿的邗沟，可以连通长江与淮河，这样就串联起江、淮、河、济四大水系。菏水的开凿，首次将淮河流域与黄河流域联系在一起，江淮地区与中原地区联系起来。以邗沟为中心，向北通过菏水可以到达济水，再由济水到达黄河。这条路线正是后代秦汉时期的漕运路线之一。向南过江后通过吴故水道和百尺渎，可以到达钱塘江。这样由江南地区到华北平原的水运网络基本已形成，成为后代贯通南北的大运河的雏形。

吴王夫差塑像

古邗沟碑

第二节　开鸿沟的魏惠王

为加强对东部国土的控制，进一步争雄称霸，联系淮河流域的诸侯，魏惠王十年（前 360 年），魏国开始挖掘改造鸿沟，引黄河水入圃田泽，又将圃田泽水引入淮河，因而鸿沟构成了黄、淮之间的水路交通网络。鸿沟是由几条运河共同组成的水系。

鸿沟的主水道由荥阳（今河南郑州荥阳市东北），引黄河水东行，经魏国都城大梁，在大梁之东转而流向东南，到陈国都城陈（今河南睢阳）东又折向南流，最终流入颍水。鸿沟连接济、濮、汳（获）、睢、涡、颍、汝、泗、菏等主要河道，形成了黄淮平原以鸿沟为干线的水上交通网，对促进各地经济、文化的发展起了巨大的作用。

鸿沟的开凿连接了黄河和淮河之间的许多天然河流，从此，中原地区形成了以鸿沟为干渠的水运交通网，大大改变了黄淮平原的水系面貌，也改变了中原地区的水运和灌溉条件，为后代造福。公元前 221 年，秦始皇统一六国后，为了建立和巩固空前统一的秦帝国，更充分利用了鸿沟水系，从各地漕运大批粮食，源源不断地运往关中和京师咸阳。后人将从大梁南流的这段水道称为蒗荡渠，这就是项羽与刘邦楚汉相争时分界的鸿沟。隋炀帝第一次贯通大运河时也利用了鸿沟水系。隋代修建的通济渠分为三段，其中东段起自板渚，引黄河水向东注入淮水，沟通黄河与淮河水系，主要用的是先前的鸿沟水系，鸿沟的一部分河道成为汴河即隋代通济渠的组成部分。

鸿沟水系成了通济渠的一部分

延伸阅读

秦始皇建敖仓开陵水道

秦始皇是中国第一个中央集权的封建国家秦帝国的建立者，秦朝时已经基本形成了覆盖全国的水运交通网络，通过水路运输粮食成为首选。秦始皇开始了最早的漕运。秦代的漕粮主要征集自鸿沟流域、济水和泗水之间、临潼附近及黄淮下游一带，这一带有成熟的水路运输体系，方便运输。这样，远至黄海之滨的关东地区的粮食，就可以源源不断地运到咸阳和关中地区，从而解决了关中的粮食短缺问题。由于黄河是条季节性河流，有时水位不够，有时又风高浪急，因此需要建立一个中转站，在黄河中游水运条件不具备时，暂时存放粮食，待水位升高时再转运。为了储存和转运粮食，秦国在济水和鸿沟从黄河分流出来的地方建立了敖仓。中原运来的粮食都在这里储存和转运。敖仓是中国历史上第一个用于漕运的粮仓。据传说，秦始皇还在春秋时百尺渎的基础上开凿了陵水道，这条陵水道后来成为杭嘉运河的前身。

秦始皇像

第三节 曹操开白沟

在魏晋南北朝的统治者中，曹操（155—220 年）是最善于利用运河的。为征战北方，曹操利用黄河故道，开挖了白沟等系列运河，使运河向黄河以北延伸，抵达今天河北省的东部地区，为隋代开凿永济渠打下了基础。

曹操是最善于将运河用于战争运输的军事指挥家，他是中国历史上第一位在黄河以北地区大规模开挖运河的政治家。曹操开挖运河的目的是解决军队粮草运输问题，既节省人力、财力，又安全可靠。曹操从北伐开始就同步进行大规模水利建设，他有计划地开凿了几条运河，以利于进兵征讨和军粮运输。他最早开挖的运河是睢阳渠，这是曹操在与袁绍决战前，为进军官渡修浚的一条运河。而曹操组织开挖的最重要的一条运河是白沟。

睢阳渠的前身是由战国时的魏惠王开凿的，秦汉时成为汴渠的主要部分，在汉末动乱中，人工凿引的渠道年久失修，淤塞不通。曹操对旧渠道加以改造，沟通从浚仪至官渡的水路，使粮草一直运通至官渡，以利于与袁绍进行决战。

东汉建安九年（204 年）正月，曹操为了给军队输送粮草，派兵开凿引导淇水进入白沟，作为运粮的通道（《三国志 • 魏志 • 太祖纪》）。白沟本来是黄河故道，原名宿胥渎，经今天河南淇县东南，转向东北流。为了围攻袁尚（袁绍幼子）占据的邺城，曹操于东汉建安九年（204 年）正月，在淇水入黄河的入口黎阳，用大木枋作堰阻挡，让全部的淇水东流进入白沟，用来通粮道。白沟的开挖，使漕运由此直通洹水，再沿洹水直逼袁氏根据地邺城，进攻邺城时就不用担心军粮问题了。

此后，曹操又陆续向东北方向开挖了平虏渠、泉州渠、新河和利漕渠，形成了以白沟为主干的运河漕运网和华北水运网络，大大便利了曹操对华北平原的控制，同时也有利于这一地区社会经济发展。曹操所开的白沟就是后来用作永济渠的卫运河。

206 年，为北伐乌桓，曹操在滹沱河和泒水之间开了一条名为平虏渠的人工运河。据谭其骧考证，这条平虏渠就是今天河北青县至天津市静海区之间的一段南运河（谭其骧，《海河水系的形成与发展》）。同年，曹操又开凿泉州渠，渠水因为南起泉州县（今属天津市武清区）境内而得名。

为征讨乌桓，曹操决定采用迂回战术，绕道渤海边由辽西郡出塞。他又由泉州渠向东沿着海边开挖了一条运河，这条运河由雍奴县承潞河东出，一直向东通到濡水（今滦河），横穿当时的庚水、封大水、缓虚水、素河、清水，最后会到濡水，称为新河。

207年，曹操开凿平虏、泉州、新河后，军粮沿水道直达辽西前线。曹操大破蹋顿单于和袁氏联军，统一了大半个北方。

为了引漳水进入白沟以补充白沟的水源，曹操在东汉建安十八年（213年）开凿了利漕渠。利漕渠使邺城成为南北水运的枢纽和北方的政治、经济中心。后人称赞道："邺城平原千里，漕运四通"（《魏书·崔光传》）。曹操先后修治睢阳渠、白沟、平虏渠、泉州渠、新河、利漕渠，在河北平原上完成了一个庞大的水运系统工程，整个黄淮海平原从南端到北端都有运河可以通达，这在中国运河史上是第一次。这些工程成为隋代永济渠的前身，为隋代的大规模漕运奠定了基础。

曹操之后，魏国又开凿了广漕渠、淮阳渠和百尺渠等一批运河工程。"正始二年，乃开广漕渠"，于同时扩修淮阳、百尺二渠，上引河流，下通淮水、颍水。广漕渠全长150多千米。由于广漕渠的开通，上由蒗荡渠引水入汴，中经淮阳，下流与沙水汇合，经广漕渠，入百尺渠，沟通了河、汴、颍、沙、淮诸水，使曹魏"大军兴众，泛舟而下"，达于江淮。

为了征伐蜀国战争的需要，曹魏政权还在关中开凿了一条东西向的成国渠。魏国扩开成国渠，向西扩展到陈仓（今宝鸡市）以东之千水，开渠引水，延伸近百里地；往东自槐里（今兴平）至渭泾交汇处以西注入渭水，将西汉开的成国渠扩延了100多里。这样更方便了关中地区的漕运，有利于征蜀战争军需物资的供应。除以上重要人工运河外，曹魏政权还先后修整过汴渠、邗沟等古运河道。经过几十年的苦心经营，在中国北方形成了较为发达密集的水上交通网。曹操和他的继任者们开挖的区间运河，客观上也为隋代大运河的贯通打下了基础，曹操也由此成为中国漕运史上的重要人物之一。

曹操像

曹操墓

第四节　江淮漕运的开拓者陈登

陈登（163—201 年），字元龙，下邳淮浦（今江苏涟水西）人。作为汉末的广陵太守，陈登主持开凿了邗沟，改变了春秋时邗沟迂回曲折的路线，通过裁弯取直，缩短了江淮之间的水上运输距离，被称为邗沟西道。这条邗沟西道成为以后历代淮河与长江之间水上运输的主要路线，也成为隋炀帝贯通大运河时修筑邗沟的线路。

夫差开的邗沟被称为邗沟东道，这条邗沟作为江淮之间的主要水上通道，到了东汉末年因久未疏浚，多处出现淤塞，加之射阳湖风浪险恶，北上入淮河口曲折迂远，沿途浅滩较多，航道不通畅。这时的邗沟已经不适应运输粮草和军队的需要，广陵郡太守陈登意识到需要开凿一条新的江淮水上运输通道，一方面为曹操南下征伐提供进军运粮通道，另一方面也是为连通曹操在中原地区开凿的区间运河水系，将江淮之间的漕粮运送到都城许都。

东汉建安二年（197 年），陈登组织民力开了一条新的邗沟，自樊梁湖（今高邮湖）北口，经津湖，开凿马濑（今白马湖），北至末口入淮。相对于邗沟旧道向东迂回，陈登所改的运道被称为邗沟西道，而邗沟旧道被称为邗沟东道。陈登穿沟后，沿着邗沟西道，凡从北向南的船进入末口后，横贯射阳湖西到白马湖，渡过津湖进入樊良湖。由南向北的船出樊良湖，从西北进入津湖到达白马湖，从东边穿过射阳湖，从西北出末口。邗沟西道减少了湖中风浪的威胁，同时裁弯取直，缩短了江淮之间的航运距离。

邗沟水从长江往北流入淮河，有时长江的水位低，造成邗沟中水源不足，难以行船。为了给运河补水，陈登带领百姓在扬州城西北沿着蜀冈南沿建一个大水库，承接蜀冈上的洪水，平时用于给邗沟补水，提高水位以方便行船，旱时用于灌溉农田。这个水库长达 45 千米，水库西、北两面围着蜀冈，南面和东面筑有塘堤。水库汇纳了蜀冈上 36 个山涧的水，塘的周长达 45 千米，可以灌溉田地上千顷。老百姓为了感谢陈登筑水库，将这个水库命名为陈公塘，又因为人民爱戴、敬重陈登，所以将这个水库称为“爱敬陂”。

陈登开挖的邗沟西道示意图

陈登所开的邗沟西道，成为东汉以后历代江淮之间运河的主要线路，特别是隋大业元年，隋炀帝重修邗沟时，就采用了陈登穿沟时形成的邗沟西道，从而修建了贯通南北的隋唐大运河。陈登成为中国大运河开凿史上作出重要贡献的古代官员之一，也成为江淮漕运的开拓者。

第五节　首通大运河的杨广

隋炀帝杨广（569—618 年）第一次贯通了大运河，建立了以洛阳为中心、横贯整个东部地区的内陆水上运输通道，沟通了南北政治中心和经济中心，维系和巩固了大一统的局面 1000 多年。因此，隋炀帝被后世传颂，称赞他“共禹论功不较多”。

隋炀帝登基后，在营建东都洛阳城的同时开凿通济渠，从都城西面的西苑引谷水、洛水到达黄河，构成通济渠的西段。隋大业元年（605 年）三月，隋炀帝“发河南诸郡男女百余万，开通济渠”。通济渠又称汴渠、汴河。隋大业元年（605 年），隋政府在地方性运河的基础上，统一勘察设计，统一施工修建了通济渠，并于一年之内完成全线建设施工。全渠分为三段：西段起洛阳西苑，引谷水、洛水，向东注入黄河；中段从洛口到板渚，主要利用黄河的自然河流；东段起自板渚，引黄河水向东注入淮水，沟通黄河与淮河水系。史籍记载通济渠宽 60 ~ 80 米，可容纳规模很大的船只通航。隋开凿的通济渠，全长 1300 里（650 千米），连接起了黄河和淮河，耗时半年左右建成。这条运河在唐宋时期继续发挥重要的漕运功能，成为支撑国家经济的交通动脉。

邗沟是隋炀帝开通大运河的第二段，605 年，在开通济渠的同时，隋炀帝又下令征调淮南百姓十余万人开凿邗沟，“自山阳至扬子入江，渠广四十步”。隋炀帝开凿的邗沟水道又回到了汉代陈登所开的邗沟西道上。邗沟与通济渠是同步规划设计、同时完成施工的皇家工程，与通济渠一样，邗沟两侧也遍栽堤柳，一年四季杨柳依依，景色宜人。邗沟重新开通后，江淮之间便直通无阻了。这样一来，加上沟通黄淮的通济渠，从长江边的扬州就可以直接漕运粮食到东都洛阳了，“自是天下利于转输”。作为配套工程，隋炀帝又在东都洛阳及运河沿线修筑了大量官仓，用于储存粮食。洛阳城内的含嘉仓，洛阳附近的洛口仓、回洛仓都是重要的皇家粮仓。这些粮仓贮存的粮食都是通过大运河从东南地区运来的。

隋大业四年（608 年），隋炀帝又兴兵动众，征调河北各郡男女一百多万开凿永济渠。南引沁水通黄河，北通涿郡（治蓟城，今北京）。永济渠是在曹操时期开凿的原有运道的基础上修凿而成的，以黄河边通济渠对岸的沁水入黄河处附近为渠口，向东北方向挖人工运河汇合清河（卫河）、淇水，经过新乡、滑县、浚县、卫县（今河南淇县），在卫县段的淇水之上筑分水入渠的淇门，然后流经黎阳（今河南浚县东北），再从内黄县、洹水县之间向北流去，经魏县（今河北大名西）、贵乡过馆陶县，再经临清、武城、东光到沧州，向北到青县、静海，到独流口折向西北，接桑干河（今永定河一段），到达涿郡。永济渠是隋唐大运河中最长的一段，全长 2000 余里（1000 多千米）。永济渠的开凿，完成了洛阳以北大运河的开通，使大运河形成了一个“Y”形。永济渠是朝廷调运河北地区粮食的主要通道，也是漕粮南运的重要通道；同时也是加强对北方军事控制的重要运兵通道。永济渠开凿的直接目的是征伐高句丽。

隋大业六年（610 年），隋炀帝又下令在原春秋至秦汉已开挖水道的基础上，开凿江南运河，这段运河是隋炀帝所开凿大运河的最南一段，沟通了长江水系与钱塘江水系。河道从镇江到会稽（今绍兴），长 800 余里（400 千米），河面宽十余丈，可通行龙舟。江南运河北渠首京口，隔长江与江都（今扬州）的瓜洲渡口相望，使江南运河与邗沟直接连通，通过水道可以将江南的粮食赋税输送到东都洛阳。

隋炀帝在位的短短 6 年时间，一条以洛阳为中心，北到涿郡，南到会稽，沟通国家政治中心与经济中心，串接五大水系，全长 2700 千米的大运河终于全线贯通，成为中国历史上第一条全线贯通的人工运河。大运河从北方的涿郡到达南方的会稽，南北蜿蜒长达 5000 多里（2700 多千米）。隋代大运河的四段——通济渠、永济渠、邗沟、江南河，加上隋文帝修的广通渠、越过钱塘江的浙东运河，构成了沟通全国的水上运输体系，使江南和华北地区的漕粮可以通过水路一直运送到京城长安和洛阳，也可以输送到北方前线，对国家政权的稳固和经济文化的交流发挥了重要作用。

隋炀帝下江都铜雕

通济渠故道

古邗沟故道

永济渠故道

江南运河

第六节 大运河漕运的改革者刘晏

刘晏（716—780年），字士安。曹州南华（今山东东明县）人，唐代著名经济改革家、理财家。他数度以朝廷官职领转运、盐铁、铸钱、租庸使职事，推动相关漕运制度之改革，复兴因安史之乱受到破坏的运河漕运，堪称运河漕运改革的第一人。

唐宝应元年（762年），刘晏出任代理户部尚书，充河南、江淮转运盐铁使，专门负责漕运工作，治所在扬州。受命于危难之际的刘晏上任后要做的第一件事就是恢复运河漕运功能。为了掌握漕运的第一手资料，上任的第一天，刘晏就从长安的漕运粮仓东霸桥仓开始，巡视漕运。他沿着渭水顺流而下，到了黄河与渭水的交汇处渭口的太原仓，又沿着黄河到了三门峡这一漕运的鬼门关。刘晏在三门峡发现，木排可以在三门峡畅行无阻，而一般的货船却不行，因为这里河水较浅，水下暗礁密布，因此水浅时容易触礁，水大时又容易倾覆。这时他就在思考如何设计一种既坚固耐用，又吃水较浅的漕船来通过三门峡。在东垣县（今河北石家庄）他了解到，过去漕运所使用的劳力都是由老百姓的徭役充当，例如河南老百姓服的徭役多是充当船工，这对老百姓是一个沉重的负担。这也引发了他思考如何改革漕运的运工问题。在汴河他发现，由于战争的影响，漕运停运，河道无人管护，受黄河泥沙影响，淤塞成了浅滩，漕船无法行走。在顺着大运河南下的客船上，他还了解到过去货运主要是以漕运为主，战乱后漕运阻滞，货船无事可做，于是很多船家只好卖了货船，改做客运生意。

通过一路的调查以及到扬州后与官员们的会商，刘晏对如何整顿漕运已胸有成竹，他写成了《遗元载书》。在信中他向当朝宰相元载详细汇报了恢复漕运的好处与存在的困难，提出了漕运改革的5条计策。在经皇帝同意后一一予以实施。

一是改民运为官运。过去的漕运，是由州县衙门委托富户督办，这些富户被称为漕运“船头”，由“船头”组织船工运送漕粮。按唐朝的规定，21岁至60岁的男丁每年都要服徭役20天，这些徭役很多都是充当船工。老百姓法定期限内服徭役都是无偿的，而且“水漕陆挽方春不息，劳人夺时，关东嗟怨”，劳役耽误农时，影响农业生产，给百姓带来了无穷的苦难。鉴于此，刘晏决定将漕运由过去的民运改为官运，由官府直接造船并雇佣船工负责漕运，以免影响农民种田。

二是实行水路直达运输。漕运路线的起点是扬州，终点是长安。长江以南及长江中游的漕粮运到润州集中后，润州至扬州段实行的是陆运，车载牛拉，人力背挑，运输里程远，劳动强度大，运输速度还极为缓慢；在黄河段，为了避开三门险峡，朝廷在三门峡东西两端设置东仓和西仓，漕船行至三门峡下游便停泊靠岸，粮食起船进入东仓储存，再经陆路转运至西仓，浪费惊人。他决定，打造特制的、坚固耐用的漕船，选用上等的原料制作纤索，由润州至扬州实行水路运输，长江中游的江船直达扬州，黄河水道漕船直接通过三门峡，漕粮一律实行水路直达运输法。

三是实行分段运输。经过对漕运路线的详细考察，刘晏分析了过去直运法的弊端，决定采用唐初采用过的分段接运办法，将漕运全程重新分为四段。第一段：扬州—邗沟—淮水—清口；第二段：清口—汴河—河阴；第三段：河阴—黄河—渭口（渭河入黄河之处）；第四段：渭口—渭河—长安。因为每段的水文条件不同，刘晏对每段运输采用不同的漕船，江船不入汴，汴船不入河（黄河），河船不入渭。每一段的粮食按段分地储存，江南运来的漕粮集中在扬州，从汴河运来的漕粮集中在河阴，从黄河运来的漕粮集中在渭口，从渭河上的漕船运来的漕粮集中在太仓。为此，在各段河道的入口处扬州、清口、河阴、渭口这4个地方设立粮仓。运完一段，粮食就上岸进入仓库储存，漕船就地回转，粮食入库保管，等河水深浅适合行船的时候，再由下一段的漕船转运。各段的船工都熟悉本段的航运条件，能确保漕粮运输的安全。

四是全面推行囊运法。实行分段运输后，漕粮起船、装船次数频繁，按照过去的散装法，容易漏撒，造成粮食损失。为了方便装卸，减少损失，刘晏发明了“囊米法”，全面推行袋装运输。袋装运输还有一个好处，当河水太浅时，可以让人背着粮食走，过了水浅处再用船运。而且如果因为水急翻了船，袋装的粮食打捞上来晒干后也可继续食用，不至于像散装的那样落了水就荡然无存。

五是漕运劳力实行雇佣制。他将造船工匠和漕运船工的用工制度，由无偿的徭役制改为有偿的雇佣制，向船工给付工钱。充当船工的百姓可以得到一定的佣金，服徭役成为老百姓的谋生手段之一。这样既调动了劳动者的积极性，又提高了造船和漕运的工作效率。

漕运五策是刘晏在对运河漕运的现状及存在问题深入调研与分析的基础上提出来的，贴近实际，针对性强，充分体现了他的治漕理念，对唐代后期运河漕运的恢复发挥了重要作用，对大运河作用的发挥也具有极大的推动作用。

刘晏派部下李若初在扬子县筹建了10个造船厂，制造大小不同、能适应各种水势和具有特殊结构的各类运船。汴河上的船叫歇艎支江船，这种船船体肥阔，船平舱浅，载重量大，吃水浅，便于装卸，共造了2000艘，每艘载重一千石。黄河浪急，尤其是三门峡险滩（即砥柱）旋流暗石，影响行船安全，刘晏让人设计了善抗风浪的上门填阙船，这种漕船坚固耐用，经得住碰撞，而且吃水不太深，这样不易撞到暗礁，能够抵抗黄河的水深流急，对三门峡水底暗礁密布的航道也能适应。扬子船厂前后一共造出了2000艘歇艎支江船，成为唐代后期运河漕运的主力军。

为了防止沿途驻军和土匪抢劫漕粮，刘晏合理地组织了漕运船队，漕粮从扬州开始转运时就编成队伍，十船为纲，每纲300人，篙工50人，这样人多势众，小股的土匪根本不敢袭击舰队。同时，从扬州出发就派军队护送，一直到河阴，这样充分保证了沿途漕运的安全。大批漕粮运抵京师，从根本上扭转了京师地区粮食匮乏的局面，长安的米价也渐趋稳定。河洛地区的经济也随着漕运的恢复逐渐复苏起来。

古代漕船生产场景

经过一系列的漕运改革，刘晏重

续了漕运这条唐王朝的生命线，使漕运又恢复了每年 100 万石的规模，江淮物资源源不断地通过大运河运到长安，有力地支持了唐朝与藩镇的战争。

第七节　郭守敬与大运河裁弯取直

郭守敬（1231 － 1316 年），字若思，邢州邢台县（今河北省邢台市信都区）人。郭守敬对大运河的贡献是促成了大运河的第二次大贯通，直接联系了中国的经济中心与政治中心，奠定了今天京杭运河的格局。

元帝国在大都建立政治中心后，如何从南方经济中心供给北方政治中心粮食则成为亟待解决的问题。当时从江南经江南运河、邗沟、通济渠到开封，再通过永济渠到大都的隋唐大运河已不通了。元朝初年的漕运是由江南运河、邗沟入淮后，再从淮河入黄河，到河南封丘一带，转为陆上运输，到达淇门后，再入御河，运到直沽（今天津），沿白沙河至通州，最后从陆路运到大都。这条运输线路水陆并用，多次装卸，既耗费时间，粮食浪费也十分惊人。元代也曾采用过海运来向元大都运粮，为此专门成立了两个漕运司和万户府来管理海运，海运线路是从苏州刘家港（今江苏太仓市浏河镇）入长江经崇明三间沙（今上海崇明西北）入海，北行经山东，然后到直沽（今天津）登陆，再从内河运到通州的张家湾，然后转运到大都。但这条线路在海中航行时易遭风浪，船只易损，粮食的损耗也比较大。

因此，元帝国需要开通一条新的运河，来解决大都的粮食物资供应问题。忽必烈决定派水工奇才郭守敬来负责大运河工程的总体规划设计。郭守敬开凿的元代大运河包括会通河、济州河、南运河、北运河、通惠河。

北运河常称为白河，其上游有潮河、白河二源汇合，故又有潮白河之称，至通州境内又有潞水之名。北运河始建于金泰和五年（1205 年），以历史上的潞河为基础开凿，由三岔口北上至通州。早在开凿通惠河前，就开始了北运河的改道裁弯和疏浚工程，主要是改道孙家务，同时开凿了武清蒙村运道。通惠河开成以后，经北运河的运输量大大增加，又对北运河进行了整修和疏浚，主要采取了分引白河水入榆，又从坝河引水入榆，以济北运河之水。经过大规模的整修，使北运河直到元末仍能保持正常航运。

北运河向南，从直沽向西，由静海向南转，过清州（今河北青县），与滹沱河、漳水交汇，再过沧州、陵州（今山东德州陵城区）至临清，这一段称为南运河。当时，自临清以下的御河还承担着河南北部和河北南部的漕运任务，这一段称为御河。南运河通过连接御河，实现了漕运的目的。在郭守敬等人的建议下，元政府诏令滨河州县的官员兼管河防事务，凡堤防损坏的地方，及时修筑，严禁私自掘堤放水，还在河堤上种植树木以加固堤防。还调集民夫疏浚河道，有效地防止了因为运河水的冲击而决堤，保证了南运河漕运的畅通。

济州河是从济州（今山东济宁）向北到须城（今山东东平）安山镇的运河。后来会通河开通后，济州河成为会通河的南段。郭守敬通过实地考察并绘图上奏，确定了山东段运河改造的路线。依据郭守敬的图纸，元至元十九年（1282 年）十二月，济州河工程正式开工，到次年 8 月竣工，开凿了从济州到须城安民山之间长达 100 千米的运河河道，并筑坝拦截汶河、泗水的水到运河行运。元政府又先后在兖州立闸坝约束泗水西流，在堽城坝（今山东宁阳大汶河上）立闸堰导引汶水进入洸河，使二水在任城的会源闸汇合，以闸堰调节水势，启闭通放舟楫，后来又建了一系列水闸，调节水势，保证了运河的畅通。但这一系列工程并没有真正解决运河的水源问题，漕船到了南旺这一运河河脊处，仍需要人力畜力盘剥过坝。直到明代修建南旺枢纽，才彻底解决了会通河的水源问题。

会通河是继济州河后，开凿的自东平须城安山西南起，经寿张西北过东昌（今山东聊城），再向西北经临清与南运河相连接的一段运河河道，全长 125 千米。元至元二十六年（1289 年）正月动工开凿，当年六月完工，开凿河道 125 千米。会通河开通后，朝廷将原来利津海道运粮的万户府改为临清御河运粮万户府，把原来由东阿至临清的陆运人夫改为兵丁户，专门护送会通河上贡物品。会通河的开通，使元代大运河正式全线贯通。会通河是元代政府在之前以洛阳为中心的大运河的基础上为了避免绕道迂回，而新修建的一段人工运河，使大运河实现了距离最短的南北贯通。会通河因地势较高，整段运河全靠设闸控制水势，从临清头闸到济州李海务闸，总共设置了 31 座闸门。因此，会通河又被称为闸河。但终元一代，漕粮北运仍以海运与河运并举。到了元朝末年，会通河就废弃不用了。

元朝，大都城内每年消费的粮食达几百万斤。这些粮食绝大部分是从南方产粮地区征运来的。但元初漕运的终点不是大都，而是通州，离京城还有几十里路。这段几十里的路程只有陆路可通，要用大量的车、马、役夫运输；一到雨季，泥泞难走。为了方便通州到大都的粮食运输，郭守敬开通了通惠河。在郭守敬的设计和主导下，由白浮泉引水，开凿了由通州到大都积水潭（今北京什刹海）大运河最北的一段——通惠河。他不仅根据大都的地形地貌解决了通惠河的水源问题，而且按地形地貌变化及水位落差，在运河中设闸坝、斗门，解决了河水的水量和水位问题。元至元三十年（1293 年）七月，通惠河建成。忽必烈从上都（今内蒙古锡林郭勒盟正蓝旗草原）回到大都，路过积水潭，亲赐名为通惠河。通惠河解决了漕船向北抵达当时的政治中心大都的问题，使运输南方漕粮的漕船可以通过通惠河直达元代大运河的北方终点——大都城内的积水潭。通惠河不但解决了运粮问题，而且促进了南货北销，繁荣了大都城的经济。

除了上面五段新开的运河，郭守敬对原隋唐宋运河在淮河以南部分的河段也进行了整治：疏浚扬州段运河，多次对江南运河和浙东运河进行了治理，特别是疏浚浙西海道，导引运河水入海。这样，经过一系列的开凿和治理，终于实现了大运河的第二次大贯通。郭守敬主导贯通的大运河，是在隋唐宋大运河的基础上，进行了裁弯取直，弃弓走弦，不再经过安徽、河南。运河形成了南北直行的走向，从根本上改变了淮河以北大运河的格局，比隋唐大运河减少行程 500 千米。重新开通的元大运河以大都为中心，直穿山东、江苏全境，径抵江南，沟通了河、海、江、淮、钱塘五大水系，把

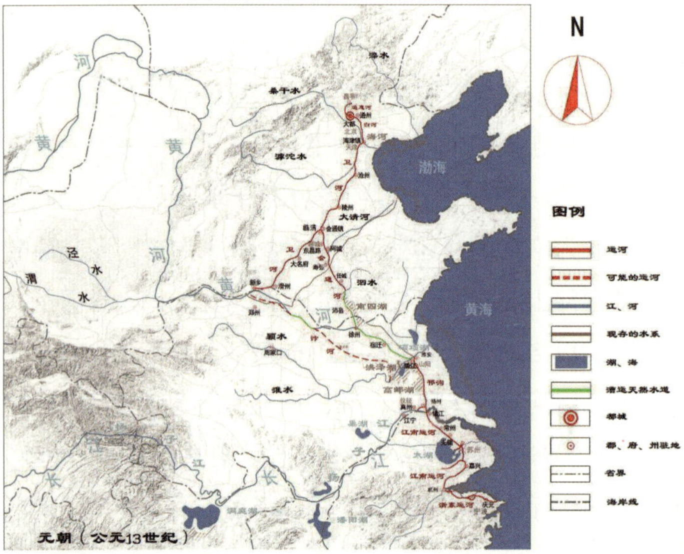

大运河第二次大贯通示意图

郭守敬雕塑

通惠河北京旧城段

郭守敬纪念馆

南北方各大经济区更直接地联系起来，由此奠定了此后大运河的基本走向和规模，这就是后来俗称的京杭大运河。元代大运河漕运直接沟通了元代的政治中心与经济中心，并沿用于明清二代，成为维系中国大一统局面的政治纽带。

第八节　宋礼、白英与南旺枢纽

宋礼（1361—1424 年）字大本，河南永宁（今河南洛宁县）人，明朝著名水利官员，宋礼对大运河的贡献主要有疏浚会通河，建戴村坝，开挖小汶河，引汶水及山泉水济运，建南旺运河分水枢纽等项工程。宋礼与白英整治大运河成功，有效地解决了运河河脊水源问题，保证了明代运河漕运的畅通。

元代时期开会通河时采用的是“遏汶入洸”策略，即在汶河上筑堽城坝，迫使汶水流入洸水并在济宁流入运河，通过会源闸（又称天井闸）分流南北济运。由于济宁地势比运河的最高点南旺地势低数丈，洸水入运后，水量少时难以北流南旺段运道，大运河的水源问题没有得到根本解决，济宁段常常没有水。漕船经过济宁段时，都需要靠在地上铺滚木或淤泥，用人力、畜力拉过堰坝。造成漕运的极大不便和人力物力的浪费。因此，元代大运河“每岁之运，不过数十万石，远不及海运二三百万石”。明成祖朱棣迁都北京后，通过大运河的漕运是粮食与其他物资北运的主要方式。明朝廷开始对大运河进行了大规模的整治。

南旺位于济宁汶上县南旺镇，这里是大运河全线位置最高的段落，平均海拔 43 米，由地势最高点南旺分水口分别向南北倾斜，与运河南北两端最低点（分别位于扬州长江运口和天津静海附近）的最大高差达到约 30 米。地势高而水源不足是这一段运河面临的巨大挑战。为了解决会通河缺水的问题，明成祖命工部尚书宋礼主持治理。宋礼征调青州、兖州、济宁及直隶、徐州民工二十余万人疏浚运河，重点放在山东丘陵地带的会通河段。

宋公祠

宋礼深入会通河沿线察看水系、地形，访问群众。在汶上县城东北白家店村，遇见乡官白英。白英是运河上的一位“老人”（10 余名运河民夫的领班），治水、行船经验相当丰富。白英十分熟悉山东境内大运河及其附近地势、水情。白英建议：“南旺地耸，盍分水。于南旺导汶，趋之不令南注洸，北倾坎。其南九十里使注于天井，其北百八十里流于张秋，楼船可济也。”宋礼大喜，于是邀白英参加治运工程，并采纳白英的建议，改变元代“遏汶入洸”的做法，而用“遏汶济运”的良策。

宋礼和白英经过实地勘察，决定在汶河上建戴村坝，引汶河水由南旺入运，把位于会通河道最高点的南旺镇作为分水点。同时在南旺这一运河“水脊”建分水工程，使汶水西行，从南旺进入运河。南旺枢纽工程主要由戴村坝、引水河（小汶河）、南旺水柜、分水口组成。经过民工历时 9 年的辛勤劳动，终于完成了这项举世闻名的水利工程，使会通河得到了充足的水源，大大提高了运河的漕运能力。南旺枢纽工程体系因具有与都江堰一样的分水功能，被称为“北方的都江堰”。

在戴村坝建成约 70 年后，为了精确调配供水与分水的水量，明政府又在南旺分水口南北两侧的水道内陆续修建了柳林闸、十里闸、寺前铺闸等节制闸，起到调配两侧供水水量的作用。多闸的联动和控制实现了会通河南北段的分水比例定量控制，达到了有效控制水道航深的目的。南旺枢纽建成后，沟通南北的大运河畅行无阻，漕运能力大大提高，每年从东南运粮米几百万石（最高达到 500 万石），接济京师。大运河真正成为南北交通运输的大动脉，对我国南北经济文化的交流和内河航运事业的发展起到了重要的促进作用。

南旺枢纽工程

戴村坝

第九节　首任漕运总兵官陈瑄

陈瑄（1365 — 1433 年），字彦纯，中书省直隶庐州府（今安徽合肥）人，明代水利专家，明代漕运制度的确立者。陈瑄自明永乐元年（1403 年）起担任首任漕运总兵官，负责漕运事务三十年，大力改革漕运制度，实施了一系列大运河修治工程，对明代漕运的贡献很大。

明永乐元年（1403 年），陈瑄被任命为总兵官，总督海运，即海上漕运。他当年便从海上向北京、辽东运输粮食四十九万石，以供应两地军队的兵饷，后又在直沽（今天津）建百万仓，修筑天津卫城。明永乐十三年（1415 年），会通河全面通航，明成祖决定停止海运，通过大运河实施内河漕运，仍由陈瑄负责。陈瑄到任后，受命扩建清江漕船厂，称“清江督造船厂”，陈瑄建造了浅船两千余艘，用于运河漕运，起初年运输量两百万石，后逐渐增加到五百万石，朝廷因此得以富足。

作为明代漕运制度的建立者，陈瑄对漕运进行了一系列改革，建立了支运、兑运和直达的制度，使漕运制度逐步完善。漕运由民运改为兑运，由运军代替民间运输，纳粮户不再参加漕运，从而免除了纳粮户的运途之劳，避免了农民因长途运输漕粮而耽误农时。

为了调动运军的积极性，陈瑄规定允许漕运粮船每次携带不超过 10 石的地方土特产到其他地方贩卖，官兵不得阻挡。这种做法促进了商品经济的流通，增加了地方经济收入，同时也让各级官员和参与漕运的百姓得到了经济实惠，又促进了地方商品经济的发展。陈瑄创立的明代以运送征粮为主的漕运制度，不仅为国家调运了粮食，而且在明清两代继续实施，逐渐发展完善，为后世在漕运方面积累了经验。

明永乐十三年（1415 年）春，陈瑄采纳民间水利专家的建议，发动民工疏浚沙河，仅用了五个月的时间开凿清江浦河道，由城西管家湖导水，至鸭陈口入淮。他还筑了四处闸门，分别叫清江、福兴、通济、惠济。清江闸位于淮水与运河交汇处，当黄河水涨时，就关闭清江闸。从此，江南漕船可以直接到清江浦，既免除陆运过坝的辛苦，又减少许多风险。他还沿湖修筑十里长堤，以提高船只运输能力，使得漕船可以直达黄河，节省的费用不可计数。从此，大运河上的船只南往淮河驶向杭州，北通临清入卫运河直达北京，大运河至此全部畅通。

陈瑄开埠，掀开了清江浦的辉煌历史，也启动了明代治理运河的大幕。此后运河其他各河段的闸坝、修防等工程的基础也大都由陈瑄奠定。陈瑄开建的清江浦造船厂

总督漕运公署遗址

最盛时辖京卫（北京、天津卫）、中都（安徽凤阳）、直隶、卫河四大船厂，82 个分厂，每年制造漕船一般在 560 多艘，最多在 670 多艘。郑和下西洋官兵的配置或调动，均由陈瑄总掌。连郑和下西洋的宝船也是由陈瑄所主政的清江浦造船厂建造的。

陈瑄在治理漕运的同时，还针对南北两段大运河的治理与改造，提出了有针对性的治河八策：一是疏浚徐州至济宁间的运河河道；二是在吕梁洪西侧另凿一条水渠，设置两道水闸，蓄水开通漕运；三是在沛县昭阳湖、济宁南旺湖沿岸修筑长堤；四是在高邮修建湖堤，并于堤内凿渠 40 里（20 千米），以避免风浪造成的凶险；五是在淮河至临清间的运河上，依照水势设置了 47 座闸门；六是在淮安建造 40 个区的常盈仓，又在徐州、临清、通州设置仓库，以便于转运；七是在淮安到通州沿途设置 568 个观察点，派官军驻扎，以引导漕船行驶，避免搁浅；八是沿运河河堤开凿水井，种植树木，以方便行人。陈瑄提出的治河措施，解决了许多工程技术上的难题，也为后代治理大运河打下了良好的基础。

陈瑄治理运河的另一个重要贡献是开凿白塔河以连通长江，使运河增加了一个新的入江口。明初，江南苏、松、常诸州及浙江诸处公私船舶从孟渎河出江，再沿江溯行 300 里（150 千米）才能到达瓜洲，航程绕得很远，而且瓜洲滩险，江涛险恶，航行很不安全。而白塔河与江南孟渎河参差相对，漕船从孟渎河过江半日可达白塔河口。陈瑄先后三次组织民力开白塔河以方便江南东部的漕船北上。这样，从江南孟渎河过江的漕船可以入白塔河，然后利用古运盐河行驶到茱萸湾入淮扬运河，既缩短了漕船在长江里的航程，又避免了在瓜洲运口

大运河淮安段的清江浦楼

盘坝的劳费。白塔河成了运河漕粮运输的又一条便捷通道，“苏松舟楫，多从往来。”陈瑄为扬州段运河又增加了一个入江口。

陈潘二公祠

洪泽湖大堤

延伸阅读

束水攻沙的创立者潘季驯

潘季驯（1521—1595 年），湖州府乌程县（今浙江省湖州市吴兴区）人。明朝中期官员、水利学家。从明嘉靖四十四年（1565 年）开始，到明万历二十年（1592 年）止，他先后四次出任总理河道都御史，主持治理黄河和大运河，前后持续二十七年，为明代治河诸臣中任职时间最长的一位。他是“束水攻沙”理论的创立者，在长达 27 年的治运生涯中，他修筑高家堰大坝，以淮水冲刷清口黄淤，筑山东诸湖旧堤，建行闸坝，无不讲求精益求精。他还著有《河防一览》《两河管见》《宸断大工录》《留余堂集》等著作。在“束水攻沙”的基础上，潘季驯又提出在黄河会淮地段“蓄清刷黄”的主张。他的治河工程思路、创立的堤防体系和严格的修守制度，成为明中期直至清代末期治理运河及黄河的主导思想，如清初的杨方兴、朱之锡及靳辅等治河名臣都继承了潘季驯的理论治理黄河，取得一定成效。

第十节　康熙、乾隆巡河保漕运

清圣祖爱新觉罗 • 玄烨（1654—1722 年），即康熙，是清朝第四位皇帝。康熙早年在宫廷的柱子上写了他平生要做的三件大事：三藩、河务、漕运。河务和漕运实际上是一件事情，三藩平定后，实际上他重视的就是治河这一件事情，他穷毕生之力治河，并使河患大为降低。康熙帝在位期间，先后于清康熙二十三年（1684年）、二十八年（1689年）、三十八年（1699年）、四十三年（1704年）、四十四年（1705年）、四十六年（1707年）六次沿运河南巡江南。康熙帝的孙子乾隆帝也六次沿大运河南巡，都是为了治理黄河、运河，畅通漕运。

清朝初期，河工年久失修，水患不断。黄淮溃决还会造成运河大堤崩溃，漕粮无法按期运到京师，会影响清政权统治的稳固。康熙决定蓄黄济运，济运通漕，以保证每年四百万石的漕粮安然抵京。他首先重视治河专才的选拔。他说：“河道关系重大，必得才能熟练之员，始能胜任厥职。”重用治水专家靳辅就是一个实例。

清康熙二十三年（1684年）十月，三十一岁的康熙帝第一次南巡。十七日到达山东郯城县红花铺，命靳辅扈从左右，在黄河、淮河之间认真巡查，调研黄河、淮河、运河的水势、灾情及治河工程进展情况。此后每次南巡都视察河工。治河是贯穿康熙执政始终的一件大事，而漕运又与治河密切相关。所以这两件事，合二为一，是他执政生涯中的头等大事。无论政务有多么繁忙，他都在时刻关注着河运的治理。他还身临一线，亲自指挥，亲身参与，在实践中不断总结治理河运的经验，不仅在治河方面取得了辉煌的成就，而且积累了很多治河经验。

清康熙四十二年（1703年），康熙第四次南巡，指示将仲庄运口下移至杨庄，可以免去逆黄行运，至此，短时期内河清水畅，河工初步告成。清康熙四十四年（1705年），康熙帝第五次南巡，阅视杨庄等处新开中河闸口及清口、高家堰河堤，见黄河已顺轨安澜。清康熙四十六年（1707年）正月二十二日，康熙帝启程离京第六次南巡，下令疏浚洪泽湖出水口，加宽加深，使河水畅流。清康熙四十九年（1710年），建惠济越闸。清康熙五十一年（1712年），下令建卞庄挑水坝；清康熙五十八年（1719年），开王家营东引河，分漕北趋。此后多年，河工无事。

康熙像

在南巡时，康熙自己亲自钻研水利理论，并从事广泛的实地调查。曾多次在淮安清口实地考察，对治水官员们指示机宜。后人将他的治水言论汇编成书，定名为《康熙帝治河方略》。康熙在总结研究前人治河经验和自己多年的治河实践基础上，形

康熙南巡图（局部）

成了新的治河思想，即“上流既理，则下流自治”，解决了河工中最棘手的上、下河关系问题，并在第三次南巡中作了基本部署：深浚河底，改修清口，拆毁拦黄坝，引水归江，并在随后的两次南巡中，亲自检验施工情况。由于他坚持了对黄河、淮河、运河的综合治理，减轻了河患，涸出了良田，使“淮、黄故道、次第恢复，而漕运大通”。从而不仅治河取得了成效，而且在治水理念上比前人更进了一步。

康熙帝重视科学技术，他本人也精于水工测量。在第三次南巡视察高家堰、归仁堤等处时，亲自用水平仪测量水位的高低。康熙帝在乘船出清口时，召桑额、于成龙等指示治河方略，具体制定了新的治河方案：深浚河身、筑挑水坝、开陶庄引河、浚直河道、拆除拦黄坝。同时还亲自沿河勘察。在引河嘴上一里许，“订桩立基，谕建挑水坝”。康熙巡行到扬州高邮段运河时，亲自测量出运河水比高邮湖水高 4 尺 8 寸，便指示河道总督于成龙说：“湖水似不能越此堤而入运河。这段工程甚属紧要，应着差贤能官员作速查验修筑”（《帝王治河史》第 41 卷）。在高邮马棚，他亲自司仪测量出淮扬运河沿线清水潭段运河水位高出运西诸湖水位 1 尺 3 寸 9 分，及时指示官员“应加紧建造湖之石堤”。他在黄、淮、运交汇处进行水准测量，针对洪泽

康熙时的治水名臣靳辅塑像

乾隆像

湖水位低于黄河水位的情况，当即提出了治理方案。

乾隆帝是中国古代执政最久、年寿最高、影响较大的一位皇帝。从清乾隆十六年至四十九年（1751—1784年）三十余年间，乾隆分别六次南巡。前四次是陪着母亲前往江南，母亲病逝后，乾隆又两次率领臣下南巡。乾隆历次南巡一般是正月从北京出发，陆路经直隶、山东到淮安的清口渡黄河，乘船沿运河南下，经扬州、镇江、丹阳、常州、苏州入浙江，再由嘉兴、石门抵杭州。回程时，绕道江宁，祭明太祖陵，检阅部队，于四月下旬或五月初返回北京，往返水路行程约2900千米。

乾隆南巡的主要目的也是治河。在淮安，乾隆南巡时的御制重修惠济祠碑开宗明义："经国之务，莫重于河与漕，而两者必相资而成。"乾隆继承他的"皇祖父"康熙的训教，一贯重视水利建设。他主张，兴修水利，去除水患，应以预防为要。

乾隆南巡促进了对运河和漕运的治理，乾隆帝也像其祖父康熙帝那样，极其重视河工海防，把它视为六巡江南的一个主要任务，在六次南巡中乾隆有五次视察黄河治理工程。当时，解决黄河水患的关键工程在江苏的清口和洪泽湖的高家堰，这里系黄河、淮河的交汇处。因黄河是条含沙量极大的泥水河，一旦决口，使沿黄下游的州县饱受水灾之患，有时黄河因水流不畅形成倒灌，直入运河，使漕运受阻，直接影响到清帝国京师的粮食来源和政治稳定。因此黄河入海口的清口、高家堰是治黄的关键。乾隆每次南巡，都要到这两个地方实地视察。他在淮安亲自筹定洪泽湖五坝（仁、义、礼、智、信）的名字。他还命官员加筑高家堰石堤，在高邮昭关设滚水坝，改从济运坝至运河的土堤为砖堤等，这些措施对治河保漕都颇有成效。与此同时，他对治河有功的大臣给予表彰。清乾隆二十二年（1757年）下令将去世不久的河道总督高斌与先朝治河名臣靳辅、齐苏勒等一同入祠祭祀，以示国家不忘有功之臣，为当今治河官员树立楷模。

乾隆也是一位亲力亲为的皇帝，在第一次南巡时，乾隆来到洪泽湖视察水利工程，他了解到高家堰与蒋家坝之间的黄河大堤只有三座大坝，每年到了夏秋两季，洪泽湖水位上涨，由于排泄不畅，很容易发生水灾。河道总督高斌提了一个方案，建议再增加两座坝，乾隆接受了这个意见，洪泽湖大坝增加到五座。乾隆在第三次南巡时，又制定了清口水志，规定：上坝的水位上涨一尺，下坝的闸门可以开到十丈。河道官员遵守这一规定，确保了在相当长一个时期内，下游的各州县避免了水患的灾害。乾隆第三、四、五、六次南巡都到了浙江海宁，直到把钱塘江海塘全部修成坚固的鱼鳞石海塘。

在扬州天宁寺行宫，乾隆写的御制《万寿重宁寺碑记》和《南巡记》，真实地记录了乾隆南巡的目的。他着重强调："南巡之事，莫大于河工。""六巡江浙，计民生之最要，莫如河工海防。""临幸江浙，原因厪念河工海塘，亲临阅视。"这些话并非空谈，而是乾隆倾尽全力大兴河工的实际做法。在位期间河工兴修规模之大，投入财力物力人力之巨，兴修时间之长，乾隆可以称为古今唯一的帝王。以经费而言，每年河工固定的"岁修费"380余万两，约占每年朝廷"岁出"额数十分之一强。临时兴修的大工程，又动辄用银几百万两，像蔺阳青龙岗之工，"费帑（tang）至二千余万"。

扬州天宁寺内乾隆《南巡记》御碑

据《清高宗实录》的记载，六次南巡期间，乾隆对黄河、淮河的河工及浙江、江苏的海塘，下达了数以百计的上谕，指示治理，动用了几千万两帑银，完成了多项工程，对减少洪灾、保护漕运畅通起了重大作用。康熙、乾隆巡河客观上推动了河务的治理，保障了大运河漕运，促进了东南社会安定，加快了社会生产的发展，产生了良好的影响。

乾隆三面题字碑

乾隆南巡图（局部）

第十一章 中国大运河漕运伴生的文化遗产

中国大运河作为中国重要的线性、活态遗产和文化遗产廊道，在两千多年的漕运过程中，不仅留下了丰富的物质遗产，而且留下了内涵丰富的非物质文化遗产。其中有许多是由漕运而带来的大运河非遗，如大运河开凿、修筑、使用过程中形成的非遗，还有造船技术、储粮技术、漕粮测量技术、装运技术、防霉防蛀技术、巨型原木的传统水陆转运技艺，更有运河行船的非遗：运河民俗、船工号子、船民风俗、船上产生的表演艺术等。这些大运河漕运非遗反映了大运河沿线经济的繁荣和由此而生的文化发展情况，见证了大运河带来的思想、文化、技艺的交流和汇集，也为大运河文化的传承提供了资源与路径。

第一节 中国大运河漕运非物质文化遗产的界定

那么，哪些遗产可以列入中国大运河漕运非物质文化遗产呢？这里首先要对中国大运河非物质文化遗产进行科学的界定。笔者以为，并不是中国大运河区域内所有的非物质文化遗产都可以归纳到“中国大运河漕运非物质遗产”名下，界定是否是中国大运河漕运非物质文化遗产的标准应该是看它的形成、传承与发展变化，与中国大运河漕运有没有直接或间接的连带关系，是否有着内生、发展、演变和传承的必需联系。中国大运河漕运非物质文化遗产必须与大运河漕运相关，是直接或间接由大运河漕运带来的。依据这一标准，笔者觉得中国大运河漕运非遗有以下六类。

一是与大运河修造、使用直接关联的非物质遗产，即大运河本体建设过程中所形成的非物质文化遗产项目，如运河开凿与疏浚中的传统勘测度量技艺，运河构筑闸坝、加固堤防、堵决筑堤等方面的传统技艺，分水、引水、蓄水、泄水等传统设施营造技艺等。

二是与大运河原生性功用及漕运有直接关联的非物质文化遗产，如漕运船舶的传统制造技艺，漕粮仓库的传统营造与防潮、防蛀工艺、漕粮测量技艺，巨型原木的传统水陆转运技艺，船舶过闸、盘坝的传统技艺等。

三是由大运河漕运所产生的人类口述遗产，如关于大运河的各类故事、传说，关于大运河的河工号子、船工号子，由大运河漕运助推传播的民歌、童谣等。

四是在大运河沿线地区形成或传承、发展，并与大运河漕运相关的表演艺术，直接为船工表演的说书、评话等曲艺。

五是服务大运河漕运的传统手工技能，如德州扒鸡、杨村糕干、张秋壮馍等。

六是与大运河漕运相关的民俗，由大运河漕运产生的社会风俗、礼仪、节庆，因大运河漕运形成的方言，以及其他具有代表性的游艺项目等。

以上这六个方面的非物质文化遗产可以归类为中国大运河漕运非物质文化遗产。具体代表项目很多，这里不一一列举了。

第二节 大运河船工号子

大运河上漕运的时间长，船民们在船上需要娱乐活动。古代运河上的纤夫在拉纤的过程中要步调一致，这就需要有人喊口号。运河船歌又称船工号子或运河纤夫号子，是一种运河上特有的民歌。它是运河纤夫们为了在拉纤中步调一致、提高劳动效率而创作的。船工号子有起锚号、摇橹号、拉纤号等十余种。除起锚号子是大家齐声唱外，其余的号子都是一人领唱众人和。船工号子节奏急促，领和呼应紧凑，为呼喊性音调，声调高亢、激昂，多为上下句结构和比较简单的咳、哎、嗨、哟、嗖等呼和词。

船工号子是一种历史悠久的传统民歌，属于号子的一种。在漕运行船中为配合航运、船务等劳动过程而传唱。由于船上劳动强度不一，内河航行环境不同，船号变化的幅度相当大。有的劳动强度大，协作紧密，操作紧张，这类号子实用性强，如《冲滩号子》；有的在风平浪静，平滩行船时唱，这类号子实用性弱，抒情性相当浓厚，如《下滩号子》。歌词方面，前者多为劳动呼号用语；后者见景生情，即兴编词较多，体现了勤劳的劳动人民对生活的热爱、向往和追求。

1.《挽舟者歌》和《纤夫之歌》

《挽舟者歌》是隋代运河边哭诉隋炀帝修河、征夫、征伐高丽给民众造成疾苦的五言诗。“我兄征辽东，饿死青山下。今我挽龙舟，又阻隋堤道。方今天下饥，路粮无些小。前去三千程，此身安可保！寒骨枕荒沙，幽魂泣烟草。悲损门内妻，望断吾家老。安得义男儿，焚此无主尸。引其孤魂回，负其白骨归！”

南宋杨万里所作《诚斋集》中收录有一首《纤夫之歌》：“张哥哥，李哥哥，大家着力一齐拖；一休休，二休休，月子弯弯照九州。月子弯弯照九州，几家欢乐几家愁，几家夫妇同罗帐，几家飘散在他州？”这两首《月子弯弯照九州》，作为古代漕运“舟师”“纤夫”的劳作之歌，其音乐个性既具“吴歌”柔婉之风，又饱含劳动歌曲的内在力度，自有它难以替代的历史价值和感人至深的艺术价值。

2. 泊头河号

在河北，船工号子又称河号，河号是漕运的船民们在生产、生活过程中的民歌号子。沧州泊头运河号子相对于其他地方的节奏骨架式运河号子，曲调更为完整，更具有旋律性。它分为打篷号（起帆）、撞阳（逆流拉纤）号、加油号（顺风平缓）、摇橹号（顺流，轻松欢乐）等。领号根据不同场景的需要，多为反映平民生活的即兴唱词和曲调发挥。领唱根据劳动情况即兴编唱指挥劳动动作“行话”，悠长的拉纤号多用民间歌谣或民间小调词语，目的是统一劳动步调，增加劳动兴趣，提高劳动效率。

3. 北京通州的运河号子

通州是大运河漕运的北端，这里是元明清大运河上漕运最繁忙的地方，漕船多，漕运的船工也多。通州运河船工号子，专指北京通州到天津段，即北运河的船工号子。

通州运河船工号子是北运河船工创造、演进、传承和存续下来的。现在保留传诵的通州船工号子的渊源，可追溯到清道光年间。它是以家庭、师徒间互教互学的方式，口口相传并保留至今的。元明清三代，封建王朝定都北京，北京的漕运进入了鼎盛时期。明清时期，每年运粮约 400 万石，需用漕船一万二千余艘。每到运季，漕船绵延接续十几里，伴随浩浩荡荡宏伟船队的，是此起彼伏、气势磅礴的号子声。光绪末年，漕运废除，通州码头地位逐渐消失，但在运河上民间的客货运输一直持续到 1943 年，北运河区段船运持续到 20 世纪 70 年代，因此船工号子得以传扬至今。

通州船工号子种类众多，现已整理出十种 22 首，包括起锚号、揽头冲船号、摇橹号、出仓号等。

通州到天津这段运河由人工挖掘，水流宽阔平稳，不如长江黄河那般风急浪大，因此北运河的船工号子“水稳号不急”，而且是通州的方言、南方的调儿，喊起来别有风味。船从天津逆流而上，船工一路拉纤，得 4 天时间，鼓劲提神、劳逸结合的运河船工号子由此产生。那时候人穷，衣服舍不得下水，前面缅裆裤一裹，从后面看就是一群光着屁股的大老爷们。远远听见“嘿呦！嘿呦！”的号子，运河边劳作的大姑娘小媳妇赶紧远远避开。通州运河号子林林总总不下十种，开船的时候有起锚号，船行到水深处有摇橹号，卸货或者装货的时候有出舱号和装舱号，船只搁浅时有闯滩号，纤夫拉纤时有拉纤号……起锚号是开船前撤去跳板，开始起锚喊的号子，号子紧凑有力，是无旋律的齐唱。揽头冲船号是用篙把船头揽正，顺篙撑船，把船冲到深水处喊的号子，号子稳健有力。摇橹号是船行到深处，顺水摇橹时喊的号子，简洁明快，富有弹性。出舱号是卸货或者装货的时候喊的号子，号子比较自由，旋律感强。立桅号是逆水行船前，立起桅杆时喊的号子。跑篷号是升起篷布时喊的号子。闯滩号指船搁浅时，船工下水推船时的号子。拉纤号是纤夫拉纤时喊的号子，可即兴编词或用民间小曲里的词。另外还有绞关号，节奏感比较强。

大运河是一条人工开凿的河，水流相对平缓。通州运河号子也有运河一样的“性格”，虽然有些号子也高亢浑厚、雄壮有力，但绝不像黄河号子那样激烈紧张，平缓、优美、抒情、如歌可以说是运河号子的主旋律。“词儿带通州味儿”主要体现在唱词多用儿化音（如三儿、日儿吧、人儿、鞋儿等）和具有通州地方特点的衬字、衬词（如四儿搭四儿的、一了个的、来溜等），散发着北京民歌中的京味儿和乡土气息，再加上通州人特有的通俗易懂、幽默风趣表达方式（如称媳妇为“做饭的人儿”，称男人为“一百多斤儿”；用“苇子开花”代表的季节表示劳动结束等），使它更有通州风采。

“北调儿含南腔儿”是指运河号子含有南方民歌音调，尤其在悠长、速度较慢的曲调中表现更为明显。这一特点与漕运有关。漕运及南北的经济交流不仅“漂来了北京城”，为通州的经济带来繁荣，而且南北文化互相融合碰撞，形成灿烂的运河文化，运河号子就是其中的一个重要组成部分。据说，通州运河号子是和南方漕运的河民学来的，客舫上的“弦歌”可能也对北方的运河号子产生了影响，通过对运河号子音调的分析，它和南方民歌确实有着千丝万缕的联系，如运河“拉纤号”和“出仓号”与江苏民歌《无锡景》《紫竹调》《茉莉花》等有多处音调相似。

4. 淮安运河纤夫号子

运河船工号子本来就有许多即兴的成分，是船工即兴创作的，但不同的地区有约定俗成的专门的船工号子。淮安作为明清两代漕运总督府所在地，大量的漕船从此经过，衍生了丰富的纤夫号子。胡健在《运河纤夫号子》记述了他收集整理的淮安运河纤夫号子。淮安运河纤夫号子分三段，第一段是早上出发时船工们唱的：“嗨哟—嗨嗬，千斤呀，万斤呀；嗨哟—嗨嗬，千斤呀，万斤呀；嗨哟—嗨嗬，起锚哟，嗨哟；动身哟，嗨哟，开船哟，嗨哟；嗨哟—嗨嗬，嗨哟—嗨嗬。”第二段是船工们行进在路途中唱的：

通州船工在表演船工号子

“哟嗬嗬……哟嗬……一声号子我一身汗，一声号子我一身胆；抬起头呀朝前看，运河上面都是船；抬起头呀朝前看，运河上面都是船，哟嗬嗬……哟嗬。”第三段是傍晚快收工时船工们唱的：“哟嗬嗬……哟嗬……哟嗬嗬……哟嗬……加把力呀莫偷懒，太阳就要落西山；加把力哟莫偷懒，管船娘子备好饭。哟嗬嗬……哟嗬……哟嗬嗬……哟嗬……”

《淮阴清口枢纽船工号子》：“隔河望见一座闸，就像隔着一座山。有心闸上去苦钱，没匡一过要三天三。勒紧裤带背着纤，一拽就是日西山。听从老大摇令旗，不干就得把眼翻。酷暑弄船撵日头，冰天雪地也不闲。富人饮酒小高楼，穷富为啥不一般？喂……嗬……喂……嗬。”“哼哼歪歪拉上来，衣衫湿透无人疼。船是木龙高了号不行，人是饭壮高了粮不行。小曲好唱口难开，樱桃好吃树难栽，想吃樱桃栽下树，等着樱桃开花来。”

《淮阴区惠济闸纤夫过闸号子》：“呀上呵咳，大家用力一起拉，河神保佑过头闸。呀啦呵咳，大家用力一把劲，平安无事过头闸。呀啦呵咳，大家用力一齐心，三牲拜祭过头闸。呀啦呵咳，大家再来一把劲，平安无事过闸头。呀啦呵咳，大家再来一把劲，平安无事过闸头。”

5. 武城船工号子

大运河畔的武城也有运河船工号子，明清两代武城段运河上来往漕船络绎不绝，船工号子此起彼伏，打篷、拉纤、摇橹、撑篙等各种号子声响彻云霄，武城运河船工号子就是在这运河上被船工们世代传唱下来的。据专家介绍，武城运河船工号子大体分为 11 种。一是打篷号，船只逆水航行时首先要将篷升起，开篷时就唱打篷号。二是打锚号，船只两头都有锚，起船时要先打起锚，这时号工领唱，船工应唱，这就是打锚号。三是拉冲号，船在直行航道中，为使船靠惯性前行，纤夫们要铆足劲前冲一段，这时要唱拉冲号。四是拉纤号，逆水航行时，纤夫要拉纤，一般小船有六七把纤，百吨位要用十三四把纤，这时号工要唱拉纤号，起号和行号。五是撑篙号，为使船顺利又快地转入正航，这时号工唱起撑篙号，船工撑起长篙随着号子将船开动，向前撑行。六是撺篙号，因下航时速度较快，为行船安全，必须左右撺篙来应付河道中随时出现的险情，此时唱的号子叫撺篙号。七是摇橹号，在河道宽阔、水面平稳的时候，采用摇橹，唱着摇橹号推动船体前行。八是绞关号，枯水季节，河水浅，此时就用绞关的办法把船拖过浅滩，绞关号就是在绞关过程中唱的号子。九是警戒号，主要用于夜晚或大雾天，为防止船与船之间发生危险而唱的号子。十是联络号，与警戒号基本相同，但用途不同，联络号是用于船上船下和船与船之间进行联络用的号子。十一是出舱号，船到目的地，船工舱中卸货所唱的号子就叫出舱号，也叫劳动号子。武城运河船工号子高亢豪迈，乐谱简练，歌词朴实，旋律上口，充分表现出了运河船工们不畏艰险战胜困难的信心和乐观主义精神。

运河号子等船歌是漕运时代鲜活的历史记忆，经过几百年的传承，至今仍有传人，是大运河漕运文化标志性的重要文化符号之一。

6. 天津漕丁谣

“天津清丁谣”是清代天津运河岸边码头役工、船夫们在劳动时哼唱传播的歌曲、小调和号子。这里小调中蕴含了众多的生活哲理和科学道理。

《潮汛歌诀》：“前月起水二十五，二十八日大汛至。次月初五是下岸，潮讯不曾差今古。次月初十是起水，十三大汛必然理。三十还逢下岸潮，只两七日循环尔。”

《风信歌诀》：“春后雪花落不止，四个月日有风水。二月十八潘婆飓，三月十八一般起。四月十八打麻风，六月十九彭祖忌。秋前十日风水生，秋后十日亦须至。八月十八潮诞生，次日须宜预防避。白露前头风水生，白露后头亦未已。露降时候无作信，此是阴阳一定理。九月二十七无风，十月初五决有矣。每月初三阳若无，初四行船难指依。如过庚日不变更，来到壬癸亦须避。”

《观天象歌诀》：“日落生耳于南北，必起风雨莫疑惑。落日犹如糖饼红，无雨

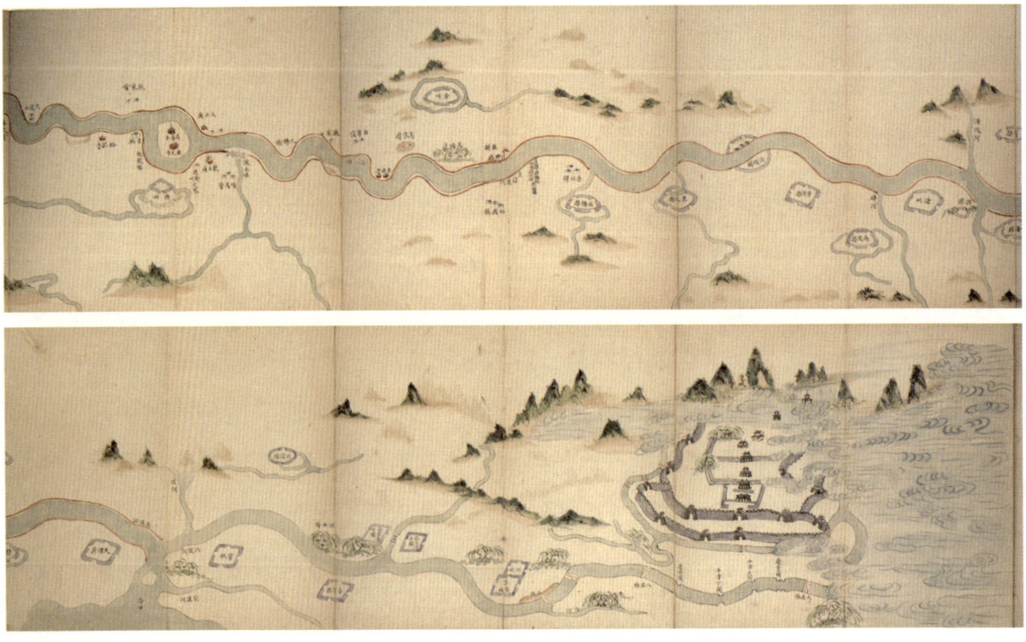

全漕运道图（局部）

必须忌风伯。日没观色如胭脂，三日之中风作厄。若还接日有乌云，隔日必然风雨逼。乌云接日却露白，晴明天象便分得。对日有垢雨可期，不到已申要盈尺。雨余晚垢横在空，来日晴明须可克。北辰之下闪电光，三日之间事难测。大雨若无风水生，阴阳可以为定则。东南海门闪电光，五日之内云泼墨。纵然无雨不为奇，必作风水大便息。东北海门闪电光，三日须防云如织。否则风水必为忧，屡尝屡验无差池。”

7. 里运河纤夫号子

淮阴县（今江苏淮安市淮阴区）码头镇的顾春华口述的《里运河纤夫号子》，形象地描绘了从淮安到长江边行船的过程：“哎哩哎呀，哎呀哎哩！淮阴到宝应呀，里程六十六啊，路经九道弯啊；高邮到邵伯啊，露筋两头单，一头三十三。姜堰到泰州，六十六里路，七十二道沟。哎哩哎呀，弯弯拐拐，拐拐弯弯，马上就要到江湾，哎哩哎呀！”

里运河经过的高邮耿庙石柱上的勒痕见证着漕运时代纤夫的艰辛。

8. 运河沿线地区童谣

北京童谣是流行于北京及周边地区的儿歌与歌谣的统称，北京历史悠久，童谣的内容也很广泛，北京童谣有顶针格、串话、绕口令、谣谚格、锁调、数数歌、问答歌、排比格等，以文献传承和口头方式传承。北京地方特色，在用字、音律、节奏和方言等方面均体现了老北京文化白韵，即双句押韵、句句押韵等韵脚处理方法。

高邮明清运河故道中的耿庙石柱

北京童谣有相当部分体现老北京风俗民情，比如：“小孩儿小孩儿你别馋，过了腊八就是年。腊八粥喝几天，哩哩啦啦二十三；二十三，糖瓜粘；二十四，扫房日；二十五，冻豆腐；二十六，去买肉；二十七，宰公鸡；二十八，把面发；二十九，蒸馒头；三十儿晚上熬一宿，大年初一满街走。”“糖瓜祭灶，新年来到；丫头要花，小子要炮。老头儿要顶新毡帽。”

涉及运河漕运的北京童谣有《高高山上一棵蒿》：“高高山上一棵蒿，什么人打水，什么人浇。浇来浇去一棵树，树根底下搭石桥。石桥底下一溜沟，弯弯曲曲到通州。通州买卖真好做，烧饼果子一大摞。”

第三节　漕运带来的美食文化

漕运船只在行驶过程中，需要停靠码头，补充给养，采购食材、生活用品。因此催生了运河码头上直接服务于漕运的行业，这些服务行业就衍生出运河边的商业：物资供应行业、船舶修理行业、餐饮行业，甚至娱乐行业。这些服务性行业的生产技艺演变成今天的非物质文化遗产。

1. 杨村糕干米食面做

漕运人员要吃饭，而且最好是既加工快又方便携带的食品，运河两岸很多特色饮食的形成都与运河有关。如天津的杨村糕干，便是明朝永乐年间从浙江余姚北迁来到天津定居的杜家兄弟，看到杨村镇漕运繁忙，往来船夫与客商都是以米为食的南方人居多，吃不惯北方的面食，于是灵机一动，参照南方人的饮食习惯，把米碾成面，和以白糖蒸成糕干，沿街叫卖，果然成为南方来的船夫、纤夫爱吃的食品。

2. 张秋壮馍便于船民携带

张秋壮馍

与此类似的还有山东张秋小吃壮馍。明清时期，张秋镇作为运河九大商埠之一，八方辐辏，商贩往来，行船、经商的人都需要方便携带和存放的食品，于是有心人便琢磨出张秋壮馍。这种手工制作的小吃原料为发酵白面与未发酵面混合，揉成饼状，用特制三层平底锅烙烤，三十分钟才能烙熟一张。张秋壮馍表面撒以芝麻，熟后味道香醇，可以存数月而不变质，最适合长途行船的人携带，食用时香酥可口，再配上北方常用的鱼汤、羊汤，更是人间美味。

3. 托板豆腐和油饼方便漕运人员

托板豆腐是山东德州、临清一带运河沿线的传统小吃，最早也是在运河码头销售而出名的。因卖主总是把切好的豆腐放在一块特制的长方形木板上，托着在运河码头上沿途叫卖，船民们需要吃时，切出一块，放在碗中，用酱油、葱蒜等佐料调和好，船民端着碗站着就能吃。当年，在临清等地，码头上随处可见手捧托板豆腐，吃得满口香甜、津津有味的船民及漕兵。与此相同的还有天津河西务的特产大油饼，当地人叫它炉篦子。每个油饼可达一斤多，通常一锅只能炸一个，炸出的油饼又脆又香。据当地人介绍，油饼做这么大，是为了方便河西务运河边拉纤的纤夫。拉纤是个力气活，这些人饭量大，大油饼吃着也方便，这一美味就这么传下来了。

4. 德州扒鸡来源于漕运码头

德州扒鸡也来源于运河码头为漕运人员服务的商业活动。德州扒鸡又称德州五香脱骨扒鸡，远销海外，被誉为“天下第一鸡”。它的产生源于运河码头，元末明初，随着漕运繁忙，德州成为京都通达九省的御路。为了给漕船和商船的人们提供方便携带的食品，挎篮叫卖烧鸡的老人，经常出现在运河码头、水陆驿站和城内官衙附近。这就是经过细加工的烧鸡。其形态侧卧，色红味香，肉嫩可口，作为后来扒鸡的原型，初露头角。到了清代，随着运河经济的发展，这时的德州城进入鼎盛时期，已成为中国33个大城市之一。水陆通衢，商贾云集，四乡货物集散于此，出现了“南来北往客如云，饭馆客栈多如林”的局面。烧鸡已不仅见于餐桌，而且步入社会。臂挎提盒叫卖烧鸡者多了，开始有名的是贾姓人家，后来比较有名的是外号叫“徐烧鸡”的徐恩荣家，还有西面张家，等等，开门面设店铺者屡见不鲜。德州扒鸡的特点是形色兼优、五香脱骨、肉嫩味纯、清淡高雅、味透骨髓、鲜奇滋补。造型上两腿盘起，爪入鸡膛，双翅经脖颈由嘴中交叉而出，全鸡呈卧体，色泽金黄，黄中透红，远远望去似鸭浮水，口衔羽翎，十分美观，是上等的美食艺术珍品。

德州扒鸡

正是为大运河漕运服务，带来了德州远近闻名的鸡文化，浓浓鸡香，飘逸德州城。

5. 北京烤鸭来自漕运

地道的北京烤鸭并不是起源于北京，而是起源于明朝时期的南京，而且与大运河漕运有关。朱元璋建都南京之后，皇宫的御厨便用南京肥厚多肉的湖鸭制作菜肴，为了增加鸭子的风味，厨师们采用炭火烘烤，使鸭子吃起来皮酥肉香，肥而不腻，受到了皇上的称赞，被朱元璋命名为“烤鸭”。后来，朱棣迁都北京，烤鸭技术也跟着传到了北京，并得到了进一步发展。鸭子采用玉泉山所产的填鸭，皮薄肉嫩，鲜美可口，深受人们的喜爱。明朝嘉靖年间，北京前门大街出现了专门的烤鸭店，叫作“金陵片皮鸭”，后来成为“金陵老便宜坊”。到了清朝时，烤鸭成了朝廷最喜欢的宫廷菜，从此北京烤鸭驰名中外。

过去船工们在漕船上总会养一些鸭子：一方面，漕船一路上撒漏粮食，鸭子可以有食物；另一方面，鸭子到了码头后也可以在水中找食吃。鸭子长成后会下蛋，成为船民们的营养品。而南方的麻鸭一路吃着粮食，到北方后长成了体型肥大的鸭子。所以后来北京烤鸭就用个大肉多的填鸭作原料，成就了今天肥美的北京烤鸭。

北京烤鸭

第四节　大运河漕运民俗

大运河漕运过程中还产生了很多民俗，成为运河非遗的一部分。

1. 运河开漕节

通州运河开漕节始于明代，源于祭坝和祭祀吴仲等人。每年农历三月初一（清明节前后），开河后第一帮粮船到达通州后，即择日举行春祭。这就是开漕节。

通州是元明清大运河漕运的终点，大运河从山东北部开始，冬季北方为枯水季，无法行船。直到春天到来，冰雪消融之后，大运河沿途水库放水济运，抬高运河水位，大运河方可通航。明清两代定都北京，漕运是国家之重，使通州成为富甲北方的重镇。

每年，在漕运复始之时，通州当地的民众都要祭水神、祭坝神、祭财神，以求神灵护佑；还要唱大戏、跳蹦蹦、摆筵席来大肆庆祝。后来统治者加入其中，予以倡导和规范，逐渐形成通州所特有的开漕节。

开漕节始于明代，这与明代吴仲重修通惠河有关。通惠河为元代郭守敬所修，修成后漕粮可直接船运到北京城，改变了以往漕粮船运到通州，再从通州经陆运到京城的方式。为避水冲十三陵地区皇陵之地，明朝廷下令拆毁了元代郭守敬修建的白浮堰及相关水利设施，使昌平泉水改道，无法再入瓮山泊（今昆明湖），阻断了京城内运河通惠河的补水水源。自明朝初起，通惠河缺水问题更加严重，河道水少，难以撑舟，南来的漕粮到达通州张家湾后，又迫不得已改经陆路，运到现朝阳门附近的国家粮仓。为解决这一难题，明嘉靖七年（1528 年），巡仓御史吴仲上书建议重整通惠河。吴仲的建议得到了嘉靖皇帝的批准，并令吴仲主持重修通惠河。重修通惠河工程于明嘉靖七年（1528 年）春天开工，只用了几个月时间，通惠河终于可以通航。吴仲又将大运河北端码头自张家湾迁至通州城东石坝，在石坝边建了一座大光楼。南方来的漕粮到达新修的大光楼之后，由朝廷派员验收，直接转到通惠河的驳船上，转运进京。由于通惠河修通后，陆路运输改为漕运，每年节省的车费多达二十万两白银。吴仲的功劳不但受到嘉靖皇帝的褒奖，也得到漕运军民和通州民众的称赞。明嘉靖四十五年（1566 年），通州民众颂扬他的治河功绩，为他修建了祠堂。

明代吴仲修复通惠河并将通州码头由张家湾改至通州北关大光楼之后，逐渐衍生出开漕节。开漕节来临，南方来的漕船和商船便已到达通州，等待开漕日的到来。官方在开漕节要举行祭坝、祭吴仲等仪式，然后再宣布开漕。久而久之，开漕日的祭祀活动就演变为开漕节了。

开漕节活动在通惠河东端的大光楼前举行。明清时期开漕节气氛非常热烈，场面非常宏大，一般来说，先祭祀坝神，然后才开始验收南方运来的漕粮。祭祀仪式一年分两次，有春祭和秋祭，春祭又分官祭和民祭。

每临开漕节，中央掌漕官员和通州地方官吏、各省在通工商会馆官员、民众等数万人齐集通州城东运河西岸，共庆首批粮帮运船到达。这天清晨，仓场总督率坐粮厅官员及其所属军、白粮经纪和掌管石坝的州判、掌管土坝的州同，各按身份着官服或礼服齐集石坝东，按等级列队，每人高举三炷香，向事前请置于石坝几案上的吴仲、何栋、尹嗣忠、陈璠等四人木神主鞠躬礼拜。

公祭后开始民祭，民祭由商民组织，祭祀活动丰富多彩。包括巡坝表演和民间文艺表演、各种武术表演，有巡坝戏，有“莲花落”“太平调”“地秧歌”，有“五虎棍”“少

通州漕运码头前的塑像

林拳”“耍叉”，有“茶水老会”“进香老会”“打花银”“小车会”“跑驴”“高跷会”，还有“河南坠子”“凤阳花鼓”……充分显示了运河人的感念之情（通州区文化委员会，《大运河文化带通州故事丛书》）。祭坝后，官员们集中在石坝衙门公宴，经纪人等去城内饭馆酒楼聚餐，老百姓们则去里河沿吃刚出摊的烧饼，喝鲫鱼汤，或去北门口吃小吃。开漕节过后，漕船、商船就可穿梭于大运河沿线。

2. 金龙四大王祭祀仪式

台儿庄段中运河上行漕的船民称保护神“金龙四大王”，又称“大王老爷”。其实“金龙四大王”就是大运河沿线人们信奉的运河河神谢绪。金龙四大王信仰在运河沿线和黄河下游多个地区都有，一般认为金龙四大王的原型人物是南宋的谢绪，其姑母为南宋理宗皇后，在金龙山上建望云亭隐居，宋亡后投苕溪而亡。世人感念其德，为他立庙祭祀。明清以来，对谢绪的祭祀纳入国家正祀体系之中。因为金龙四大王主管河道，船民每月初一、十五便在从桅杆往前的船头部分摆供敬祭，以供心神相通。船民祭祀金龙四大王传统仪式可以用“船头浇酒祀神龙，手掷金钱撒水中”来概括。供品是整鸡，整猪（一般用一个猪头、四个猪蹄、一个猪尾巴代替），一条大鲤鱼，水果、点心若干，白酒、黄裱纸、香烛备齐。在进行跪拜仪式时，要先将红公鸡在船头杀死，让鸡血沿船头一直流到河水中。流在船头的鸡血不许清洗，可以消灾辟邪；然后上香，磕头，烧黄裱纸，用酒围着黄裱纸画上一个圆圈，再把点心、水果掰下少许扔到燃烧的黄裱纸中，这叫作破供；最后祷告、许愿。在河北衡水，还有金龙四大王张敕的传说，张敕非常仰慕谢绪的为人，在一次黄河决口时，他以自己的生命阻止洪流。因为张敕对谢绪的崇拜，皇帝也册封他为金龙四大王。

3. 祭祀船头菩萨习俗

船民“见庙就烧香，遇神就磕头”，对神灵十分虔诚。很多船民不仅见庙就烧香，还在连家船上供奉着神灵，即船头菩萨，也有叫船老大的。这位菩萨是没有庙的，是个野神，船民待他好，把他请到船上供奉起来，所以他会尽心帮助船民。无论什么时候，只要船民在水上遇到灾难和麻烦，只要叫一声“船老大”，或是“船头菩萨”，他总会显灵，总会来救助船民。也有的船民很崇拜路头神，认为他们一天到晚在外漂泊，总是在路上，所以路头神对他们来说就显得格外重要。逢年过节，或是一旦遇到什么灾祸麻烦，他们首先想到的就会是“请路头”，就要向路头神祷告、祭拜，祈求他的保佑。

船头的装饰

在江南运河浙江塘栖一带行漕的船民有信奉“船头菩萨”的习俗。他们把“船头菩萨”的灵座供奉在船中舱左手面，设香炉。祭祀按四时八节。新船落水要祭水神，在舱门、船艄上挂上红绸飘带，然后用猪头三牲、香烛祭祀，并鸣放鞭炮。正月里一般船民都靠岸过年，新年后重新开船去做生意。新年开船的日子很有讲究，一般初六、初八开船，开船要放鞭炮，把财神菩萨请上船。

4. 嘉兴的网船会

在江南运河浙江嘉兴郊区王江泾，有一个网船会，是杭嘉湖、苏锡常以及上海一带船民十分重视的一个传统节日，至少已有一百多年历史。这是一个以刘猛将信仰为核心的文化圈。每年春节、清明节和八月十三刘王诞辰，都有盛大庙会。庙会期间的活动，一是大家各自进庙祭拜，二是抬着刘王塑像巡行，三是一些班口单独在船上或岸上临时搭棚举行的祭祀仪式，四是各种戏文、杂耍、高跷、龙舞、狮舞、花鼓、腰鼓等民间艺术表演。民间传说刘王叫刘承忠，元朝人，元末蝗虫成灾，刘承忠率领军队赶赴灾区扑灭蝗虫，又带领百姓捕鱼虾生产自救，终因劳累过度，淹死在莲泗荡。人们感念他的恩德，为他立庙塑像，祭拜至今。

第五节 因漕运产生的表演艺术

过去漕民或漕军长期在大运河上行船，生活单调，到了码头就会去看码头上的各种表演，有的艺人甚至还上船表演说书、评话等节目。随着运河漕运的兴起，运河沿线成为各种信息的传播交汇点，全国各地的故事在这里汇聚，然后在运河中的漕船上品味、消化、加工，又随运河南北传播，这样的故事也就越传越远，影响越来越大了。像三国演义、水浒传、西游记都是在漕船和码头上流传后，经艺人加工而成的。如“说三分”通过说话人的演说及其底本的流传，对后来《三国演义》长篇小说的形成有重要作用。说经话本《大唐三藏法师取经记》，为后来《西游记》的创作无疑提供了丰富的素材。而演说朴刀类“青面兽”、杆棒类“花和尚”与“武行者”以及《大宋宣和遗事》等，更对长篇小说《水浒传》的创作有着重大而直接的关系，船民们的娱乐活动不但助推了说书、评话等曲艺形式，而且开辟了中国小说的新纪元。

1. 八角鼓由漕运大军从北京传到扬州

八角鼓表演

乾隆年间（1736—1795 年）北京兴起的说唱艺术较有影响的是八角鼓和子弟书。八角鼓原为一种打击乐器，作为说唱艺术品种出现约在乾隆中叶以后，最早以岔曲命名。《白雪遗音》将岔曲、腰截、杂牌曲并为一类，题为八角鼓，一般以牌子曲联唱的形式出现。

清朝中叶，北京八角鼓沿运河漕运大军传入了山东、江苏等地。《中国曲艺音乐集成》记载，“北京的八角鼓，是清代满族八旗子弟在乾隆年间创始的一种曲艺形式，这种曲艺形式因伴奏使用八角鼓而得名。”据研究，北京八角鼓传入山东的途径有两种，其中之一便是沿大运河经临清传入聊城、济宁等地。聊城八角鼓约在清中叶由北京沿大运河传入，济宁八角鼓的传入时间与聊城大致相同。同样通过大运河，八角鼓从山东传入南方重要的运河城市扬州，清中叶张微桢有《湖上竹枝词》：“忽听鼓声敲八角，游人争爱本京腔。”可见这时八角鼓已经在扬州出现。

2. 山东快书起源于运河漕船

山东快书起源于清朝道光年间，由落第举子数人沿运河搭乘漕船返鲁被雨阻临清时创作，傅汉章在曲阜首次表演的“武老二”，在清末民初已传播到苏、杭、沪、宁等地。20 世纪 20 年代，该曲种又在徐州、济南演出。民国二十年（1931 年）前后，于传宾用小竹板代替钢板形成竹板书。20 世纪 30 至 40 年代，在高元钧、杨立德等人的努力下，“武老二”发展成具有全国影响的大曲种，并被正式定名为山东快书。

3. 苏州评弹沿运河传播

苏州评弹是苏州评话和苏州弹词的总称，是采用吴语徒口讲说表演的传统曲艺说书形式。它产生于苏州，并流行于江、浙、沪一带，用苏州方言演唱。评弹的历史悠久，清乾隆时期已颇流行。最著名的艺人有王周士，他曾为乾隆皇帝演唱过。之后名家流派纷呈，使苏州评弹艺术历经 200 余年而不衰。

苏州评话源于宋代说话技艺。明末清初的著名评话艺人柳敬亭，曾在苏州及其附近一带说书，与苏州评话有密切的渊源。清代中叶，随着漕运大军的发展、传播，苏州评话进入鼎盛时期，成立了苏州评弹最早的行会组织光裕社。在咸丰、同治年间，出现了说《水浒》的姚士章等评话名家。

苏州评弹表演

清代初年，随着运河漕运带来的城市经济繁荣，弹词在苏州已经盛行。嘉庆时（1796—1820 年），苏州弹词迅速发展，此时刻印传世的书目有《三笑》《倭袍》《义妖传》《双金锭》等。嘉庆、道光后，苏州弹词名家纷呈，有著名的四大家：陈遇乾、毛昌佩、俞秀山、陆瑞廷。女弹词作家和艺人在苏州弹词艺术史上发挥过重要作用，道光、咸丰时期（1821—1861 年），苏州出现的女子弹词以常熟人为多。苏州评弹有说有唱，大体可分三种演出方式：一人的单档，内容多为金戈铁马的历史演义和叱咤风云的侠义豪杰；两人的双档，两人说唱，上手持三弦下手抱琵琶，自弹自唱，内容多为儿女情长的传奇小说和民间故事；三人的三档，演员均自弹自唱，伴奏乐器为小三弦和琵琶。

4. 扬州评话随漕运大军成长

扬州评话是以扬州方言徒口讲说表演的曲艺说书形式，兴起于明末清初，流行于苏北地区和镇江、南京、上海、安徽等地。它也是随着漕运大军而成长的。

扬州评话又叫“维扬评话”或“评词”，形式为一人坐在桌后，以折扇、手帕等为道具，用扬州方言说演。20 世纪中叶以来，也有不用道具站立说演的情形。同时运用手势、身段、步伐、眼神、表情等讲究演示“虚神”，对描写人物强调寓神于情，不追求形似。讲求剧情细节丰富，人物形象个性鲜明，语言表述生动有趣。

扬州评话开山鼻祖为明代扬州人柳敬亭等人。明清两代随着漕运大军的传播，不久就形成了“书词到处说《隋唐》，好汉英雄各一方”的繁荣局面，独步一时的书目有《三国》《水浒》等 10 部。1956 年曲艺艺人登记时，分布在南京、扬州、镇江、泰州、海安、东台、南通、淮安和上海的扬州评话艺人有 87 人。

扬州评话的说表，有“方口”与“圆口”之分。方口语句整齐，富有节奏感；圆

扬州评话表演

如今运河沿线饭店餐桌上都有摆放船只模型的习惯

口近似生活语言，较灵活，一般方口、圆口兼用。其表演动作幅度较小，通常身子不偏出书台桌角，两足不露出书台桌围，与说表结合，在满足听众听觉需要的同时，又给予视觉的满足，使观众如见其人、如闻其声、如临其境。

5. 四大徽班进京催生京剧文化

京剧是清代运河区域戏剧的代表，它的产生与繁荣和大运河漕运密切相关，四大徽班沿大运河进京献演催生了京剧文化。

1790 年，乾隆皇帝 80 岁，各地照例组织戏班进京贺寿。其中就有来自扬州的高朗亭带领的三庆戏班。戏班从扬州登上平底船，沿着大运河北上。进京后，三庆班很快便以阵容强大、演技出色赢得北京观众的普遍赞誉。高朗亭之后，又有四喜、启秀、霓翠、和春、春台等戏班相继乘船沿运河进京，这些戏班多以周旋在扬州盐商身边的安徽籍艺人为主，故名徽班。在路上，每到一个集镇，戏班子就登岸为漕运人员及当地百姓演出，走一路演一路。在临清停留了一个月，培养了一大批京剧爱好者，因此，临清自称“京剧之乡”。在北京演出过程中，六个戏班逐渐合并为四个，史称“四大徽班进京”。

四大徽班沿大运河北上，在北京站稳脚跟后，广收博取，吸收其他戏剧精华，与北京语言的字音字调结合起来，演出剧目逐渐有了自己的特点，表演方面形成了自己的规范，伴奏音乐也由早期的笛子主奏改用硬弓胡琴。经过几十年的发展，徽班逐渐由诸腔冗杂的局面走向和谐统一，形成了韵味与风格新颖独特的新剧种——京剧。之后京剧沿大运河开始由北京向天津、山东、江苏、浙江一带传播。至清末民国初年，京剧走向成熟，这一时期被称为“老生后三杰”的谭鑫培、孙菊仙、汪桂芬是杰出代

徽班进京图

京剧演出

表人物，其他行当也日渐分工细致，涌现出了许多杰出人物，他们在唱念做打、声腔剧目的全面改革中，彻底摆脱了京剧形成之初所具有的徽、汉、昆、梆等剧种的旧痕迹。

此后，徽班不断在运河流域南下北上，到处巡演，在演出中不断吸收各地民间戏曲的精华，风格也逐渐清晰定型，形成了以皮黄为主，兼容昆腔、吹腔、拨子、罗罗等地方声腔于一炉的新剧种，其曲调优美，剧本通俗易懂，受到北京乃至全国观众的热烈欢迎。这种带有北京特点的皮黄戏始称“京戏”，也叫“京剧”，如今已成为中国的国粹。

第六节　大运河漕运与文学艺术

1.《潞河督运图》反映的大运河漕运

《潞河督运图》长卷现藏于中国国家博物馆藏，据考证是清代乾隆年间江萱所画。画卷描绘了潞河尾闾天津三岔河口一带的漕运盛景和民俗民风。《潞河督运图》为绢本设色，高 41.5 厘米，长 680 厘米。纵观全图，大气磅礴，流水行云，整幅画面以督运官舫为线索，以盐坨春季开坨为核心，向左右两侧展开，用细腻的写实手法描摹了自钞关浮桥到海河紫竹林村十余里的两岸景物。图中画有官船、商船、货船、渔船等 64 只，官吏、商贾、船户、妇孺、盐坨杂役等 820 余人。人物形态各异，极富生活气息，两岸码头、衙署、店铺、酒肆、民居等琳琅满目，是一幅反映大运河漕运的写实作品。

《潞河督运图》

2. 与漕运相关的诗词

从唐代开始，历史上与漕运相关的诗词是很多的，唐代李白的《题瓜洲新河饯族叔舍人贲》称赞齐浣开瓜洲运河方便了漕运：“齐公凿新河，万古流不绝。丰功利生人，天地同朽灭。”李敬芳的《汴河直进船》：“汴河通淮利最多，生人为害亦相和。东南四十三州地，取尽膏脂是此河。”在准确地反映出大运河成为维系唐王朝的生命线事实的同时，也探讨了运河漕运对东南地区经济的影响。

宋代王禹偁的诗《献转运使雷谏议·江南江北接王畿》写道：“江南江北接王畿，漕运帆樯去似飞。父子才有同富国，君王无事免宵衣。屏除奸吏魂应丧，养活疲民肉渐肥。还有文场爱恩客，望尘情抱倍依依。”宋代魏野的《寄赠三门漕运卞寺丞二首·威权自与转输同》写道：“威权自与转输同，仆从衙庭事事雄。十郡山河关职务，一门忠孝是家风。图书半在仙舟里，碑板多留禹庙中。闲想春堤游赏处，桃花浪照舞筵红。”

元代诗人贡奎也有一首运河诗《二月二达通州》：“河冰初解水如天，万里南来第一船。彻夜好风吹晓霁，举头红日五云边。”在这首诗中，诗人抒写了沿大运河北上到京任职的欣喜心情。元至元二十八年（1291 年），南方供应京城的漕米达到 128 万石，诗人看到大批漕粮运到北京，国家衣食无忧，心中十分愉快。元代诗人袁桷有诗《直沽口》：“远漕通诸岛，深流会两河。鸟依沙树少，鱼傍海潮多。转粟春秋入，行舟日夜过。兵民杂处入，一半解吴语。”这首诗描写了处于两条运河交汇处直沽口优美的自然风景，不但写了运河，也写到了海运。因为元代的漕粮运输是河运与海运并存。特别是最后一句写道，因为来自南方的漕船多了，南北交流增多，连用吴语演唱的民歌当地人都能听得懂。

明代的文坛领袖李东阳曾作《咏鳌头矶》，其一：“十里人家两岸分，层楼高栋入青云。官船贾舶纷纷过，击鼓鸣锣处处闻。”其二：“折岸惊流此地回，涛声日夜响春雷。城中烟火千家集，江上帆樯万斛来。”最后用“江上帆樯万斛来”一句概括，写出临清繁荣的原因在于漕运。明代诗人陆深的《张家湾棹歌四首》（其三）也写了漕运。“百年漕运最称能，今岁河洪见未曾。司马中丞新领敕，圣神天子坐中兴。”

清代有关漕运的诗词也很多，如乾隆皇帝的《赐漕运总督杨锡绂》：“转漕由来大政关，得人久任谓卿闲。四星储蓄天容与，千里北南岁往还。革弊深应体民隐，董媮兼欲恤丁艰。奉公尽职诚斯在，扈跸仪文尽可删。”乾隆的《堤上偶成》直接写了漕运，“运河转漕达都京，策马春风堤上行。九里岗临御黄坝，曾无长策只心惊。”王维珍的《古塔凌云》写了漕运终点通州燃灯塔，“云光水色潞河秋，满径槐花感旧游。无恙蒲帆新雨后，一枝塔影认通州。”

第七节　大运河漕运的文化意义

对于自隋代至清代的多个朝代，漕运都是重大的国家事务，是古代中国这一巨大的农业帝国保持顺利运行的基本保障之一。在漫长的历史时期里，漕运这一独特的制度和体系，跨越多个朝代，稳定地延续了一千多年，对古代中国的发展产生了巨大的影响，形成了近两千年的文化传统。

一、因为漕运，形成和改变了中国大运河的线路

隋代和元代大运河实现两次大沟通时，尽管具体的线路走向有很大差别，但目的都是实现政治中心与农业生产中心的径直化连接。隋唐大运河便是以长安和洛阳两大都城为核心，其两翼分别伸向华北平原和长江中下游平原，这是因为上述两大平原地区是当时中国主要的产粮中心，而华北平原更是军防战略要地。元代大运河实现第二次贯通时，北方农业因连年战乱而遭受严重破坏，长江中下游平原地区特别是苏湖地区成为国家粮食生产的绝对主力，故为便于漕运，运河选线也趋于正南正北向。另外，值得注意的是，自隋代至清代，苏湖地区一直是古代中国主要的产粮中心，在漕运背景下也始终为漕粮征运的主要起点，故途经该地区并将该地区与国家政治中心连接的淮扬运河、江南运河也成为中国大运河十大河段中延续使用时间最长、历史文化价值最为丰厚的两大河段。

二、因为漕运，建设和维护了运河河道水工设施及漕运附属设施

在漕运过程中，漕粮被装载于漕船上，漕船运行于运河河道上并受到各类水工设施的控制，为确保漕运的顺畅、快速、安全，历朝历代不断疏浚、改造河道，修葺、更新各类水工设施，并不断发展完善漕运管理设施。元明清时期政府就在元朝建立的大运河基础上不断进行着整治修葺，陆续新建、改建了多处河道和水工设施；明代还在运河枢纽之地淮安建立了总督漕运公署，代表朝廷协调南粮北运工作。为确保漕粮在漫长的转运过程中不受潮发霉变质，漕运过程多采用多次停靠转运的方法，并在转运停靠点附近建立中途转运仓场，在漕运起讫点附近设立漕粮存储仓窖。作为漕运的重要附属设施，运河粮仓的出现，丰富了大运河遗产的类型，丰富了大运河的内涵与外延。

三、因为漕运，推动了大运河沿线及周边地区的经济文化交流

唐宋以后，漕运额度日渐固定，因为漕船返回时可以携带其他物品，逐渐除漕粮

外其他物资运输的种类日渐丰富，运河沿线及周边地区民众间自发的商贸交流活动日渐增多。从事商贸活动的商人来自五湖四海，风俗习惯各不相同，故其也把不同民族、不同地域的文化带入运河沿线各地区，促进了上述地区的民族融合与文化交融。伴随商贸活动频率与强度的逐步增加，一些位于漕运关键节点的城镇聚落也逐步沿河发展壮大，天津城的兴起、苏杭城市群的发展便是其中的典型例证。13 世纪末至 19 世纪，元明清三朝在北京建都，北运的南粮大增，无论通过海运或河运，进行漕粮航运均须经过三岔口进行转运，因此极大地促进了天津的城市发展与商业繁荣，并在周边的运河沿岸形成了杨柳青等一系列古镇，促进了区域经济与社会的发展。伴随农业、丝织业的发达，加之漕运带来的便利和商贸机会，苏杭两地在宋代即被誉为“天上天堂，地下苏杭”，以形容其富庶与美丽。明清时期，苏杭两地更成为工商业极为发达地区。当然，漕运除借由商贸活动对运河沿线城市的产生发展带来影响外，还直接被纳入到对隋唐洛阳城、元大都城等位于漕运端点的历代都城的规划设计之中，将漕运的便利、皇室的需求与城市的景观统筹考虑，从而诞生了在世界城市规划史上具有典范意义的城市，并通过漕运带来的经济繁荣，使之成为人口超过百万的大都会。

随着漕运制度的完善和规模的扩大，漕运逐渐突破其早期以政治功能为主体的窠臼，发挥着越来越广泛的社会功能，成为维护王朝稳定和制衡社会的重要手段。消弭诸如重赋、灾祸以及物价波动等造成的社会不安定因素。同时漕运在促进南北文化交流和区域社会开发等方面也有着不可忽视的作用。从公元 7 世纪初隋朝政府建立纵贯中国南北的漕运体系以来，一直到 19 世纪漕运终止的一千多年的时间中，沟通中国政治中心与经济中心的大运河一直是漕运首要的运输通道，以至于在很长的时间里，大运河被称作“漕河”。中国历代政府通过修建维护运河河道、水工设施、运输储存设施，并制定与之配套的相应管理体系，保证了通过大运河进行持续、畅通的粮食、物资运输，实现全国资源的调配，保证了北方政治、军事中心的供给。在这个过程中，漕运逐渐形成了超越时代的延续了一千多年的国家传统。

杭州段运河仍可见到漕运时代的遗迹

20 世纪初以来，漕运已经淡出历史，但大运河现存的大量遗产，例如河道、水工遗存、码头、仓窖遗址、官署

漕运码头成为游船码头

等，都是运行了一千多年的漕运制度的直接载体，见证了一个以农业立国的封建帝国的制度文明成果。

依托大运河持续运行的漕运这一独特的制度和体系，跨越多个朝代，运行了一千多年，维系了封建帝国的经济命脉，体现了以农业立国的集权国家独有的漕运文化传统，显示了水路运输对于国家和区域发展的强大影响力，见证了古代中国在政治、经济、社会等诸多方面的发展历程，在历史时空上刻下了深深的文明印记。

由京杭大运河、隋唐大运河、浙东运河为骨架组成的中国大运河，全长3000余里，历经沧桑2500多年，是世界上距离最长、规模最大的运河，展现出我国古代劳动人民利用自然、改造自然的伟大智慧和勇气，传承着中华民族的悠久历史和文明。在统一的多民族国家形成、发展和巩固的过程中，大运河发挥了不可替代的作用。虽然自清末以后，由于其他运输方式的兴起，大运河已逐渐失去以前的交通核心地位，大运河漕运功能也不再存续，然而申报为世界文化遗产后，大运河作为中华民族历史渊源的见证者与中华传统文化的重要载体，正日益显示出重要地位。当下，保护好、传承好、利用好大运河这一文化资源，已经被提升到国家战略的高度。以“流动的文化”而闻名的运河文化，无疑将在21世纪中国国家发展战略中扮演重要角色，漕运文化遗产也将会为大运河文化的传承弘扬发挥重要的作用。

今天大运河上的货船

后记

这是我写的第二十八本大运河图书了，也是第一本有关大运河漕运的图书。其实，漕运是大运河的最基本功能，大运河是漕运产生的历史条件和前提，正是有了漕运的需求，才有了纵贯南北，连接中国政治中心和经济中心的大运河。之所以将大运河漕运放在中国大运河系列的倒数第二本来写，是因为漕运与大运河的关系太密切了，各位前贤学者对大运河漕运的讨论也很多。正因为如此，虽然经过十多年的大运河文化研究，我还迟迟不敢下笔写大运河漕运，即使勉强下笔写了，心中还是充满忐忑。好在随着大运河文化带建设的深入，各地对大运河的研究越来越多，有关漕运研究也有了一些新的成果，随着一批运河博物馆的建成，对漕运文化的展示也越来越多，这些为我写好《中国大运河漕运》这本书，提供了有力的资料和图片支撑。

在国家文物局、中国文物学会、中国博物馆协会、中国文化遗产研究院等机构的关心支持下，在扬州大学长江文化研究院、扬州大学中国大运河研究院的帮助下，本书历经半年编写而成。在本书的写作过程中，参考了姚汉源先生的《京杭运河史》、周魁一先生的《二十五史河渠志注释》、安作璋先生的《中国运河文化史》、邹逸麟先生的《舟楫往来通南北——中国大运河》、荀德麟先生的《京杭大运河非物质文化遗产》、李跃乾先生的《京杭大运河漕运与航运》、江苏凤凰科技出版社出版的《中国运河志》，以及《中国大运河申遗文本》等资料。本书的写作还得到了张谨、黄晓帆、赵云等先生的指导和支持。为本书提供图片的有运河沿线城市的众多同行：吴育华、吴益群、王支援、赵辉、刘奇斌、黄钢、潘娟、杨梦、施晓平、宋桂杰、杨国萍、刘昌东、倪峥嵘、吴同祥、朱宏中、李牧、周泽华、周倩、何广才、丁华、王维国、刘静、姬克昌、靳国君、吴莲、朱永德、白云、董子行、崔龙龙、张友国、贺敬华、张美强、杨静路、朱世生、托马斯·查尔斯、WL·格罗斯等，还有故宫博物院、中国国家博物馆、扬州双博馆、洛阳隋唐大运河文化博物馆、杭州中国税务博物馆、北京市通州区文化旅游区管理委员会、扬州日报社、扬州市文旅局、桐乡市文化和广电旅游体育局、香河县文化广电旅游局、邢台清河县油坊镇等单位。特别感谢杭州市摄影家协会的张友国主席提供了一批老照片。在此，对所有为本书提供帮助的同事们、战友们，对大运河沿线的同行们表示衷心的感激。

中国大运河是一本大书，我们要读懂她，一定先要掌握阅读她的方法。如果以“漕运篇”作为第一本书阅读，然后再阅读我的“大运河系列”的其他图书，也许会有助于您了解中国大运河的方方面面。我以这样一本《中国大运河漕运》呈送给大运河申遗成功十周年，就是试图以向导的身份帮您翻开中国大运河下一个2500年的画卷。

姜师立于2024年10月1日